Biographies de la Radicalisation
Des messages cachés du changement social

Sous la direction de
Mirjam de Bruijn

Langaa Research & Publishing CIG
Mankon, Bamenda

Publisher:

Langaa RPCIG
Langaa Research & Publishing Common Initiative Group
P.O. Box 902 Mankon
Bamenda
North West Region
Cameroon
Langaagrp@gmail.com
www.langaa-rpcig.net

Distributed in and outside N. America by African Books Collective
orders@africanbookscollective.com
www.africanbookscollective.com

ISBN-10: 9956-550-24-8

ISBN-13: 978-9956-550-24-1

© Mirjam de Bruijn 2018

SOMMAIRE

Liste des figures

Remerciements

Ce livre est le produit des efforts conjugués de plusieurs entités et personnalités. Tout d'abord, il n'aurait pas pu voir le jour sans le concours de Voice4Thought. En effet, cette organisation essaie de donner la parole à tous ceux qui, d'une façon ou d'une autre, n'ont pas voix au chapitre. Je suis également très redevable à Vincent Roza, représentant des Pays-Bas au Sahel, qui a trouvé dans les activités de V4T une alternative pour les modèles de conférence si connus dans le monde académique et des décideurs. Les rencontres V4T à Dakar, chapitre 16 de ce livre, ont été toute une expérience pour nous et le ministère des affaires étrangères des Pays-Bas. Ce livre fait partie de cette expérience. Nous voudrions montrer une alternative aux débats autour de la radicalisation au Sahel en présentant des cas divers d'Afrique centrale, d'Afrique de l'ouest et des Pays-Bas. Ce livre montre non seulement les voix de plusieurs jeunes, mais aussi des interprétations alternatives. La radicalisation n'est pas que destructive. En effet, les acteurs de la radicalisation sont souvent des jeunes qui veulent surtout être écoutés !

C'est donc le lieu de remercier tous les auteurs qui se sont joints à nous dans la réalisation de ce livre. Merci pour votre volonté de partager vos idées et vos recherches. Mes remerciements spéciaux vont aussi à Eefje Gilbert de V4T, Sjoerd Sijsma pour les belles photos, les partenaires d'Afrique dont G Hip-Hop, CRASH (Centre de Recherches en Science Sociale et Humanitaire), et certainement aussi à NWO (Fondation de financement de la recherche aux Pays-Bas), qui a financé la recherche à travers le programme de recherche Connecting in Times of Duress (www.connecting-in-times-of-duress.nl). Ladite recherche a constitué la base de certains chapitres du livre. Mes remerciements vont aussi au Centre d'études africaines à Leiden et à l'Institut d'histoire de l'Université de Leiden qui m'ont offert un environnement pour le développement des idées. Je n'oublie pas non plus le Ministère des affaires étrangères qui a financé le projet de livre ainsi que le projet des 'rencontres' de Dakar.

Moussa Fofana et Ruadhan Hayes ont assuré la traduction. Ils ont même fait plus en m'aidant dans l'interprétation des textes et la recherche de bons titres. Zyzou, Emmanuel D'heub a fait une dernière lecture et sans lui le livre ne serait pas été mis-en-page.

Merci à tous ! Ensemble, nous contribuerons à mieux comprendre notre monde!

Mirjam
Utrecht, le 10 avril 2018

1. Introduction : La radicalisation et les messages cachés du changement social

Mirjam de Bruijn

L'individu radical

« *Mélanie se sent aimée. Elle se sent utile. Elle cherchait un sens à sa vie :
elle l'a trouvé* »[1]

Ceci est la conclusion de la préface d'un roman basé sur une histoire intime et personnelle de jeunes gens qui rejoignent l'Etat Islamique. Ce genre de romans, souvent basés sur des rencontres journalistiques, est un genre de plus en plus à la mode. Leur objectif est de mieux comprendre la motivation de ces jeunes radicalisés. Cela est devenu une question importante dans notre monde où les attaques terroristes par de groupes radicalisés n'excluent plus aucune région. La citation introductive fait référence à un élément important, mais difficile à saisir avec la recherche scientifique : il s'agit de la recherche de l'identité. Apparemment, les environnements dans lesquels les jeunes doivent gagner leur vie les poussent dans cette quête. Quel est cet environnement et comment interfère-t-il avec la vie de ces jeunes? La recherche de l'identité est-elle vraiment religieuse? Ou pouvons-nous décrire une autre cause ? Leur quête est-elle seulement violente ou pouvons-nous découvrir d'autres éléments?

L'Afrique subsaharienne a connu une montée des actes terroristes et une radicalisation de la jeunesse depuis l'apparition de Boko Haram en 2009 et la chute de la Libye en 2012. Dans ce livre, nous cherchons les raisons profondes de la radicalisation en Afrique subsaharienne qui se situe dans une tendance globale plus large. Nous avons adopté le style de ces romans, la forme biographique, car cela

---

[1] Anna Erelle, dans la peau d'une djihadiste, enquête au Cœur des filières de recrutement de l'Etat islamique; Paris: Robert Laffont, 2015

nous rapprochera en effet des motivations, des sentiments de ces jeunes.

Dans les médias, les discours politiques et les conversations populaires qui font référence à la radicalisation ces dernières années, un lien est presque immédiatement établi entre la radicalisation et la religion, ou entre la radicalisation et la violence. Toutefois, la radicalisation en tant que telle n'est pas en soi violente ou religieuse (Schmid 2013, Dzhekova et al. 2016). Elle peut être liée à des idéologies pacifiques ou, par exemple, au végétarisme. Dans les différents chapitres de ce livre, la radicalisation est vue comme un processus dynamique dans lequel un individu est à la fois poussé et entraîné vers de nouvelles idées et souvent dans un groupe social. [2] Cela peut mener à la violence politique. Ce qu'ils ont en commun, c'est que la radicalisation est liée à un désir de changement social. [3]

Comprendre la motivation à se radicaliser et ensuite à adopter un acte violent est multidirectionnel. Ce que nous lisons dans la citation introductive est un moment de désespoir et de recherche d'une identité. Cette recherche d'identité est la plus complexe à comprendre et le résultat de nombreux autres facteurs. Dans un rapport sur la radicalisation en Afrique, les chercheurs de l'ISS (2016) concluent que les voies vers la radicalisation sont complexes, qu'elles sont liées à tellement de facteurs qu'il est impossible de généraliser. Il s'agit d'un mélange de pauvreté, de privation, de sentiment de marginalisation, de tromperie dans les structures de gouvernance, de critique des dirigeants d'un pays, de se sentir victime de l'oppression, voire de recherche d'être et d'appartenance. Des interprétations spécifiques de la religion peuvent offrir une certaine retenue dans certains de ces domaines, où peu d'autres systèmes de croyance peuvent faire. Quant à savoir si de tels facteurs peuvent conduire effectivement à la radicalisation dépend des facteurs externes comme la présence de groupes radicaux, et bien sûr, de la personnalité des personnes qui sont soumises à ces facteurs.

---

[2] « ... une compréhension de la radicalisation en tant que processus complexe et dynamique, qui implique l'identification de ses étapes et de ses facteurs de transformation, et comment elle peut ou non conduire à la violence politique et aux actes terroristes » (Dzhekova et al 2016: 8)

[3] Dans le dictionnaire Oxford, nous trouvons la traduction suivante :

« L'action ou le processus consistant à amener quelqu'un à adopter des positions radicales sur des questions politiques ou sociales ».

Pourquoi certaines personnes, souvent des jeunes, rejoignent-elles des idées radicales et des groupes qui les proclament, et sont même prêtes à utiliser la violence? Est-ce seulement une fuite d'une situation dans laquelle elles se trouvent? Ou rejoignent-elles délibérément une idéologie alternative? Est-ce pour elles seulement une fuite en avant? Et comment ces raisons diffèrent-elles selon les contextes socio-politiques et économiques? Le contexte sahélien et celui de l'Afrique centrale déterminent-ils différentes façons de faire? Lors d'un récent échange avec un ami du centre du Mali (janvier 2018)[4], l'un des principaux arguments qu'il a avancés était que les jeunes de sa région étaient à la recherche d'un changement social. Ils en ont assez du système féodal qui régit encore leur société. C'est ce qui les amène à rejoindre des groupes radicaux, parce que ces derniers ont un message de changement. Ce message de changement peut suffire pour les comparer à la jeunesse des Pays-Bas, mais en même temps, le contenu du changement auquel ils aspirent varie selon le contexte et, par conséquent, la dynamique de la radicalisation peut différer profondément. La question intéressante qui me vient à l'esprit est la façon dont les décisions sont prises pour aller dans ces directions. Sont-elles le résultat de liberté d'action et de libre choix? Ou font-elles partie de ce que nous pouvons qualifier de liberté d'action sous la contrainte, où les circonstances conduisent à des choix sans pouvoir de choisir ? (Coultner 20018, De Bruijn & Both 2018).

Changement social

La perspective du changement social et de sa nécessité ressentie par la jeunesse radicalisée, nous amène à l'analyse des circonstances et des faits historiques qui font que ces jeunes désirent le changement. Cela pourrait aussi changer notre interprétation de la radicalisation. De nos jours, la radicalisation est liée à des forces négatives, à la violence, au terrorisme et à la guerre. Mais la radicalisation est aussi une force dans la société qui peut apporter des changements positifs. Abou Jahjah Dyab (2016), l'auteur controversé qui était accusé pour sa position radicale (au sens négatif), plaide pour une interprétation

---

[4] Sécurité au Sahel, projet de recherche financé par NWO, numéro de référence 383000.004

plus positive de la radicalisation. Il passe en revue des moments passés où les radicaux ont pris les devants de la scène et fait remarquer que ces périodes furent à la fin des moments de réforme sociale. Des réformes sociales qui étaient nécessaires à la création d'une société plus démocratique et plus saine, bien que souvent le résultat ne fût pas exactement ce qu'ils avaient souhaité. Que ces moments de radicalisation puissent aussi bien se transformer en un changement négatif, un changement qui n'est pas apprécié dans les styles occidentaux de gouvernance, est clair. Demander un changement radical, c'est critiquer l'establishment. Cela aura toujours une contre-réaction de cet establishment. La violence peut naître d'une telle réaction si elle n'est pas reconnue à temps.

Histoires : biographies et histoires de vie

Dans ce livre, nous essayons de comprendre pourquoi certaines personnes se radicalisent pour une cause qui peut être religieuse, idéologique, économique ou autre. Les cas réunis dans le présent livre proviennent de différentes régions d'Afrique centrale et occidentale et des Pays-Bas. Les contextes dans lesquels les individus deviennent radicaux diffèrent apparemment. Comment les individus développent-ils de telles idées? Avec la méthode biographique, nous sommes capables de situer ces idées dans les contextes dans lesquels elles se développent. Apitzsch & Siouti (2007: 5,6,7) ont par exemple fait les observations suivantes autour de la méthode biographique : les biographies se sont «... révélées être un excellent moyen de rendre théorique le sens des phénomènes sociaux» «... la recherche biographique s'intéresse à la nature constructive et liée au processus des histoires de vie, et elle prend ses distances des modèles identitaires qui considèrent l'identité comme quelque chose de statique et de rigide » ... « Elle est particulièrement adaptée à l'analyse des phénomènes sociaux comme processus identifiables (...) « et par conséquent, c'est un bon outil pour comprendre comment l'identité change par rapport aux changements contextuels ». Et de continuer : « ... L'analyse biographique ne se concentre pas seulement sur la reconstruction de l'intentionnalité, qui est représentée comme le parcours de vie d'un individu, mais plutôt sur l'inclusion de la biographie dans les structures macro sociales ».[5]

---

[5] Traduction d'originaire en anglais par l'auteur

Les études de cas de ce livre ont toutes adopté la biographie ou l'histoire de vie comme un « outil » central à la fois dans la méthodologie comme dans le passage du message. En choisissant cette approche, on accorde automatiquement une attention aux histoires et aux personnes dont les histoires sont racontées, leurs réflexions, leurs frustrations, leurs émotions qui alimentent leur recherche d'une position dans la société et dans le monde (Buitelaar 2014). La citation introductive, concernant cette jeune femme qui est allée en Syrie, lie la radicalisation à de telles émotions. Il n'y a pas de cause de changement social dans laquelle l'émotion, la subjectivité et la recherche d'appréciation ne jouent pas de rôle. Cela fait partie du fait d'être un radical. Cela imprègne très clairement les histoires que nous présentons dans ce livre.

Apprendre à connaître les « radicaux »

Après avoir lu les différentes histoires des personnages principaux dans les différentes études de cas, nous pouvons alors avoir une meilleure compréhension de qui sont ces « radicaux », et aussi comprendre ces histoires dans le contexte socio-politique dans lequel elles sont vécues. Un autre but du livre est de rechercher les similitudes entre les régions et les formes de radicalisation. Comment le monde autour de ces personnes leur impose-t-il des choix radicaux, ou comment ces personnes choisissent-elles de faire ces choix radicaux? Le choix de présenter différents cas, différents dans le temps et dans l'espace géographique, a pour but d'apprendre de la comparaison et de comprendre comment la confrontation entre les formes sociétales et les radicaux conduit à différentes formes de radicalisation. Souvent, dans le discours général utilisé dans les cercles médiatiques et politiques, les formes de radicalisation se mélangent et les nuances se perdent; c'est pourquoi nous nous retrouvons aujourd'hui dans un discours sur la radicalisation violente, qui manque souvent de nuance, et qui informe de nombreuses politiques concernant les jeunes. Leurs actes violents et terroristes et leurs conséquences ne doivent pas être niés, mais il est probable que même ces actes soient un appel à l'attention, au fond, une recherche d'un changement social et politique. Font-ils partie de la troisième vague de mouvements de protestation en Afrique de l'Ouest et du Centre, comme l'ont noté Mampilly & Branch (2015)?

Un monde connecté

Un mot sur la connectivité : il est indéniable que nous devons considérer l'influence des médias sociaux dans notre monde aujourd'hui, tant pour le meilleur que pour le pire (Ekine 2010). La spécificité de cette troisième vague comme l'appelle Mampilly & Branch (2015) est cette connectivité, entre les uns et les autres et avec le reste du monde, et les évolutions dans le monde.[6] Le jeune garçon ou la jeune fille, avec tant soit peu d'intelligence dans un petit village au milieu du Sahara, est capable de capter des nouvelles pour interpréter son monde de nouvelles façons. Dans un article sur le Mali, nous avons essayé de démêler ce nouveau paysage de l'information pour conclure que, bien qu'il y ait beaucoup de connectivités traversant les frontières sociales, ethniques et régionales, il existe aussi des cercles d'information stricts dans lesquels des interprétations spécifiques de la situation et les discours circulent et informent l'action (de Bruijn et al. 2015).

Une telle connectivité « compartimentée » est par exemple aussi le monde connecté des acteurs politiques internationaux et régionaux. La politique actuelle telle qu'elle est actuellement appliquée au Sahel est peut-être un exemple de cette dynamique : les G5 (cinq Etats sahéliens qui unissent leurs efforts pour combattre le terrorisme) est un lien entre cinq Etats, où le financement extérieur (et l'influence) des organisations internationales comme l'UE, l'ONU et de nombreuses ONG sont présentes. Dans ces cercles, des échanges sur la situation, créant des discours partagés, oriente les décisions qui sont prises pour la politique de la région. Aujourd'hui, l'accent est mis sur l'intervention militaire, car «nous sommes d'accord que nous sommes confrontés à des terroristes et à des radicaux violents, qui détruisent notre monde. L'image de la Syrie, de La Haye et des différents gouvernements en Afrique est mêlée et la peur de la jeunesse radicalisée et violente est partagée à l'échelle mondiale. Avec les différents chapitres de ce livre, en nuançant le débat et l'interprétation de ce qu'est la radicalisation, nous espérons pouvoir contribuer à diversifier le débat et à changer l'image des jeunes dits radicaux.

---

[6] Voir également, Understanding Radicalisation 2016

Une région devenue radicale

Je voudrais rappeler comment mon propre projet de recherche qui a débuté en 2012 est devenu partie intégrante d'une telle dynamique.[7] Pendant la période du projet (2012-2018), l'équipe de chercheurs a observé des changements dans la manière dont les personnes avec lesquelles nous avons fait des recherches ont adapté leur langage et, dans certains cas, ont rejoint des groupes radicaux. La recherche était située en Afrique de l'Ouest et du Centre qui a connu les conflits et les violences de plus en plus importants. C'était au début du conflit au Mali en 2012, lors de la crise des réfugiés suite au conflit en RCA après 2013, et l'intensification des actions de Boko Haram depuis 2009. D'autres crises se développaient comme au Nigeria autour du Biafra (2016), au Cameroun anglophone (2016), au Burkina Faso (2015), au Congo Brazzaville (2016). Ces évolutions nouvelles sont venues après et ont en partie chevauché des attaques terroristes en Europe, et la guerre en Syrie. L'implantation du discours de radicalisation à partir de 2005[8] est devenue partie intégrante de nos observations et a influencé l'analyse finale de notre travail. Elle a également soulevé beaucoup de questions. Les personnes avec qui nous travaillions et les chercheurs eux-mêmes partageaient un intérêt commun à changer leur environnement en créant de nouvelles façons de vivre leur vie (voir la contribution de Both & Souleymane et le film *Sans espoir*). D'une part, la violence des groupes radicaux les a touchés négativement, d'autre part ces manifestations de radicalisation ont influencé leur propre pensée. Le cas du Biafra et des réfugiés au Cameroun montre des évolutions parallèles de la radicalisation qui ne sont pas toujours violentes (ou du moins pas encore?). Il s'agit de différences qui sont supervisées dans le discours plus large. Un discours plus large qui s'est aussi développé au niveau international et qui a fait craindre pour ces régions, leurs populations et a conduit à d'énormes difficultés pour

---

[7] Voir www.connecting-in-times-of-duress.nl; financé par NWO, régistré sous le numéro W 01.70.600.001

[8] Alex Schmid (2013) rappelle que le concept de « radicalisation » a été introduit dans la discussion académique après les attentats à la bombe de Madrid 2004 et de Londres 2005 par des responsables politiques qui ont inventé le terme « radicalisation violente » ; il est devenu une partie du discours sur le Sahel quelques années plus tard avec l'avènement des groupes Boko Haram et Al Qu'Aïda au Sahel

les ONG et autres pour obtenir la permission de travailler. Et en effet, entre-temps, la situation semble avoir dégénéré dans certains cas. Mais cela aurait-il été nécessaire si nous avions pu interpréter le message au début de 2013 pour le Mali et 2009 pour le Nigeria / Boko Haram comme des appels au changement social?

Il est important de noter ici que ce livre se focalise sur les jeunes et les personnes soupçonnées de devenir des radicaux. Pourquoi se tournent-ils vers ces idées? Nous n'analysons pas le contexte des réseaux criminels internationaux, du commerce illégal et des zones non gouvernées qui constituent la macro-logique derrière l'évolution des évènements. Mais dans de nombreux cas, pour les personnes radicales ou radicalisées que nous rencontrons dans ce livre, ces facteurs internationaux sont en dehors de leur orbite. Leur expérience est locale et est souvent liée à la frustration et à la recherche d'une vie différente.

Les contributions au livre

Les différents auteurs des chapitres de ce livre ne sont pas tous dans un même groupe de recherche. Ce sont tous des chercheurs qui, au cours de leur recherche, ont découvert le phénomène de la radicalisation et une tendance croissante à la violence. Certains chapitres sont basés sur des recherches qui ont été réalisées dans le cadre de la recherche sur la radicalisation. Djimet Seli (chapitre 8) et Remadji Honaithy & Bakary Sali (chapitre 5) ont été invités à collaborer à l'étude du PNUD sur la radicalisation dans la région[9]. Bart Schuurman (chapitre 3) et David Ehrhardt (chapitre 9) ont également cadré leur travail depuis le début pour faire des recherches sur cette jeunesse radicale. Modibo Cissé (chapitre 11) s'est intéressé à la problématique sahélienne lorsque le discours sur la radicalisation était bien établi. Pour Boukary Sangaré (chapitre 12), Amadou Adamou (chapitre 13), Meike de Goede (chapitre 15), Selly Ba (chapitre 14), Inge Ligtvoet et Loes Oudenhuijsen (chapitre 8), Dorrit van Dalen (chapitre 4), Souleymane Adoum et Jonna Both (chapitre 7), Walter Nkwi (chapitre 6), le discours de la radicalisation était né quand ils faisaient leurs recherches. Mirjam de Bruijn a invité les chercheurs à réfléchir sur leurs recherches en relation avec le discours

---

[9] rapport : UNDP 2016

de la radicalisation, surtout s'ils étaient capables de trouver des biographies de radicalisation. Mirjam leur a également demandé de rechercher des dynamiques et des processus, et de rechercher un modèle alternatif pour comprendre la relation entre la radicalisation en tant que force de changement social qui n'est pas automatiquement violente ou liée à des actes terroristes. Les méthodologies pour accéder à ces histoires vont du contact personnel avec les « radicalisés », à la collecte d'histoires de la famille des radicalisés, jusqu'aux rencontres ethnographiques avec les radicalisés. Il y avait bien sûr le risque que le discours prenne le pas sur l'analyse, et c'est au lecteur de juger si nous avons pu sortir de ce discours.

Les chercheurs viennent de disciplines différentes, mais tous ont adopté une approche très empirique : de l'historien (dans les archives et l'histoire orale) à l'anthropologue (travail ethnographique), aux sciences politiques / études de sécurité (interviews et statistiques). Certaines histoires sont plus des essais, tandis que d'autres ont opté pour une forme d'écriture plus analytique. Nous avons également ajouté quelques notes alternatives au livre : l'explication d'un slam sur la radicalisation et le terrorisme par un artiste (Croquemort, chapitre 2), la réflexion d'un chercheur sur son propre processus de radicalisation tout en vivant la radicalisation au cours de ses recherches sur le terrain (Souleymane & Jonna, chapitre 7). Il est également intéressant de noter que les deux articles se référant à l'« après » radicalisation ou « solutions », soient écrits dans un chapitre historique, et dans un pays, le Sénégal où la radicalisation religieuse semble être moins accentuée et où il existe une forme relativement libérale de l'Islam (chapitre 14). Par conséquent, le contexte socio-politique dans lequel ces tendances se développent est important.

Après l'introduction, le livre commence par la réflexion d'un artiste tchadien, Didier Lalaye, alias Croquemort : tout d'abord avec l'un de ses textes chantés, écrit en 2001, mais si pertinent pour l'interprétation de la situation actuelle. Il est probablement lui-même un radical, mais de manière différente que ces jeunes qui deviennent des terroristes pour se battre pour « Allah ». Dans une interview sur le slam, nous rencontrons la colère et l'injustice qui sont au cœur de nombreux itinéraires de radicalisation. L'interview renvoie à la fois aux racines historiques du phénomène de la radicalisation, que l'on retrouve aussi dans les réflexions sur l'itinéraire d'un Muhamad al-

Wali dans le Tchad du 17ème siècle (chapitre 4), dans l'histoire plus récente d'un Mallam Cheikh Ahmat Ismael Bichara (chapitre 5) qui s'est radicalisé de façon violente dans le Tchad du 21ème siècle, mais aussi du leader contestataire Ruben Um Nyobe au Cameroun (chapitre 6) lors des indépendances. La radicalisation semble être de tous les temps. Et ce que ces chapitres plus historiques montrent, c'était en effet une force pour le changement social. Dans ces histoires, la poussée vers la violence n'est pas toujours présente et semble être d'abord un effet de l'existence de réactions violentes venant de l'extérieur. Une autre note importante que nous pouvons apprendre du texte de la chanson est que les jeunes sont généralement instigateurs de tendances radicales. Cela est vrai pour tous les chapitres du livre. N'oublions pas non plus que dans la plupart des pays qui figurent dans ce livre, les jeunes de moins de 25 ans représentent au moins 60% de la population.

De plus, il est intéressant de noter que ce qui est radical n'est pas clair. Cela va dans plusieurs directions. Les chapitres de Bart Schuurman (chapitre 3) et de David Ehrhardt (chapitre 9) vont plus loin dans leur tentative de comprendre le concept « radicalisation ». Pour Bart, il vaut mieux éviter le concept, car il ne donne pas de clarifications. Il y a trop de différences et trop d'itinéraires qui sont regroupés sous ce label. Alors qu'après tout, qu'est-ce que cela explique? Néanmoins, comme le dit David, c'est un phénomène que nous devons comprendre étant donné qu'il se produit et nous (universitaires) devons y apporter notre interprétation.

Le dénominateur commun dans les études de cas de ce livre est que la radicalisation peut être lue comme une recherche sur le changement social qui est entre autres évoqué par l'interprétation de la plupart des jeunes selon laquelle l'Etat n'existe pas pour eux. Et en général, ils voient aussi des problèmes dans la façon dont ils sont gouvernés (aussi par les structures non-étatiques). Dans certains cas, ils estiment que les actes violents sont inévitables. Toutes ces histoires se lisent comme des histoires de gens intelligents qui tentent de changer leur société. Et le texte de slam semble faire un effort pour comprendre leur choix. Peut-être que l'artiste de slam lui-même ne serait pas surpris s'il prenait un jour une voie similaire dans sa vie.

Dans le discours général, un lien est établi entre la radicalisation, la violence et la religion. On peut aussi lire dans ce livre sur le rôle de la religion dans les choix de ces jeunes. Toutefois, les itinéraires et les histoires montrent qu'il y a beaucoup de couches dans leurs histoires. Ce sont ces couches qui constituent le sentiment d'être négligé par les dirigeants, l'absence d'un avenir clair, la pauvreté et la présence de ces groupes religieux qui eux offrent de l'argent et un certain avenir, ou une idéologie de résistance contre l'État comme dans le cas du Biafra au Nigéria. Comment le lien entre la violence et la radicalisation se développe est certainement lié au contexte.

Dans tous les chapitres, il y a une recherche des itinéraires de la radicalisation. Comment sont-ils liés à des contextes spécifiques de mobilité et de communication? Et comment sont-ils liés aux circonstances socio-politiques et économiques spécifiques dans lesquels les itinéraires radicaux se développent? Les facteurs qui guident ces itinéraires sont liés à l'expérience et à la remémoration des périodes historiques comme dans le cas du Biafra et sont souvent véhiculés par les médias sociaux. Les réflexions de Souleymane (chapitre 7) soulignent que les souvenirs des conflits et des violences antérieures ont aussi un impact sur les interprétations que l'on fait aujourd'hui. Cela se voit également dans le cas du Mali où les prédicateurs, dans leurs discours, font référence au passé (chapitre 11). Dans tous les cas, les oppositions et les différences assumées alimentent le sentiment d'adopter une vision radicale de la société et de prendre des décisions en vue de rejoindre des idées et des groupes radicaux. Ces oppositions sont basées sur de nouvelles conditions dans lesquelles les gens se retrouvent comme dans le cas des réfugiés au Cameroun (chapitre 13), mais aussi sur la non-acceptation ou le refus d'accepter les différences économiques et politiques, comme c'est le cas pour les jeunes au Tchad (chapitre 9), les nomades au Mali (chapitres 11 et 12) et les jeunes du nord du Nigeria (chapitre 8). Le rôle des leaders, qu'ils soient réels ou fictifs, est également un facteur important. Ils ont la capacité d'unir les gens sous un discours. Pour eux aussi, les médias sociaux et le fait de médiatiser par exemple par des prêches, des films YouTube, est une arme importante dans le recrutement des jeunes. Tout compte fait, nous sommes confrontés à de nombreux groupes dans le Sahel qui, en fait, critiquent l'État, qui se trouvent dans une situation qu'ils jugent difficile et injuste. D'où leur demande d'une vie meilleure et plus de justice. La nouvelle connectivité est également un outil permettant à la population d'être mieux informée, de s'organiser et d'établir des liens avec d'autres personnes ayant des idées similaires. N'oublions pas que dans le passé aussi, la communication a joué un rôle crucial, comme l'illustrent certainement les écrits de l'érudit d'Afrique centrale du 17ème siècle, Muhammad al-Wali.

Le livre se termine par trois chapitres dans lesquels il y a aussi une quête des voies pour arriver à une interprétation différente du discours et de ses effets. Le chapitre de Meike de Goede (chapitre 15) sur le mouvement Matsouiste et ses suites au Congo-Brazzaville permet de réfléchir positivement sur des histoires radicales, visant en effet un discours sur le changement social. En fait, une réinterprétation d'un mouvement radical devient un message positif. Là encore, la mémoire est importante, mais il s'agit de la mémoire retravaillée, la subjectivité dans le présent. Dans le chapitre de Selly Ba (chapitre 14), le rôle des femmes prédicatrices est mis au centre du débat comme de possibles négociateurs et réconciliateurs. C'est l'un des débats centraux autour du retour des jeunes radicalisés : comment pouvons-nous les réconcilier et comment peuvent-ils être réintégrés dans la société ? Enfin le livre se termine par une réflexion sur la Rencontre: V4T@Dakar qui fait référence au festival que l'organisation Voice4Thought a organisé du 15 au 18 novembre 2017 autour du thème du décryptage de la radicalisation.[10] La rencontre était une tentative d'écouter la jeunesse potentiellement radicale, au lieu d'en parler dans les salles de conférence. Le chapitre est aussi un document politique qui plaide pour une approche différente de l'approche militaire qui semble être devenue inévitable selon certains, mais qui ne mènera pas vraiment à une solution comme le prétendent tant de commentateurs. Si nous prenons au sérieux les messages parfois cachés des radicaux sur le changement social et le changement politique, nous devons d'abord savoir ce que sont ces idées, et ensuite développer des politiques avec les jeunes. Les chapitres de ce livre et les résultats du festival ont conduit à la conclusion qu'effectivement, la liberté d'action de la jeunesse, qu'elle soit contrainte ou libre, est d'une grande importance. Nous devons comprendre leurs raisonnements et leurs recherches d'avenir pour pouvoir trouver des alternatives aux actes radicaux et violents. Un plaidoyer pour plus de rencontres dans la région est une conséquence logique de ce livre et de la rencontre V4T @ Dakar.

---

[10] voir: http://voice4thought.org/category/rencontresv4tdakar/?order=asc

Bibliographie

Apitzsch, Ursula and Siouti, Irini. 2007. *Biographical Analysis as an Interdisciplinary Research Perspective in the Field of Migration Studies* (Frankfurt am main: Johann Wolfgang Goethe Universitat) <http://www.york.ac.uk/res/researchintegration/Integrative_Research_Methods/Apitzsch%20Biographical%20Analysis%20April%202007.pdf>., page 3, 5, 7.

Buitelaar, Marjo. 2014. 'Discovering a Different Me. 'Discursive Positioning in Life Story Telling over Time', *Women's Studies International Forum*, 43.3, 30–37.

Division, A., Mampilly, Z. 2015. *Africa Uprising: Political Protest and Political Change* African Arguments. London: Zed Books.

Coulter, C. 2008. 'Female Fighters in the Sierra Leone War: Challenging the Assumptions?' *Feminist Review* 88: 54–73;

De Bruijn, M. & J. Both, fc. 2018. Realities of Duress: Understanding Experiences and Decisions in Situations of Enduring Hardship in Middle Africa in *Conflict and Society*

De Bruijn, M., B. Sangaré and L. Pelckmans, 2015. 'Communicating War', *JAMS* 72 (2): 109-128

Dyab Abou Jahjah, 2016. Pleidooi voor radicalisering, Amsterdam: Bezige Bij

Dzhekova, Rositsa et al. 2016. Understanding radicalization: review of Literature, Centre for the Study of Democracy, Available from: https://www.researchgate.net/publication/309732865_Understanding_Radicalisation_Review_of_Literature [accessed Feb 07 2018].

Ekine, S., (ed.) 2010. *SMS Uprising: Mobile Activism in Africa*, Pambazuka Press.

Erelle, Anna. 2015. dans la peau d'une djihadiste, enquête au Coeur des filières de recrutement de l'Etat islamique; Paris: Robert Laffont

ISS report, 2016. *Les dynamiques de la radicalisation des jeunes en Afrique : Revue des faits*, Novembre 2016 ISS

Schmid, Alex P. 2013. Radicalisation, de-radicalisation, counter-radicalisation: A conceptual Discussion and Literature Review, ICCT Research Paper (International Centre for Counter-Terrorism), The Hague.

UNDP. 2016. Preventing and responding to violent extremism in Africa: A Development Approach, United Nations Development Programme Regional and Multi-Country Project Document, http://www.undp.org/content/dam/undp/library/Democratic%20Governance/Local%20Governance/UNDP_RBA_Preventing_and_Responding_to_Violent_Extremism_2016-19.pd

Figure 1: L'art urbain à Dakar @Sjoerd Sijsma

LES CIEUX ONT DÉJÀ BRÛLÉ

Slam text de Croquemort, artiste du Tchad

La terre, elle tourne, autour d'elle-même
Et autour du soleil
Combien y a-t-il eu de blasphèmes
De mon sommeil à mon réveil ?
Un prêtre pédophile bêle, bêle
Il a filé le parfait amour avec ses fidèles,
L'imam prêche politique, parle fric
Et de bombe atomique.
Manifs à Paris,
En Californie.
Solidarité affichée sous tous les nez
Avec des clans de dépravés.
Mais où va donc ce monde immonde
Qui inonde les ondes avec des frondes ?

Quand je vois tout ça,
Je dis que les cieux ont déjà brûlé
Anges, les cieux ont déjà brûlé
Et moi je crains pour vos ailes
Je crains pour vos auréoles
Anges, les cieux ont déjà brûlé

Quand la politique nique la nation,
Les religions, elles, forniquent avec nos confessions.
Soudures, conjonctures, mauvaises lectures des saintes écritures
Sont les couvertures de la dictature
Et l'antidote dont elle se dote pour effacer la parlotte
Ce sont Jésus, Mohamed, le bâton et la carotte.
Mon âme a été vendue, aucun de mes problèmes résolus
Et ma foi a disparu, tout le monde est déçu.
Du marabout au grand boubou
Récitant la sourate avec le blues au bout,
Au petit mendiant faisant la manche
Priant le petit Jésus pour que ça marche,
Satan est dans la cité,

15

L'église peu orthodoxe et toute la sexualité,
Sexe et texte, la bible est mal expliquée.
Au Rwanda, j'ai vu des religieux
Prôner le génocide et des crimes odieux.
N'oublie pas Djakarta, les Talibans du Mollah,
Le réseau Al-Qaïda, la guérilla de Bogota.
Au nom d'Allah, c'est l'hallali ;
Dieu est dans les flammes à Bali, En Russie,
Au Burundi, en passant par l'Indonésie,
Dieu est dans les flammes, il est dans les lames,
Il est dans la came, il anime Boko Haram.

Quand je vois tout ça
Je dis que les cieux ont déjà brûlé
Anges ; les cieux ont déjà brûlé
Et moi je crains pour vos ailes
Je crains pour vos auréoles
Anges, les cieux ont déjà brûlé

Ils ont d'abord prié
Ceux qui sont allés guerroyer,
Le jeune kamikaze, une bombe sous le blouson,
A dieu a demandé le pardon.
Ma mère m'avait dit que le mal c'était fini
Qu'Hitler s'en est allé et Mussolini aussi.
Bagdad et Bassora, théâtres de combats ;
La solution on l'a pas ;
Maman, je réfute aujourd'hui ta thèse
Car d'hypothèses aux antithèses
Nous sommes sur des braises.
Le monstre enchaîné de l'apocalypse s'est libéré,
Regarde comment il s'est déchainé
S'est emparé des missiles balistiques
Et pique des virées sur l'Atlantique.
Les puissants ont décidé
Que les faibles dominés
Seront tous décimés.

Quand je vois tout ça
Je dis que les cieux ont déjà brûlé
Anges ; les cieux ont déjà brûlé
Et moi je crains pour vos ailes
Je crains pour vos auréoles
Anges, les cieux ont déjà brûlé

2. Les cieux ont déjà brûlé : interpretation d'un texte en contexte

Ce texte est basé sur une interview avec Didier Lalaye, aka Croquemort qui a écrit le texte slam. Mirjam de Bruijn a fait l'interview.

Au nom de Dieu

J'ai écrit ce texte en 2004. Déjà en 1998, il y avait eu les attentats de Nairobi et Dar es Salam[1] qui ont mis Osama Bin Laden sur la scène internationale. Quand on était gamins, le terrorisme nous était conté par les adultes. Ce n'est pas un phénomène nouveau qui a commencé avec Bin Laden. Le plus célèbre était Abu Nidal, le Palestinien. Et c'est plus tard que, dans ma tête, le terrorisme a été lié à la religion. Mais en fait, dire que les attentats et le terrorisme n'ont pas de liens avec la religion, c'est refuser de voir la réalité en face.

Il y a ceux qui utilisent la religion pour faire du mal. Cela a donc été un facteur déclencheur pour l'écriture de ce texte qui, à l'origine, était un texte de rap qui ne comportait pas tous ces mots. Le mot *Boko Haram*, par exemple, a été rajouté. En écrivant, je me disais que le terrorisme est un des plus grands problèmes du moment. Puisque cela a changé notre vie, on ne peut pas dire que le terrorisme ne fait pas partie de notre environnement. Il a modifié notre façon de vivre. Il faut en parler. Il n'y a personne dans ce monde qui se dit : le terrorisme ne me dit rien. Par exemple, les contrôles pendant les voyages montrent comment le terrorisme fait partie de notre réflexion, et aussi le cirque autour du terrorisme a créé de nouveaux boulots. En fait, le terrorisme a ajouté un nouvel élément à la culture mondiale.

Le phénomène n'est pas nouveau ! J'ai écrit que c'était à l'époque où il y avait beaucoup de problèmes au Moyen Orient. Il faut se dire

---

[1] 1998, qui ont fait de sorte que Bin Laden soit reconnu comme un facteur d'importance et qu' Al Qaeda soit pris au sérieux

que cette violence a existé depuis le moyen âge et ça continue d'exister. Il y a eu beaucoup de crimes au nom de Dieu. Le texte n'a jamais été publié et c'est en 2011 qu'il a figuré pour la première fois dans mon premier album « Dieu bénisse Idéfix ».

Les causes
Les puissants ont décidé
Que les faibles dominés
Seront tous décimés.
Mais absolument (...)

Les puissants

Vous allez trouver que la plupart des anciens terroristes ont travaillé pour les services secrets occidentaux et qu'ils se sont reconvertis ensuite. En plus, il faut savoir qu'une bombe coûte cher. Quand on prend l'exemple de l'attaque du Bataclan à Paris, il y avait un terroriste qui portait à lui tout seul un armement d'une valeur de 15.000 Euro. Et la question qu'il faudrait se poser c'est : qui est-ce qui fabrique les armes? Qui est-ce qui fabrique les technologies qui détruisent ? Ce sont les puissants. Et ils fabriquent de la technologie qui protège contre des armes qui détruisent. Et nous, nous sommes à découvert. Comme des bébés qui viennent de naître. Nous les pauvres sommes ceux qui n'ont pas la technologie, mais qui achètent ou utilisent ces armes pour massacrer d'autres pauvres. Donc, il y a une complicité très nette entre riches et pauvres dans la guerre. Aujourd'hui, nos gouvernements utilisent les armes pour tirer sur la population et pour torturer. Cela vient des puissants. Et ceux qui ont les armes sont puissants ; avec une arme on devient puissant. Donc, il est clair, comme le disait Bernard Werber[2] (malgré qu'on le prenne pour un fou)... le puissant élimine le faible et écrit l'histoire ensuite. Les puissants tuent d'abord et ensuite inventent leur version de l'histoire. L'histoire est racontée par les vainqueurs qui sont les plus forts. Aujourd'hui, les gens ont le choix entre s'armer ou être dominés.

---

[2] Écrivain qui écrit les ... critique et aimé, des fois vu comme un fou, mais...

Les mensonges

Le risque d'attentat est permanent en Europe. Ici (en Europe) on ne peut même plus respirer. Et c'est pire que dans certaines parties du Sahel. Il y a un malaise mondial. Malheureusement, les puissants choisissent qui doit être en rouge sur la cartographie des alertes et ce sont souvent les pays faibles qui sont pointés du doigt. Et j'appelle cela la castration morale. Et un homme castré, c'est un homme anéanti, donc décimé.

Il faut dire que la presse nous a aussi décimés en créant des stéréotypes. Les gens sont catalogués selon leur prénom. Quand quelqu'un s'appelle Mohamed, il est à leurs yeux un terroriste potentiel et moi Didier, avec un prénom chrétien, je peux me permettre des choses qu'on mettra juste sur le dos d'une manifestation psychiatrique. C'est beaucoup plus ce que vous êtes géopolitiquement et non pas ce que vous faites qui fait de vous un terroriste.

Un jeune a, en 2015, pris une arme en Tunisie et a fusillé des touristes au bord de la mer avant de prendre la fuite. Alors qu'on avait aucune information sur son identité, circulait déjà dans la presse qu'il était terroriste. Voilà le ridicule. Et tout cela juste parce que la fusillade avait eu lieu en Tunisie. Si cela avait eu lieu en Espagne ou quelque part en Europe, on n'allait pas tout de suite parler du terrorisme avant d'avoir vérifié les faits.

Regarde comment la presse internationale est bête. C'est cette presse qui monte les uns contre les autres. La presse a créé le terrorisme.

Donc avec ça, les forts sont entrain de décimer les faibles et tout ça au nom de dieu !

Un enterrement moral. Et c'est sur ce point que je cherche à attirer l'attention.

Toi tu es radicaliste ?

Ce n'est pas à moi de répondre à cette question ; je ne sais pas. Ça ne veut rien dire. Le mot est inventé pour le business. Cela vient des puissants : ils inventent des mots et forcent les autres à suivre.

Un être radical est celui qui se forge des opinions en situation d'injustice. Je me suis forgé une idée et je suis en train de chercher des responsables. Et je crois bien que c'est la radicalisation.

Aujourd'hui par exemple, cette façon de combattre la radicalisation est aussi de la radicalisation. Il n'y a pas de chose qui se passe sans cause. Donc le leitmotiv du combat contre le terrorisme devrait être comment faire pour éliminer les causes du terrorisme et non pas comment éliminer les terroristes.

Jeunesse

Tout le monde aujourd'hui pense que la radicalisation réunit des gens qui sont endoctrinés, que cela est un danger et qu'il faut des antidotes. La radicalisation a une définition subjective. Par exemple, on forge une idée de la jeunesse et on se fabrique le jeune comme un être inutile. Ça veut dire qu'il y a un problème et que ces gens qui font ce genre de discours sont à l'origine de l'étiquette de radicaliste qu'on colle à tort et à travers sur n'importe qui. On sait pourquoi ils sont là. Ils ont un seul dénominateur commun : l'exclusion.

Quand un jeune n'est pas pris au sérieux par son pays, c'est dangereux et surtout s'il est intelligent. Qu'est-ce que Abubakar Shekau (leader de Boko Haram) dit : on les attaque et on vous donne une partie de leur richesse. Donc une sorte de Robin de Bois à sa façon.

Et ce genre de discours a toujours du succès. Et c'est aussi le cas d'Hitler. Je ne supporte pas le terrorisme et la violence. Dans la violence, il n'y a pas de gagnant, tout le monde est perdant. C'est triste.

Solutions ?

Mais où va donc ce monde immonde,
Qui inonde les ondes avec des frondes ?

Je me demande : où va ce monde ? De plus en plus, on cherche les solutions et de plus en plus le terrorisme avance. On se réunit à Berlin, Amsterdam. Mais tout a échoué. *Où va le monde...* rien ne marche. Les EU ont donné un budget énorme (...) celui qui se lève aujourd'hui en disant qu'on a trouvé des solutions, il ment !

La solution ? Je pense qu'aujourd'hui la solution à court terme ne sera pas facile, mais il faut commencer pour les futures générations.

UN, forces militaires, arrestations semblent les seules manières de répondre : violence envers violences.

Je déteste les occupants et l'occupation.

A l'aéroport de Bamako, le seul avion normal est celui dans lequel tu es assis et qui est prêt à atterrir. Les autres sont tous estampillés UN. Et comme le disait Valsero (artiste-rappeur camerounais), « quand tu as chez toi des engins UN, vous êtes dans la merde ». Il n'y a plus de vie. Et c'est l'occupation humanitaire. Mais cela implique aussi une machinerie; et ceux qui touchent un salaire ne sont pas vraiment venus pour sauver ! Comment peut-on faire le bonheur d'un peuple contre son gré ? C'est ce que l'Angleterre, la France et les Etats Unies ont fait et continuent de faire.

En tant que médecin, je fais la comparaison avec l'organisme humain qui, en cas de maladie, développe un système de défense, sans même un traitement, parce que le corps ne supporte pas une invasion extrinsèque : c'est la résistance.

On doit chercher la solution peut être dans les autres domaines.

L'art crée des emplois et sensibilise. Mais « ventre affamé n'a point d'oreilles » ; l'art peut expliquer … mais l'estomac vide bouche les oreilles.

Chez nous, il y a beaucoup de divisions ; mais quand je fais mes concerts au Tchad, toutes ces divisions sont présentes ; et toutes viennent faire des selfies avec moi, parce que l'art les réunit. On peut sauver ce pays par l'art … c'est une certitude. L'art réunit.

L'être humain est ce qu'il est ; il faut éliminer les préjugés, les différences, le racisme, l'inégalité. Pour sauver le monde, il faut l'équilibre.

Ce slam s'adresse et aux terroristes, à ceux qui le financent, mais aussi à ceux qui les combattent.

Les cieux ont brûlé

Tu sais, aujourd'hui ça veut dire ce sont les gens qui ont bien maîtrisé la bible et le Coran ; ce sont eux qui font ces trucs et les mettent sur le dos de la religion... c'est une métaphore; les djihadistes pensent qu'ils vont au paradis et qu'ils auront 70 vierges. Et si c'est vraiment ça... mais cela veut dire que les cieux ont déjà brûlé. Les gens qui se réclament croyant et qu'ils tuent au nom de leur religion, mais c'est que les cieux ont brûlé et si les cieux brûlent avec tous les anges, c'est ces pauvres anges qui vont brûler.

Voilà

Déjà tu t'imagines que la demeure brûle, un ange est menacé, ça veut dire qu'il y a un gros problème.

Quand je vois tout ça
Je dis que les cieux ont déjà brûlé
Anges ; les cieux ont déjà brûlé
Et moi je crains pour vos ailes
Je crains pour vos auréoles
Anges, les cieux ont déjà brûlé

3. Sur le chemin du djihad aux Pays-Bas : le Hofstadgroep, 2002-2005

Bart Schuurman

La violence terroriste continue d'être une préoccupation majeure en matière de sécurité pour les nations du monde entier. Les nombreuses tentatives visant à détecter, prévenir et répondre à cette menace reposent sur des hypothèses sur ce qui pousse les individus à s'impliquer dans le terrorisme. Dans un domaine en proie à une pénurie de longue date d'informations de première main sur les terroristes, l'obtention d'une compréhension détaillée de ces motifs reste difficile. Ce chapitre apporte sa modeste contribution à une plus grande clarté sur cette question. Il le fait en utilisant une variété de sources primaires pour reconstruire comment et pourquoi la participation au groupe djihadiste «Hofstadgroup» a eu lieu. Ce groupe a été actif aux Pays-Bas entre 2002 et 2005 et a gagné en notoriété après que l'un de ses participants eut assassiné le cinéaste Theo van Gogh en novembre 2004. Bien qu'il soit plus ancien, ses similarités avec de nombreux groupes et individus djihadistes contemporains permettent d'en tirer des enseignements utiles. Principalement, l'auteur plaide pour le dépassement du concept de «radicalisation» et son accent mis sur le lien entre les croyances radicales et le comportement violent.

Introduction

Comment et pourquoi les gens s'engagent-ils dans le djihad dans un pays? Qu'est-ce qui peut lier ces gens aux groupes djihadistes et amener certains à planifier et à perpétrer de vrais actes terroristes violents? Le but du présent chapitre est de faire la lumière sur ces questions à travers une reconstruction des voies menant à cette implication, en partie sur la base de renseignements obtenus à la source. L'histoire de trois anciens membres du 'Hofstadgroep' néerlandais, un groupuscule local de terroristes djihadistes actifs entre 2002 et 2005, permettra de démontrer les différents facteurs incitants et favorables, et comment la 'force motrice' de ce processus d'implication change au fil du temps. Bien que ce chapitre se démarque thématiquement de l'accent sur l'Afrique, les mécanismes qui y sont décrits ne sont pas exclusivement néerlandais ou européens, mais sont en substance universellement applicables à la compréhension de la participation à cette forme de violence politique.

Pendant plus d'une décennie, les chercheurs, les décideurs et le grand public ont présenté l'implication dans le terrorisme comme un processus caractérisé par la 'radicalisation', un concept à la définition ambiguë et intrinsèquement subjectif qui a récemment attiré beaucoup de critiques d'ordre théorique et empirique (Schmid 2013). Le présent chapitre se terminera par une brève réflexion sur la pertinence de la radicalisation comme moyen de comprendre l'implication dans le djihad européen. A partir de l'exemple des trois anciens membres du Hofstadgroep, plusieurs conclusions seront tirées, soulignant la nature problématique de la radicalisation comme concept explicatif du djihad, et des propositions de voies alternatives seront faites pour comprendre l'implication dans le djihad d'origine intérieure.

Montée du djihad en Europe

Les attentats du 11 septembre 2001 ont été l'événement géopolitique marquant du début du 21ème siècle. Osama Ben-Laden et son organisation, Al-Qaeda, ont démontré de manière dramatique que la violence terroriste motivée et justifiée en grande partie par une interprétation extrémiste de l'Islam n'était plus un phénomène limité aux seules régions musulmanes du monde. Forgé dans le conflit Afghanistan-Russie, Al-Qaeda a réussi à internationaliser le djihad violent (Turner 2010). Suite à la 'guerre contre le terrorisme' lancée dans la foulée des attentats du 11 Septembre, Ben -Laden et son organisation sont devenus des noms familiers, et les interventions qu'elle a suscité ont poussé une minorité de jeunes musulmans à prendre les armes en occident pour défendre ce qu'ils percevaient comme une victimisation de leurs coreligionnaires dans des pays comme la Tchétchénie, l'Afghanistan, l'Irak et la Palestine (King & Taylor 2011).

Certains parmi ces jeunes ont tenté de rejoindre Al-Qaeda et les autres groupes djihadistes dans les zones de guerre, comme le font présentement les 'combattants étrangers' des pays occidentaux en Syrie et en Irak. Mais dans les années 2003-2004, les difficultés pratiques à atteindre des endroits comme la frontière afghano-pakistanaise rendaient ce genre de voyage impossible. De plus, les campagnes militaires menées sous l'égide des Etats-Unis et les efforts internes accrus de lutte contre le terrorisme ont rendu difficile l'organisation d'autres attentats terroristes d'envergure internationale par Al-Qaeda et les autres groupes terroristes eux-mêmes. Avec moins d'opportunités de devenir des combattants étrangers et peu ou pas de liens opérationnels avec Al-Qaeda et ses affiliés, les djihadistes européens ont été de plus en plus contraints de compter sur leurs propres initiatives et leurs propres capacités (Nesser 2015, Sageman 2008).

Les attentats terroristes de 2004 à Madrid et ceux ayant ciblé le système de transport public de Londres en 2005 ont dramatiquement mis en évidence la montée du djihad en Europe. Ces actes terroristes ont été perpétrés par des groupuscules dont les caractéristiques étaient leur appartenance aux pays qu'ils ont attaqués, et une autonomie opérationnelle totale ou significative par rapport aux groupes terroristes internationaux tels qu'Al-Qaeda (Crone & Harrow 2011). Ainsi, le Hofstadgroep n'était pas une entité isolée exclusivement néerlandaise, mais représentait une tendance beaucoup plus vaste incluant plusieurs groupuscules similaires opérant en Europe à partir de 2004 (Nesser 2008, 2014). Même si les résultats présentés dans ce chapitre ne sont pas applicables au djihad européen en général, ces similarités soulignent notre capacité à savoir davantage sur un phénomène plus vaste à partir de cette seule étude de cas.

Présentation du Hofstadgroep

Le Hofstadgroep était un groupuscule amorphe de jeunes musulmans néerlandais partageant une vision radicale et extrémiste. Actif entre 2002 et 2005, il s'était répandu dans plusieurs villes. Le nom est une référence informelle à La Haye, où se réunissaient les membres du groupe, et a été donné par l'agence néerlandaise de renseignement et de sécurité (AIVD). Environ 40 membres du groupe sont identifiables, formés autour d'un noyau dur plus petit mais ouvertement extrémiste (en d'autres termes, partisan de la violence). Bien que le groupe manquât de vrais chefs capables de lui donner une orientation opérationnelle ou idéologique stricte, il comptait dans ses rangs plusieurs figures d'autorité qui, compte tenu de leur connaissance approfondie de l'Islam, leur maîtrise de la langue arabe ou leurs tentatives de rejoindre les zones de conflit à l'étranger, jouaient le rôle de figures d'influence. (Schuurman, Eijkman & Bakker 2014, 2015).

Le groupe est devenu célèbre pour avoir produit le meurtrier du cinéaste et publiciste néerlandais Théo van Gogh, qui a été abattu et poignardé en novembre 2004. Cependant, tout comme le phénomène actuel du combattant étranger, l'intérêt initial du cercle intime du Hofstadgroep était de rejoindre les insurgés djihadistes en Palestine, en Tchétchénie et au Pakistan/Afghanistan. Ce n'est qu'après l'échec de leurs tentatives de rejoindre ces groupes, que certains ont envisagé de perpétrer des actes terroristes aux Pays-Bas. Dans la foulée du meurtre de Van Gogh, la plupart des membres du groupe ont été arrêtés. En 2005, ce qui restait du groupe a tenté une sorte de comeback qui s'est soldé par une nouvelle série d'arrestations en octobre de la même année. Ces arrestations ont signé la fin du groupe. De nos jours, seul le meurtrier de Van Gogh est encore en prison (Schuurman et al. 2014, 2015). La plupart des anciens du groupe continuent de vivre aux Pays-Bas, même si certains ont été extradés vers le Maroc comme des immigrants clandestins, et il semble que plusieurs anciens du groupe soient parvenus à rejoindre la Syrie, où au moins un ancien membre a trouvé la mort.

Etude du djihad intérieur à partir de sources primaires

Ceux qui étudient le terrorisme connaissent bien les difficultés à définir ce terme. Dans le cas présent, le terrorisme se définit comme *'une pratique conspirative d'action violente directe, calculée, démonstrative, sans limite légale ou morale, ciblant surtout les civiles et les non combattants, perpétrée pour ses effets psychologiques et de propagande sur différents publics et parties aux conflits)'*. Toutefois, un facteur non moins préjudiciable à l'étude du terrorisme a été la dépendance excessive par rapport aux sources secondaires, en particulier les articles de presse, comme type principal de données empiriques servant à élaborer et à analyser les hypothèses. Les entretiens avec les (anciens) extrémistes, les archives de l'Etat et les autres sources primaires continuent d'être utilisés, mais trop peu (Silke 2009). Par conséquent, bien que des douzaines d'explications potentielles existent sur le terrorisme, leur validité n'a pas été suffisamment et empiriquement analysée –si elle l'a jamais été (McAllister & Schmid 2011). Accomplir des progrès dans la recherche sur le terrorisme nécessitera un redoublement d'effort pour combler l'insuffisance de sources primaires (Schuurman & Eijkman 2013). En attendant, ces données de première main doivent continuer à être analysées de manière critique.

Ce chapitre utilise les données issues des archives de la police néerlandaise sur le Hofstadgroep et les entretiens semi-structurés que son auteur a mené avec certains anciens du groupe. Les entretiens en particulier offrent une perspective unique sur la vie de ce groupe. Leur utilité est cependant limitée par l'imprécision du souvenir d'événements survenus et d'émotions ressenties des années plus tôt, par le désir potentiel de se dépeindre sous un jour favorable, et par leur subjectivité intrinsèque. De même, alors que les archives de la police contiennent beaucoup d'informations, elles ne sont pas une source neutre et l'accent qu'elles mettent sur la poursuite pénale signifie qu'elles n'abordent pas souvent certains sujets pertinents pour la compréhension de la dynamique de participation au djihad. Ces réalités signifient que même si les sources primaires ont une grande valeur, leur utilisation requiert une attitude critique et vigilante.

Un mot sur la confidentialité et la sécurité des entretiens s'impose. Trouver et convaincre d'anciens membres du Hofstadgroep de parler à l'auteur a été un processus difficile qui s'est souvent soldé par un échec. Ceux-là qui étaient prêts à parler de leur expérience ne l'ont fait souvent qu'après des mois de contact. Tous ont exprimé le désir de garder l'anonymat, parfois par peur des représailles de leurs anciens camarades. Pour des raisons de sécurité et de confidentialité, les noms ou les informations pouvant permettre d'identifier les participants aux entretiens ne seront donc pas utilisés.

Les voies vers la participation dans le Hofstadgroep

Les trois voies suivantes vers la participation dans le Hofstadgroep ont été choisies à cause de leur capacité à illustrer la diversité et la fluidité des forces motrices qui jalonnent le chemin de la participation au djihad en Europe.

Voie 1: le pouvoir du groupe[1]

A la question de savoir comment et pourquoi il a rejoint le Hofstadgroep, un répondant se rappelait que le processus a commencé lorsqu'il n'a pas réussi à obtenir le stage qui lui était nécessaire pour terminer ses études. Cette expérience en elle-même ne semble pas l'avoir 'radicalisé', mais fut importante car sans stage pour l'occuper, il s'est retrouvé d'un seul coup avec beaucoup de temps libre. Il profita de ce temps libre pour fréquenter plus assidument une mosquée et passer de plus en plus de temps avec les autres visiteurs. Un jour, il eut l'occasion d'entamer une conversation avec un syrien plus âgé et le sujet du stage fut abordé au cours de leurs échanges. Le répondant trouvait que la discrimination liée à ses origines marocaines était la cause des difficultés qu'il éprouvait à obtenir une place de stage. Le syrien, par contre, lui expliqua que la réponse se trouvait dans un verset spécifique du Coran.

Le sens de ce verset particulier n'était pas immédiatement clair pour le répondant. Il a apparemment cherché son explication sur Internet, mais s'est retrouvé avec plusieurs interprétations contradictoires. De leur côté, ni ses parents, ni l'imam de la mosquée qu'il fréquentait, n'ont pu lui donner une réponse satisfaisante. Dans le flou total, il se tourna à nouveau vers le Syrien qui lui dit que le versait impliquait que les non croyants (les non musulmans) n'accorderaient rien aux croyants qui n'abandonneraient pas leur foi. Vues sous cet angle, les difficultés du répondant à obtenir un stage n'avaient rien à voir avec ses origines marocaines, mais tout à voir avec le fait qu'il était musulman. Cette 'révélation' n'a évidemment pas fait d'un seul coup du répondant un musulman radical, mais a suscité en lui un intérêt pour de telles questions. Remarquant cet intérêt, le Syrien lui remit le numéro d'une autre personne qui, lui assura-t-il, serait la mieux indiquée pour approfondir avec lui la discussion sur de tels sujets.

C'est à partir de là que la 'force motrice' du processus d'implication changea (Della Porta 1995). Alors que le répondant était sans doute sur la voie de la radicalisation à cause de son expérience de la discrimination et de sa rencontre fortuite avec un musulman radical qui a souligné le rôle des figures d'autorité, sa

---

[1] Cette partie est basée exclusivement sur trois entretiens menés par l'auteur en 2012.

participation au Hofstadgroep était principalement fondée sur la dynamique des petits groupes (Mc Cauley & Segal 2009). Bien qu'il ait des amis, le degré de chaleur humaine et de camaraderie qu'il a rencontré la première fois qu'il a participé à une réunion du groupe l'a surpris. C'est ce sens d'amitié et d'appartenance qui l'a motivé au départ à continuer à participer aux rassemblements informels du groupe, rencontres qui se tenaient aux domiciles des membres, principalement à Amsterdam.

Bien que les soi-disant 'réunions de salon' aient été décrites comme des rassemblements axés exclusivement sur la promulgation des récits radicaux et extrémistes, elles ont aussi, et peut-être plus souvent, joué une fonction sociale (Schuurman et al. 2015, Vidino 2007). Les membres du Hofstadgroep se réunissaient autour d'un verre de thé, pour jouer au football ou simplement passer du temps à bavarder entre amis. Mais sans doute ces rassemblements servaient aussi à présenter et échanger sur une interprétation intégriste, radicale et extrémiste de l'islam, à parler des djihadistes célèbres tels que Osama bin-Laden et Abu Musab al-Zarqawi et même à visionner des vidéos d'exécutions macabres conduites dans les zones de guerre où les djihadistes opéraient. Au fil du temps, le répondant a commencé à internaliser cet accent sur l'islam radical et extrémiste. Cependant, ce qui est frappant ici, c'est que sa radicalisation idéologique a suivi au lieu de précéder son implication dans le groupe.

Les facteurs de groupe axés sur l'amitié et l'appartenance ont motivé le répondant à rester dans le Hofstadgroep. Toutefois, ils n'expliquent pas totalement ce qui l'a amené au bout du compte à envisager lui-même un acte terroriste. Pour comprendre ce choix, un autre changement dans les facteurs ayant guidé son processus d'implication doit être étudié. Ce qui nous amène à trois éléments d'une importance particulière. Le premier est une vidéo de propagande que le répondant a visionnée- Ladite vidéo montre des soldats Israéliens maltraitant une femme palestinienne. Il avait déjà vu de telles images par le passé, mais la puissance de cette vidéo particulière résidait dans le fait qu'il a identifié la femme palestinienne à sa propre mère. Cela a rendu encore plus personnelle l'injustice qu'il ressentait, soulignant le besoin de faire quelque chose en retour.

Le deuxième facteur d'importance a été le meurtre de Van Gogh, qui fut une grande source d'inspiration pour le répondant. Il s'agissait après tout d'un de ses amis proches, quelqu'un qu'il respectait pour sa connaissance de l'islam, et qui mettait en pratique ce dont beaucoup dans le cercle intime extrémiste du groupe parlaient et défendaient peut-être pendant des mois. Le meurtre horrible de Van Gogh a fait de son auteur un modèle à suivre pour le répondant (Akers & Silverman 2004). Un troisième élément soulignant le changement qui a amené le répondant à envisager l'utilisation de la violence terroriste a été la pression subtile de ses pairs qu'il ressentait (McCauley & Segal 2009). En personne ayant également produit une rhétorique extrémiste lors des rassemblements du groupe, le répondant sentait d'une certaine façon la pression de se montrer tout aussi capable de démontrer par la violence son adhésion aux croyances partagées dans le sillage du meurtre de Van Gogh.

Cet exemple fait ressortir plusieurs aspects critiques pour une compréhension nuancée du comment et du pourquoi de la participation au djihad en Europe. Avant tout, le processus était axé sur de multiples facteurs trouvant à différents niveaux d'analyse, dont les facteurs structurels et environnementaux, le groupe même et les qualités singulières de l'individu en question. Deuxièmement, la force 'motrice' du processus d'implication a changé au fil du temps. En d'autres termes, les raisons poussant à devenir et rester membre du groupe étaient aussi distinctes que celles sous-tendant le virage vers la violence terroriste. Enfin, l'exemple démontre le pouvoir explicatif limité des convictions idéologiques. Si ce processus avait été étudié sous le seul angle défini par le mot 'radicalisation' et l'accent sur les croyances que cela implique, la plupart des nuances susmentionnées auraient été négligées.

Voie 2 : le terrorisme inspiré par le fanatisme

La voie menant à l'implication et éventuellement au terrorisme apparaît profondément différente pour l'homme qui, en novembre 2004, tuerait Van Gogh. Décrit comme une personne intelligente, inscrit à l'école supérieure et impliqué dans des activités de service communautaire, cet homme semblait mener une vie normale jusqu'au moment où il adopta l'idéologie extrémiste. Pourtant, les échecs personnels et l'introspection qu'ils suscitent ont radicalement changé la trajectoire de sa vie (Chorus & Olgun 2005). Bien que cette personne corresponde de près au stéréotype du terroriste djihadiste principalement motivé par des croyances extrémistes, les paragraphes suivants illustreront que la dynamique de groupe en particulier a eu une grande influence dans son cas aussi, soulignant le besoin d'un accent analytique plus important sur le djihadisme d'origine intérieure.

Bien qu'apparemment équilibré, ce jeune homme avait un mauvais tempérament et semblait prêt à utiliser une violence considérable. Ces traits de personnalité ont atteint leur point culminant lorsqu'il a poignardé, en 2001, des agents de police dans un parc à Amsterdam. Ce qui lui a valu plusieurs mois d'emprisonnement. La même année eut lieu le décès de sa mère. La mort de celle-ci et le temps passé en prison l'ont précipité dans une 'quête de la vérité', qui a eu deux conséquences étroitement liées. La première a été une réorientation de sa foi qui, à travers une autoformation rigoureuse et les enseignements de certaines figures d'autorité radicales, l'a amené à adopter une vision intégriste, puis radicale et en fin clairement extrémiste dans laquelle le meurtre apparaissait comme une action nécessaire et justifiée dans la défense de l'islam et des musulmans. La deuxième conséquence de sa quête a été le repli sur soi qu'il s'est imposé loin de la société néerlandaise. Il abandonna ses études, quitta le domicile familial pour son propre appartement et abandonna son travail dans un centre communautaire (Chorus & Olgun 2005, Dienst National Recherche 2005).

Ces deux évènements ont eu des conséquences profondes. Une des questions que posent le Hofstadgroep et les structures similaires est de savoir pourquoi sur un grand nombre de personnes ayant des visions apparemment extrémistes, seules quelques-unes planifieront et perpétreront de vrais actes terroristes (Gill & Horgan 2013, Nesser 2010). Le fait que le sujet de cette réflexion en soit venu à assassiner Van Gogh s'explique en partie par son degré d'implication dans l'étude, la traduction et la dissémination de textes religieux de plus en plus extrémistes (Peters 2011). Même si beaucoup de ses compatriotes partageaient ses points de vue, aucun ne leur avait consacré sa vie avec autant de dévouement. Deuxièmement, bien que le Hofstadgroep fut devenu la source primaire de contacts sociaux pour le cercle intime du groupe en particulier, presque tous, à l'exception du futur meurtrier de Van Gogh, étaient exposés à des attitudes et points de vue compensatoires grâce aux contacts qu'ils maintenaient avec leurs familles, leurs amis non radicalisés, leurs collègues ou camarades d'école (Dienst Nationale Recherche 2005). L'isolement total que s'était imposé le futur agresseur de Van Gogh a permis la radicalisation de sa pensée et de son comportement (Taylor 1991).

En adoptant des points de vue extrémistes et en commettant un acte terroriste fondé sur ces convictions, l'agresseur de Van Gogh symbolise le modèle de la 'radicalisation' comme moyen de comprendre la participation au terrorisme. Pourtant, quelle que soit l'importance de ses convictions idéologiques pour la compréhension de la violence qu'il a perpétrée, ces convictions ont été acquises au sein et en partie à cause du Hofstadgroep lui-même. L'aspect le plus important de cette dynamique de groupe a été probablement l'instruction religieuse qu'il a reçue d'un Syrien d'âge moyen qui donnait régulièrement des cours pendant les rassemblements du groupe. De plus, en présentant et en défendant constamment la justesse des interprétations de l'islam en faveur de la violence, les autres membres du groupe ont aidé à renforcer et ont alimenté les convictions du futur meurtrier. Enfin, un autre facteur important en plus de son idéologie, a été sa capacité avérée d'utiliser la violence, qui semble avoir été le trait de personnalité ayant pu lui faciliter le passage des mots à l'acte (Dienst Nationale Recherche 2005).

Bien que le processus d'implication du meurtrier fût fondé principalement sur sa radicalisation idéologique, les croyances à elles seules ne suffisent pas à justifier son recours au terrorisme. Pour ce faire, l'influence de la dynamique de groupe et les caractéristiques particulières de sa personnalité doivent aussi être prises en compte. Bref, la radicalisation était une explication nécessaire mais insuffisante de la participation de cet individu particulier au Hofstadgroep et de sa décision de commettre un meurtre.

Voie 3 : le terrorisme inspiré par la géopolitique et les griefs personnels
La troisième et dernière voie menant à la participation dans le Hofstadgroep décrite dans ces pages est intéressante car elle illustre la difficulté à faire le discernement entre le motif et la justification et à souligner le rôle de la géopolitique. Comme beaucoup de futurs membres de Hofstadgroep, ce troisième individu a commencé à s'intéresser à l'islam extrémiste à la suite des attentats du 11 septembre et la recherche de réponses aux questions sur sa religion et les événements dans le monde que cela a suscité. Il consacrait tellement de temps à l'Internet qu'il a, dit-on, perdu du poids. Ce jeune homme a été de plus en plus convaincu par les récits radicaux

promus par des groupes comme le Hamas et Al-Qaeda. Il adopta la vision d'un monde islamique assailli de toutes parts par des ennemis externes (les Etats-Unis, Israël, l'OTAN) et internes (les régimes considérés comme des apostats, les Shiites). Mais peut-être les images de ses coreligionnaires souffrant dans les zones de guerre à travers le monde l'ont affecté plus que tout, et ont fait naitre en lui le désir d'aider ceux qui se trouvaient dans le besoin en s'engageant dans la lutte armée contre ceux qu'il percevait comme les malfaiteurs (A[.] 2004, Dienst Nationale Recherche 2005).

En 2002 et 2003, ce désir l'a amené à tenter de rejoindre des insurgés islamistes dans les zones de conflit à l'étranger. Mais sa tentative de se rendre en Tchétchénie s'est soldée par un échec : il fut arrêté par les autorités russes et extradé vers les Pays-Bas où il a été soumis à un nouvel interrogatoire. Là se trouve la raison pour laquelle au lieu de rejoindre le djihad à l'étranger, il a préféré rejoindre le djihad local, aux Pays-Bas. Ce choix était en partie pratique car rejoindre les insurgés islamistes s'était avéré difficile. Mais il était aussi nourri d'une antipathie croissante envers les autorités néerlandaises, aggravée par la participation du pays à la 'guerre contre le terrorisme' et son soutien à Israël. Il est intéressant de noter que cette animosité était aussi distinctement personnelle, et a été alimentée par une haine croissante envers le système judiciaire et envers l'AIVD en particulier. Ce dernier aspect a été renforcé par son arrestation en 2004 pour terrorisme et le mauvais traitement qu'il aurait subséquemment subi aux mains des autorités néerlandaises (A[.] 2004, Dienst Nationale Recherche 2005).

En 2005, cet individu a été libéré de prison et semble avoir commencé les préparatifs pour commettre un ou plusieurs actes terroristes. Les informations des services de renseignement ont révélé qu'il était motivé par le désir de rectifier le '1-0' que les non croyants lui avaient infligé, ce qui souligne le degré de motivation de ses intentions violentes par le désir de vengeance personnelle. Juste avant son arrestation, il a produit un message vidéo dans lequel il semblait faire référence à l'imminence d'un attentat terroriste. Copiant les modèles du djihad comme bin-Laden dans la rhétorique et la présentation, ce membre du Hofstadgroep a fait un discours plein de citations du Coran et de rhétorique religieuse. Pourtant, ses préoccupations sous-jacentes paraissent être principalement géopolitiques, autrement dit, axées sur ce qu'il percevait comme une guerre contre l'islam par une coalition, dont les Pays-Bas (Dienst Nationale Recherche 2005, NOVA 2006).

Le point que soulève cet exemple est la difficulté à faire la différence entre le motif et la justification. A première vue, le ton religieux extrémiste de son message vidéo donne l'impression qu'il était motivé autant par ses croyances que l'était le meurtrier de Van Gogh. Cependant, à y regarder de près, il devient apparent que ses croyances ont peut-être fonctionné autant comme une *justification* pour la violence motivée principalement par des considérations géopolitiques et un désir de vengeance personnelle. Le pouvoir de se reposer sur un mandat religieux pour commettre de la violence peut aider à surmonter les barrières psychologiques innées à l'utilisation de la force en déplaçant, du moins en partie, la responsabilité personnelle de nuire et de tuer autrui vers une autorité externe ultime (Bandura 1990). En toute probabilité, ce membre du Hofstadgroep a été aussi fortement influencé par ses croyances extrémistes, mais la voie qui l'a mené à l'implication est la parfaite illustration que ces croyances à elles seules n'ont apporté qu'un élément au tableau et dans les faits, n'ont été qu'un élément de la réponse plus vaste à la question de savoir comment et pourquoi il a fini par s'engager dans le djihad.

Conclusion : dépasser la radicalisation

Ces trois exemples donnent une vue des différentes voies à travers lesquelles s'est matérialisé l'engagement dans le Hofstadgroep. Ils n'offrent en aucun cas un aperçu exhaustif, mais soulignent plusieurs points clés. Le premier point est que l'engagement dans les groupes djihadistes nationaux comme le Hofstadgroep est fondé sur une multitude de facteurs. Deuxièmement, ces facteurs se trouvent à trois niveaux d'analyse : les niveaux structurels, du groupe et individuels. Mis ensemble, ces points confortent l'argument selon lequel les processus d'implication doivent être perçus comme ayant intrinsèquement des causes multiples, et préconisent l'utilisation d'une perspective analytique élargie en vue de comprendre pleinement ces sentiers complexes (Bjorgo 2005). Les perspectives théoriques singulières sur l'implication dans le djihad en Europe ou le terrorisme de manière plus générale ont ainsi un pouvoir analytique limité, en particulier au regard du manque constant de validation empirique de la plupart des hypothèses actuellement répandues (McAllister & Schmid 2011).

Peut-être le point le plus important à tirer de ces exemples est qu'ils illustrent la fluidité des processus d'implication. Faisant écho aux conclusions présentées pour la première fois par Della Porta (1995) dans son travail sur le terrorisme d'extrême gauche en Allemagne et en Italie, la force motrice de l'implication dans le Hofstadgroep était susceptible de changer au fil du temps. Les raisons qui ont amené les membres à s'impliquer, pourquoi ils ont continué à s'impliquer et pourquoi certains parmi eux ont planifié ou perpétré des actes terroristes étaient intrinsèquement différentes les unes des autres. Par conséquent, étudier ces processus semble nécessiter autant une flexibilité analytique et théorique que l'utilisation d'un cadre analytique basé sur des causes et niveaux multiples.

Ces conclusions contribuent aussi au débat critique sur l'utilité de la 'radicalisation' comme moyen de comprendre la participation au terrorisme (djihadiste). En vogue depuis les années 2004, la radicalisation est devenue un terme célèbre. Pourtant, en dépit de son utilisation répandue dans les média, les cercles politiques et intellectuels, la radicalisation en tant que concept souffre de plusieurs insuffisances. Non seulement ce qu'on perçoit comme un comportement et des attitudes 'radicaux' est intrinsèquement subjectif, mais il y'a peu d'accord sur la façon de définir la radicalisation. Certaines définitions sont si vastes qu'elles englobent tout le processus menant à un acte terroriste. D'autres sont plus limitées et cognitives par nature, et mettent l'accent sur l'adoption de visions religieuses ou politiques de plus en plus radicales. Les débats autour des définitions ne sont en rien particulièrement problématiques en eux-mêmes, mais le plus grand problème que pose la radicalisation est le lien qu'elle laisse souvent entrevoir entre les croyances et les actes (Bartlett & Miller 2012, McCauley & Moskalenko 2008).

La plupart des gens n'agissent jamais en accord total avec leurs croyances déclarées. Ainsi, sur les millions de gens qui sont censés avoir des points de vue radicaux, seule une infime minorité envisagera un jour de participer à la violence terroriste. D'un autre côté, les recherches ont montré que tous les terroristes ne sont pas motivés que par leurs convictions. Cette déconnexion entre les idées et le comportement se trouve au cœur des problèmes posés par la radicalisation (Abrahms 2008, Horgan 2014).

Rien de tout ce qui précède ne veut dire que les idées ne sont pas importantes pour comprendre l'implication dans le djihad en Europe ou le terrorisme en général. Les croyances radicales et extrémistes, qu'elles soient politiques ou religieuses à l'origine, sont critiques pour la formation des motivations et des justifications de la violence par les organisations terroristes. Comme ce fut le cas avec le Hofstadgroep, ces croyances partagées constituent aussi la fondation de ces groupes. Pourtant, elles ne sont qu'un facteur important parmi tant d'autres. Sans doute à travers la popularité mal fondée du terme radicalisation, les chercheurs, les décideurs et le grand public ont étudié la participation au terrorisme d'un point de vue limité et unilatéral, mettant peu d'accent sur les autres facteurs explicatifs d'importance significative, en particulier dans l'analyse au niveau du groupe.

Arriver à une meilleure compréhension des processus menant à la participation au djihad en Europe, et des différentes formes que cette participation peut prendre, a été rarement aussi important qu'il ne l'est aujourd'hui. Pour que les recherches futures apportent des perspectives substantielles nouvelles à la masse de connaissance existante, il est crucial de prioriser la validation empirique des hypothèses existantes. Non moins urgent est le besoin de dépasser le concept empiriquement et conceptuellement douteux de la radicalisation et au contraire, d'utiliser des perspectives analytiques sur les processus d'implication mettant l'accent sur aucune variable explicative en particulier.

Bibliographie

A[.], S. 2004. Deurwaarders.

Abrahms, M. 2008. What terrorists really want: terrorist motives and counterterrorism strategy. International Security, 32(4), 78-105. doi: 10.1162/isec.2008.32.4.78

Akers, R. L., & Silverman, A. L. 2004. Toward a social learning model of violence and terrorism. In M. A. Zahn, H. H. Brownstein, & S. L. Jackson (Eds.), Violence: from theory to research (pp. 19-36). Newark: LexisNexis Anderson.

Bandura, A. 1990. Mechanisms of moral disengagement in terrorism. In W. Reich (Ed.), Origins of terrorism: psychologies, ideologies, theologies, states of mind (pp. 161-191). Cambridge: Cambridge University Press.

Bartlett, J., & Miller, C. 2012. The edge of violence: towards telling the difference between violent and non-violent radicalization. Terrorism and Political Violence, 24(1), 1-21. doi: http://dx.doi.org/10.1080/09546553.2011.594923

Bjørgo, T. 2005. Conclusions. In T. Bjørgo (Ed.), Root causes of terrorism: myths, reality and ways forward (pp. 256-264). London / New York: Routledge.

Chorus, J., & Olgun, A. 2005. In godsnaam: het jaar van Theo van Gogh. Amsterdam: Contact.

Crone, M., & Harrow, M. 2011. Homegrown terrorism in the West. Terrorism and Political Violence, 23(4), 521-536. doi: 10.1080/09546553.2011.571556

Della Porta, D. 1995. Social movements, political violence, and the state. Cambridge: Cambridge University Press.

Dienst Nationale Recherche. 2005. RL8026. Korps Landelijke Politiediensten.

Gill, P., & Horgan, J. 2013. Who were the Volunteers? The shifting sociological and operational profile of 1240 Provisional Irish Republican Army Members. Terrorism and Political Violence, 25(3), 435-456. doi: 10.1080/09546553.2012.664587

Horgan, J. 2014. The psychology of terrorism. London / New York: Routledge.

King, M., & Taylor, D. M. 2011. The radicalization of homegrown jihadists: a review of theoretical models and social psychological evidence. Terrorism and Political Violence, 23(4), 602-622. doi: 10.1080/09546553.2011.587064

McAllister, B., & Schmid, A. P. 2011. Theories of terrorism. In A. P. Schmid (Ed.), The Routledge handbook of terrorism research (pp. 201-262). Abingdon / New York: Routledge.

McCauley, C., & Moskalenko, S. 2008. Mechanisms of political radicalization: pathways toward terrorism. Terrorism and Political Violence, 20(3), 415-433. doi: 10.1080/09546550802073367

McCauley, C., & Segal, M. E. 2009. Social psychology of terrorist groups. In J. Victoroff & A. W. Kruglanski (Eds.), Psychology of terrorism: classic and contemporary insights (pp. 331-346). New York / Hove: Psychology Press.

Nesser, P. 2008. Chronology of jihadism in Western Europe 1994-2007: planned, prepared, and executed terrorist attacks. Studies in Conflict & Terrorism, 31(10), 924-946. doi: 10.1080/10576100802339185

Nesser, P. 2010. Joining jihadi terrorist cells in Europe: exploring motivational aspects of recruitment and radicalization. In M. Ranstorp (Ed.), Understanding violent radicalisation: terrorist and jihadist movements in Europe (pp. 87-114). London / New York: Routledge.

Nesser, P. 2014. Toward an increasingly heterogeneous threat: a chronology of jihadist terrorism in Europe 2008-2013. Studies in Conflict & Terrorism, 37(5), 440-456. doi: 10.1080/1057610X.2014.893405

Nesser, P. 2015. Islamist terrorism in Europe: a history. London: Hurst.

NOVA. 2006. Videotestament Samir A. - vertaling NOVA. 14 September. Retrieved 4 April, 2013, from http://www.novatv.nl/page/detail/nieuws/8887/Videotestament+Samir+A.+-+vertaling+NOVA

Peters, R. 2011. Dutch extremist Islamism: Van Gogh's murderer and his ideas. In R. Coolsaet (Ed.), Jihadi terrorism and the radicalisation challenge: European and American experiences (pp. 145-159). Farnham / Burlington: Ashgate.

Sageman, M. 2008. Leaderless jihad: terror networks in the twenty-first century. Philadelphia: University of Pennsylvania Press.

Schmid, A. P. 2011. The definition of terrorism. In A. P. Schmid (Ed.), The Routledge handbook of terrorism research (pp. 39-98). London / New York: Routledge.

Schmid, A. P. 2013. Radicalisation, de-radicalisation, counter-radicalisation: a conceptual discussion and literature review ICCT Research Paper (pp. 1-91). The Hague: International Centre for Counter-Terrorism.

Schuurman, B., & Eijkman, Q. 2013. Moving terrorism research forward: the crucial role of primary sources ICCT Background Note (pp. 1-13). The Hague: International Centre for Counter-Terrorism.

Schuurman, B., Eijkman, Q., & Bakker, E. 2014. A history of the Hofstadgroup. Perspectives on Terrorism, 8(3), 65-81.

Schuurman, B., Eijkman, Q., & Bakker, E. 2015. The Hofstadgroup revisited: questioning its status as a 'quintessential' homegrown jihadist network. Terrorism and Political Violence, 27(5), 906-925. doi: 10.1080/09546553.2013.873719

Silke, A. 2009. Contemporary terrorism studies: issues in research. In R. Jackson, M. B. Smyth, & J. Gunning (Eds.), Critical terrorism studies: a new research agenda (pp. 34-48). New York / Abingdon: Routledge.

Taylor, M. 1991. The fanatics: a behavioural approach to political violence. London: Brassey's.

Turner, J. 2010. From cottage industry to international organisation: the evolution of Salafi-Jihadism and the emergence of the Al Qaeda ideology. Terrorism and Political Violence, 22(4), 541-558. doi: http://dx.doi.org/10.1080/09546553.2010.485534

Vidino, L. 2007. The Hofstad group: the new face terrorist networks in Europe. Studies in Conflict & Terrorism, 30(7), 579-592. doi: 10.1080/10576100701385933

4. La définition du mécréant de l'érudit Muhammad al-Wali

Dorrit van Dalen

Muhammad b. Sulayman al-Wali était, au cours des dernières décennies du XVIIe siècle, un érudit renommé dans les régions du Baguirmi et du Bornou actuels. La définition radicale du mécréant qu'il avait développée était différente des idées du commun des mortels, mais était devenue influente sur sa génération et les générations futures. Les faits historiques sur la vie d'al-Wali sont rares, mais elles nous permettent de suivre l'évolution de ses idées les plus importantes. D'une part, ces idées indiquent une excellente éducation dans les sciences musulmanes; de l'autre, elles répondent aux préoccupations de la population de son environnement local en ce qui concerne l'identité musulmane, qu'elle soit «réelle» ou «fictive».

Le souvenir de Muhammad al-Wali est encore vivace parmi les habitants du village tchadien d'Abgar. En effet, selon l'histoire orale, c'est dans ce village qu'il est né, qu'il a fondé une famille et qu'il a eu un fils (au moins). Et c'est aussi dans ce village qu'il a été enterré. De nos jours, Abgar, ou Abgar Alim Wali (Abgar du savant al-Wali) n'est proche d'aucune route principale au Tchad et est situé à 135 kilomètres au sud-est de la capitale N'Djaména[1]. C'est un village d'environ soixante maisons et une petite mosquée. Son chef, Saleh Ahmat, l'un des rares au village à pouvoir lire, est un travailleur de santé de proximité. Quand je lui rendais visite en 2012, sa moto était tombée en panne. Par conséquent, il avait un peu plus de temps pour un entretien. Entouré d'une demi-douzaine d'hommes qui partagent son tapis sous un grand arbre de neem, il confirme qu'effectivement Ahmat Silé Fullata al-Wali et son fils Silé et beaucoup d'autres fuqara (littéralement « pauvres », le mot pour désigner les religieux au Tchad) vivaient ici. Le nom Ahmat est une forme alternative de Muhammad. Silé est le diminutif de Sulayman. Fullata est une forme locale du nom qui désigne le groupe ethnique et professionnel, dit Fulani ou Fulati

---

[1] Je suis très redevable à Djimet Seli pour m'avoir présenté au chef d'Abgar et pour sa compagnie, ses conseils et ses éclaircissements au cours de cette partie de mes recherches.

en arabe, dont Muhammad al-Wali faisait partie. Ahmat Silé Fullata est donc Muhammad b. Sulayman al-Wali al-Fulani.

Le thé est servi dans cinq ou six petits verres, à utiliser à tour de rôle. Alors que les hommes plus âgés hochent la tête aux mots de Saleh Ahmat, de plus en plus de jeunes garçons se joignent silencieusement au groupe. Le chef raconte :

Il était une fois deux amis, deux cheikhs. L'un était un Arabe appelé Ahmat Badawi, l'autre était Ahmat Silé Fullata. Ensemble, ils partirent en voyage en Egypte. Arrivés dans ce pays, ils descendirent dans une mosquée où ils trouvèrent une inscription sur la pierre ou la faïence et qui disait *alif mishilak*: « il y en a mille comme vous ». Ils cassèrent la pierre et conservèrent les fragments. Mais des témoins de la scène avertirent le sultan d'Egypte que des voyageurs avec leur *muhajirin* (les émigrés pour le savoir islamique) avaient brisé ce texte. Ayant compris qu'ils étaient en danger, les deux amis jetèrent les fragments dans le fleuve. Mais ceux-ci, au lieu de couler, ont plutôt flotté. Et les Égyptiens qui ont été témoins de cela se sont écriés : «ces gens ont des pouvoirs occultes ». Intrigué, le Sultan voulut savoir qui ils étaient et jusqu'où leurs pouvoirs et leurs connaissances étaient solides. Alors il les fit venir et leur demanda : « Qui êtes-vous? Dites-moi qui vos ancêtres ont été en remontant jusqu'à douze générations. » L'Arabe et le Fulani s'exécutèrent, mais le Sultan lui-même ne pouvait pas nommer plus de quatre de ses ancêtres. Ensuite, le Sultan décida d'organiser un test. Il ordonna qu'on mette une vache blanche et un veau blanc dans un hangar qui était entièrement fermé et demanda à Cheik Badawi : Cheik Badawi, vous connaissez beaucoup de choses. Dites-nous la couleur de la vache et du veau qui se trouvent dans ce hangar. » Et Badawi de répondre : « la vache est blanche et le veau est blanc. » Le sultan se tourna alors vers Ahmat Fullata avec la même question et ce dernier répondit : « la vache est grise et le veau est gris. » Puis l'on fit ouvrir le hangar pour découvrir que la vache et le veau étaient gris. Le sultan comprit que les deux cheiks avaient raison, parce que la vache et le veau étaient d'abord blancs avant de devenir gris. Alarmé, il comprit que les connaissances de ces cheiks étaient si puissantes qu'ils pourraient constituer une menace pour lui. Alors il décida de les déporter hors de son territoire, mais les assura que ses soldats les accompagneraient pendant leur voyage retour. Au même moment, il demanda aux soldats de tuer les deux cheiks et leur *muhajirin* en cours de route. Tous se sont mirent en route et, après un certain temps, les soldats essayèrent de saisir les cheiks. Mais en vain. Ces derniers s'étaient évadés et les soldats ne sont jamais parvenus à les rattraper. De guerre lasse, ils abandonnèrent et retournèrent en Egypte.

Les deux amis sont finalement retournés au Baguirmi et ont trouvé les deux communautés qui constituent encore le village d'Abgar. Toutefois, ce qui est plus proche de la vérité historique, c'est que le grand-père d'Ahmat Silé Fullata alias al-Wali était l'un des fondateurs du village. Le fait que le grand-père et le petit-fils se soient fusionnés en une seule personne, souligne le caractère mythique de l'histoire. Mais ce qui frappe dans l'histoire, c'est l'image du Fulani Cheikh Ahmat Silé et de son ami arabe qui étaient de grands voyageurs dont le savoir avaient étonné même l'élite savante d'Egypte. Et c'est bien cela l'essentiel de leur héritage aujourd'hui. Deuxièmement, leur connaissance, dans cette histoire, est en grande partie mystique : ils pouvaient voir des choses que le commun des mortels ne pouvait pas voir.

Toutefois, le mythe et l'histoire ne sont pas les mêmes. L'histoire racontée à Abgar aujourd'hui a été influencée par l'histoire du soufisme (mysticisme islamique) et l'importance qu'il a acquise dans toute l'Afrique de l'Ouest aux XIXe et XXe siècles. En 2013, la plupart des habitants d'Abgar étaient analphabètes en arabe et en français. Ils ne pouvaient pas lire les versets coraniques sur les ardoises en bois qui se tenaient contre un pied de neem comme des reliques du passé islamique unique des villages, et encore moins les œuvres que leur illustre ancêtre avait laissé. Leur idée d'un musulman exceptionnel est ce qu'il a été dans la région depuis deux siècles : celui d'un soufi exceptionnel. Cependant, lorsque nous regardons les œuvres de al-Wali, nous voyons que nulle part il ne s'intéresse au mysticisme. Au contraire, il souligne plutôt l'approche rationnelle à la connaissance religieuse. Il se voyait en premier lieu comme un théologien logique.

S'il n'était pas un mystique, essayons de retracer pourquoi al-Wali était si important pour ses contemporains. Pour autant que nous le sachions, il a écrit dix ou onze traités et versifications, et un poème didactique original[2]. Dans l'ensemble, son œuvre couvre les domaines

---

[2] Pour plus d'informations sur al-Wali et son environnement intellectuel et social, voir D. van Dalen *Doubt, scholarship and society in seventeenth-century central Sudanic Africa*. Leiden: Brill, 2015. Pour une liste de titres d'al-Wali, voir aussi J.O. Hunwick et R. Abubakre, *The Arabic Literature of Africa. Volume II: The Writings of Central Sudanic Africa*. Leiden: Brill, 1995.

fondamentaux de l'enseignement musulman de la théologie, de la langue arabe et de la jurisprudence, tout en mettant l'accent sur la théologie (tawhid). Que ses travaux aient été très appréciés est attesté par le fait qu'ils ont souvent été copiés. Des dizaines de ces copies manuscrites se trouvent encore aujourd'hui dans les bibliothèques au Niger, au Ghana, à Tombouctou et à Alger. Une œuvre d'al-Wali sur le sens théologique de la création du monde (*Urjuza fi huduth al-alam*) était encore commentée au XXe siècle, et son poème exhortant les jeunes hommes à poursuivre le chemin du Prophète au lieu de trainer avec les voyous (*'Awsikum ya ma'shar al-ikhwan*) a même été imprimé à Kano. Une autre indication de son influence et de sa réputation est le fait qu'au début du dix-neuvième siècle, Muhammad Bello, fils du fondateur du sultanat de Sokoto Uthman dan Fodio, a noté que al-Wali était un excellent érudit du Bornou dont les travaux indiquent non seulement la qualité de son savoir et de son intelligence, mais aussi ses compétences dans les sciences[3]. Des éloges remarquables, quand on considère que Bello écrivait sur les faiblesses de l'islam comme il était pratiqué à Bornou, parce que Sokoto cherchait des prétextes pour conquérir cet état.

Les faits connus sur la vie d'al-Wali sont rares. Un de ses élèves avait écrit sa biographie, mais malheureusement, celle-ci n'a jamais été retrouvée. Pour les données concernant sa naissance et sa mort, nous dépendons en grande partie de l'histoire orale et de son reflet dans une œuvre sur les chercheurs de la région, œuvre écrite par l'historien nigérian shaykh Ibrahim Saleh[4]. Selon cette œuvre, Muhammad al-Wali b. Sulayman b. Abi Muhammad al-Wali al-Fulani al-Baghirmawi al-Barnawi est né à Abgar, dans le Baghirmi. Son nom indique que c'était un Fulani dont le père était Souleymane, et que son domicile était au Baghirmi (ou Baguirmi, comme ci-dessous ?). A l'étranger, il était également connu comme l'un des érudits du puissant État du Bornou, dont le Baghirmi était un royaume vassal. Comme la majorité des savants musulmans en Afrique, al-Wali a adhéré à la doctrine religieuse d'al-Ash'ari et à l'école de droit d'al-Maliki.

---

[3] M. Bello, *Infaq al-maysur fi ta'rikh bilad al-Takrur*. Manuscript Or. 14.063, folio 3recto. Leiden University Libraries.

[4] Ibrāhīm Ṣāliḥ Yūnus al-Ḥusayni, *Kitāb al-istidhkār l-'ulamā' Kānim Burnū min al-akhbār wa-l-athār*. Manuscript Hunwick 209, Northwestern University. 433.

Sur la base des informations provenant de ses voyages et du fait que l'une de ses œuvres a été écrite en 1688, j'en déduis qu'al-Wali est né quelque part entre 1635 et 1645. Mais avant de suivre sa carrière, nous examinerons de plus près l'environnement dans lequel il est né. Tout d'abord, dans toute la région où il est né, l'État le plus proche et visible était celui du Bornou. Au dix-septième siècle, cet État était au zénith de son pouvoir. Le marché de sa capitale, Birni Gazargamu, était une destination finale pour les caravanes de Tunis, de Tripoli et du Caire au nord, de Tombouctou, Awdaghust, Agades et Gao à l'ouest, du Kordofan et des régions du Nil à l'est. Les ouvriers y déchargeaient de la soie, des tapis, des armes et des livres venant du Moyen-Orient, du papier et des perles de verre de Venise, des produits en cuir, du cuivre et du tabac en provenance du Maghreb et au-delà ainsi que des noix de kola et de l'or en provenance de l'Asante au sud. Bien que les voyages n'étaient pas faciles et que les distances étaient grandes, le Bornou était bien relié aux routes transsahariennes en Afrique du Nord et au au-delà. Le pays et les beaux corans qui y étaient produits, étaient bien connus dans des villes comme Tripoli et le Caire. Toutefois, le Bornou commençait à ressentir l'impact des changements politiques vers l'ouest, et les attaques fréquentes des peuples voisins entraînaient beaucoup d'insécurité.

Le royaume du Baguirmi avait toujours été plutôt isolé de ses environnants (en raison de son sol imperméable et des inondations annuelles) et, à l'exception des négriers ou des prédicateurs occasionnels, très peu de voyageurs osaient s'y aventurer. Dans le temps d'Al-Wali, le Baguirmi venait juste de devenir un pays musulman, du moins théoriquement. Les traditions orales sur ses origines en tant qu'état musulman parlent d'ulémas (érudits) Fulani qui sont venus dans la région dans la seconde moitié du seizième siècle pour prêcher et enseigner l'islam et avaient soutenu le premier souverain musulman, le sultan Abdallah (r.1568- 1608). Très progressivement, le Baguirmi également a commencé à faire partie du réseau musulman du commerce, des érudits itinérants, de nouveaux produits et idées et un sentiment d'appartenance à la culture d'une religion mondiale.

Les ulémas Fulani de Torodbe, auxquels al-Wali appartenait également, ont joué un rôle important dans l'histoire islamique d'une grande partie de l'Afrique de l'Ouest. Venant de leur terre d'origine du Sénégal actuel, ils ont, au cours des siècles, voyagé comme missionnaires de l'islam vers l'est. On rapporte qu'ils ont apporté le savoir de toutes les branches de l'enseignement islamique, de la jurisprudence et des traditions (paroles du prophète Muhammad) à la théologie, la grammaire et le mysticisme. Une partie de ce savoir se trouvait dans des livres manuscrits. Mais les Fulani ont également développé des méthodes remarquables d'enseignement oral dans leur propre langue, le Fulfulde, et dans les langues locales des populations parmi lesquelles ils se sont installés.

Un processus important qui s'est déroulé pendant la vie d'al-Wali a été la propagation de l'islam dans les zones rurales de l'Afrique de l'Ouest. Ce fut un processus qui a beaucoup influencé l'œuvre d' 'al-Wali, et dont il a été lui-même un des acteurs. Depuis l'introduction de l'islam dans l'Afrique soudanienne entre le neuvième et le onzième siècle, les dirigeants de certains des États les plus forts avaient invité des érudits et des hommes religieux à s'installer dans leurs cours afin d'ajouter du prestige et de la baraka à leur royauté. D'autres avaient reçu des droits fonciers dans les régions rurales, et ont ainsi joué un rôle déterminant dans la stratégie des dirigeants pour attirer de nouveaux habitants sur des terres sous-exploitées et pour contrôler des régions éloignées. Toutefois, pendant une longue période, l'influence des ulémas sur la religion des populations locales dans les villes ou les zones rurales de la région était limitée. En règle générale, les dirigeants ne s'attendaient pas à une conversion des hommes du peuple. Bien que parfois les gens ordinaires aient été témoins de rituels de prière, de consécration ou de guérison, et qu'ils aient cherché à y participer pour leur propre intérêt, ils étaient habituellement restés païens. Et en fait, même le dévouement à l'islam des rois et des rois vassaux qui employaient des musulmans instruits et contrôlaient des activités musulmanes de commerce, demeurait partiel. Tout cela était simplement dû au fait que leur autorité sur leurs propres peuples était fermement enracinée dans les religions traditionnelles et dans leurs relations - directement ou par l'intermédiaire des prêtres - avec les esprits territoriaux. Ils ne renonçaient pas à leur religion originelle même lorsqu'ils acceptaient le soutien de l'islam.

Cependant, des changements politiques profonds en Afrique subsaharienne depuis la fin du XVIe siècle ont donné lieu à de nouvelles idéologies d'organisation sociale, et pour de nombreux dirigeants, l'islam était devenu la seule source de légitimité. Par conséquent, un nombre croissant de gens du peuple, loin des centres politiques, se rendaient compte que le rapport avec la culture de l'islam était la seule façon de s'identifier avec le système sociopolitique et à ses valeurs et, par conséquent, se sont convertis, en partie comme une manière de s'émanciper. Cela a même conduit, approximativement entre 1675 et 1850, à une série de révolutions sociales (parfois appelées jihad) sous l'égide des ulémas dans toute l'Afrique occidentale. Les nouveaux convertis cherchaient des informations sur l'islam partout où ils pouvaient les trouver: non seulement des ulémas ayant une éducation approfondie dans les sciences islamiques classiques, mais aussi des enseignants plus populaires (mallams), des conteurs, des guérisseurs, des devins, des écrivains de charmes. Ceci, ainsi que le fait que l'attraction des religions traditionnelles qui était restée forte, faisait que les croyances religieuses et les pratiques des musulmans étaient quelque peu différentes d'un endroit à l'autre.

C'est là le vaste contexte social dans lequel al-Wali est né. Son berceau se trouvait (ou plutôt son *biric* a été répandu) dans une des maisons d'une communauté Fulani ayant une forte tradition d'enseignement classique et de prêche. Sa langue maternelle était le Fulfulde. Son père, Souleymane, était lui-même un érudit (toutefois, aucun de ses travaux n'a survécu) et pourrait très bien avoir été le premier enseignant de Muhammad, vers l'âge de sept ans. L'enseignement primaire était consacré à l'apprentissage de la récitation du Coran et des hadiths en arabe classique ou en fusha. À environ l'âge de dix ou douze ans, les garçons étaient envoyés auprès d'un autre enseignant, de préférence dans une autre ville. Le jeune Muhammad a été envoyé à Birni Gazargamu, où l'apprentissage islamique était beaucoup plus avancé que dans le Baguirmi, afin de poursuivre ses études auprès de deux cheiks célèbres : Booro Bindi et Buba Njibima. Le deuxième cycle de l'enseignement comprenait généralement les bases de la jurisprudence selon la doctrine de Maliki, la théologie (littéralement la science de l'unicité de Dieu, *tawhid*), la grammaire et les hadiths. Selon la tradition orale, al-Wali était un excellent élève et l'une des « douze étoiles » de Buba Njibima. Pendant quelque temps, il a également étudié à Katsina.

Puis, dans les années 1660, il était prêt pour le plus haut niveau d'enseignement académique, à l'institut d'al-Azhar au Caire. Comme beaucoup de pèlerins d'Afrique, Al-Wali s'est arrêté au Caire au cours de son voyage vers les villes saintes de La Mecque et de Médine, et a passé quelques mois là-bas, ou peut-être des années, à suivre les cours de son choix. Il a non seulement choisi des savants Maliki, mais a également étudié avec Muhammad b. Ala al-Din al-Babili (vers 1666), un érudit Shafi'i dont la cour était le lieu de rencontre et de discussion des étudiants des quatre écoles de droit et de toutes les régions du monde musulman. Mais là aussi, les livres et les idées appartenaient tous à l'apprentissage courant.

Nous ne savons pas si al-Wali a également voyagé plus à l'ouest, comme l'avaient souvent fait avant lui des générations de savants, vers des villes comme Agades, Tombouctou ou Gao. Dans tous les cas, quand il est retourné au Baguirmi et dans le petit village d'Abgar, il avait assez voyagé pour observer et connaître la culture de l'islam dans des endroits cosmopolites comme Le Caire et la Mecque et pour formuler ses points de vue à côté de ceux des savants venant des pays de l'islam. Cela a augmenté sa confiance en soi, et conduit à un style d'écriture qui était sans détour et parfois assez singulier.

Son traité contre le tabagisme était des plus véhéments. Le tabac est une marchandise qui venait d'arriver en Afrique centrale, quelques années seulement après avoir été importé (d'Amérique) en Europe, un signe tangible de la mondialisation. Le texte d'al-Wali montre son engagement pour ce qui se passait réellement dans le monde autour de lui et, en même temps, il montre ses ambitions dans le domaine de la théologie plus théorique. Dans une des premières lignes, il se réfère à lui-même comme *al-mutakallim*, c'est-à-dire le théologien qui suit la méthode de la théologie spéculative ou philosophique (*kalam*), la théologie qui cherche à défendre la foi musulmane avec «la preuve» du raisonnement logique.[5]

Dans sa lutte contre le tabac, cette combinaison de la théorie avec un problème social pratique n'était guère efficace. Le texte était presque perdu et le tabagisme était là pour rester. Mais la recette explique peut-être le succès d'une autre œuvre. En effet, l'œuvre la plus populaire et la plus copiée d'Al-Wali est une prose sur les attributs de Dieu intitulée : *La méthode sans égal pour comprendre la science de la théologie (Al-manhaj al-farid fi ma'rifat t'ilm al-tawhid)*. Il s'agit d'un commentaire sur une croyance très célèbre du nord-africain Yusuf al-Sanusi (d. Ca 1490) appelée *Le petit credo (al-aqida al-sughra)* ou *La mère des preuves (Umm al-barahin)*. Au moins trente-deux exemplaires de *La méthode sans égal* existent dans des collections publiques et privées, principalement du Nigeria.

---

[5] *Valid Proofs*, folio 2v.

Du temps d'al-Wali, le *Sughra* d'al-Sanusi avait été depuis un bon moment un texte canonique en Afrique du Nord et de l'Ouest. Très peu de temps après son écriture, les érudits le commentaient déjà et en faisaient des versifications et le texte lui-même a été copié à maintes et maintes reprises. Il a joué un rôle essentiel dans l'enseignement de l'islam en Afrique du Nord et de l'Ouest, et plus tard également jusqu'en Asie. Le texte porte sur une doctrine qui est au cœur de la théologie d'al-Ash'ari sur l'existence de Dieu et présente la « preuve » logique de ses vingt attributs « idéaux » et « substantiels » : c'est-à-dire qu'il est éternel, omnipotent, consentant, entend tout, voit tout, etc., et qu'il a la vie, l'omnipotence, la volonté, l'ouïe, la vision éternelle, etc. En subdivisant toutes ces catégories en ce qui est nécessaire, impossible et possible, la doctrine est imprégnée de termes et de concepts de la logique aristotélicienne. Mais elle est devenue populaire dans l'interprétation d'al-Sanusi, car il s'agit d'un bref extrait qui présente dans un vocabulaire simple « ce que tout bon musulman adulte devrait connaître sur Dieu et son prophète ». En outre, elle se termine avec la remarque que cette théologie entière est contenue dans le *shahada*, le témoignage selon lequel il n'y a pas d'autre dieu que Dieu et que Muhammad est Son prophète. Al-Sanusi a écrit que le *shahada* incarnait la connaissance qui peut être internalisée en répétant souvent les mots, suggérant que tout croyant, même s'il ne saisit pas toutes les qualités philosophiques, peut néanmoins être un navire et un gardien d'une telle connaissance et donc un membre respectable de la communauté des musulmans.

Au seizième siècle, des ulémas Fulani avaient traduit ce texte en Fulfulde, avec un « commentaire », en fait une explication didactique utilisant des exemples de la vie quotidienne. Ils avaient organisé l'information de manière à faciliter la mémorisation. Cela était d'autant plus important que le commentaire était enseigné en tant que texte oral à des analphabètes, des convertis récents ou des musulmans ordinaires qui voulaient mieux comprendre leur religion.

A peu près 150 ans après-Wali a traduit tout ce texte Fulfulde en arabe, afin qu'il puisse être écrit. (En ce moment le Fulfulde n'était pas écrit. Plus tard, quand il l'était, c'était avec l'alphabet arabe. En transformant un texte très populaire en texte écrit, al-Wali l'a revendiqué comme la propriété de ceux qui possédaient un monopole sur la technique de l'écriture, c'est-à-dire les ulémas ayant une éducation et une orientation classiques et sachant lire et écrire). Et ce faisant, il a ajouté quelque chose de très important. Il a introduit le thème de « l'imitation » (ou «d'acceptation aveugle » de la connaissance théologique, *taqlid*) et de la personne qui en est coupable, l'imitateur (*muqallid*). Dans la version d'al-Wali, quiconque ne pouvait pas donner les bonnes réponses sur les attributs de Dieu n'était pas un vrai musulman, mais un imitateur et donc un mécréant. Al-Wali a de ce fait très habilement utilisé l'autorité du *Sughra* d'al-Sanusi et le commentaire Fulani [peulh est correct aussi, mais le terme n'avait pas encore été utilisé, parce que je me limite au terme Arabe (Fulani) pour ne pas compliquer les choses) pour mettre en avant un argument qui était le contraire de celui du texte original.

La méthode sans égal dit que la connaissance religieuse est essentielle à la foi, et tout théologien classique serait d'accord avec cela. Mais pas avec la spécification selon laquelle « si les gens ne le savent pas, peu importe si c'est à cause de l'ignorance simple ou de l'ignorance complexe, s'ils doutent ou s'ils sont méfiants, s'ils sont mis dans l'erreur ou acceptent aveuglement [imitent] »[6]. Al-Sanusi avait distingué deux catégories d'ignorance, dont l'une pourrait poser problème. L'ignorance simple (*al-jahal al-basit*) était celui de la personne qui, interrogée sur l'existence de Dieu, admettait qu'elle ne savait pas, ce qui signifie qu'elle était prête à apprendre. Il n'y a rien de mal à cela. L'ignorance complexe (*al-jahal al-murakkab*) était l'ignorance des gens qui ne reconnaissent pas qu'ils ne connaissent pas la vérité. Ce qui pourrait conduire à l'incroyance. Pour al-Wali, cependant, il y avait quatre types d'ignorance, et il condamnait tous les quatre comme de l'incroyance.

Tout d'abord, il y avait ceux qui n'avaient reçu ni jamais demandé la connaissance, parce que leur ignorance était « plate comme l'herbe ». Deuxièmement, il y a ceux dont l'ignorance est complexe, c'est-à-dire qui sont ignorants sans le savoir. Troisièmement, il y a ceux qui doutent (« celui qui est égal des deux côtés, changeant à tout moment et qui oscille également entre la vérité et le mensonge »). Et quatrièmement, il y a l'imitateur, « qui certifie les vingt attributs sans preuve. Il est dit que l'imitateur est celui qui accepte les mots des ulémas sans preuve et [alors] retombe dans l'acceptation aveugle ». À propos de chacun d'eux, al-Wali écrivait : « on est d'accord que ce sont des incroyants ».[7]

---

[6] Manuscript Hunwick 178, f. 14, Northwestern University, Evanston.
[7] Ms Hunwick 178, f. 14.

Il y a deux problèmes avec ces assertions. Tout d'abord, tout le monde n'était pas d'accord dans ce sens, du moins pas tous les érudits musulmans. Al-Sanusi lui-même n'a jamais suggéré que le verdict concernant « l'imitation » était une question qui avait été décidée. Oui, le croyant doit avoir connaissance de Dieu, sur la base de la preuve. Toutefois, dans son propre commentaire sur le *Sughra*, il disait ceci : « mais il existe diverses interprétations concernant l'obligation de savoir. Certains disent que l'imitateur est un croyant – même s'il est désobéissant - parce qu'il néglige la connaissance produite par la vraie compréhension. D'autres disent qu'il est croyant, mais pas désobéissant, sauf lorsqu'il est capable de comprendre la signification réelle [et néanmoins la néglige]. Certains disent : l'imitateur n'est fondamentalement pas un croyant, mais d'autres critiquent cela. » [8] Puis il mentionnait des érudits célèbres comme al-Qushayri, Ibn al-Arabi et al-Ghazali parmi tant d'autres, qui croyaient que la connaissance de Dieu pouvait aussi provenir de la foi ou de l'inspiration et que l'on pouvait être un bon musulman sans réflexion intellectuelle indépendante, en « acceptant aveuglément » la connaissance des experts religieux.

En fait, conformément à l'Ash'arisme, al-Sanusi avait été très prudent quand il s'agissait de définir l'incroyance (*kufr*). Dans un de ses livres, il ne mentionnait que deux formes d'incroyance non ambiguë: adorer consciemment d'autres divinités que Dieu et nier que les chrétiens et les juifs sont des païens. Il était très difficile, a-t-il ajouté, de définir d'autres catégories d'incroyants. Même les plus grands théologiens - et il donne les exemples de qadi Iyad, Malik et al-Baqillani - ne pouvaient rien dire de définitif là-dessus. En outre, il fallait éviter à tout prix l'exclusion de quiconque professe l'islam, car « il vaut mieux pardonner à mille incroyants que de répandre une goutte de sang d'un croyant »[9]. Il est vrai qu'au XVIIe siècle, il y avait d'autres ulémas au Maghreb qui partageaient le dénigrement de l'imitation par al-Wali et fondaient leur opinion sur la Sughra d'al-Sanusi[10]. Mais des commentateurs ultérieurs comme Muhammad b. Ahmad al-Dasuqi (décembre 1815) ont fait remarquer que le fait de dire que l'imitateur n'est pas un croyant devrait être considéré comme

---

[8] *Sharh*, 1932, 14, 15.
[9] Luciani 1908 = Muqaddima?, 102, 103.
[10] Yahya al-Shawi (d. 1685) ET 'Isa al-Saktani (d. 1652).

légalement douteux, car cela équivaudrait à anathématiser (*takfir*) la majorité de la communauté musulmane.

En dépit de tout cela, *La méthode sans égal* décrit l'imitateur, le faux musulman, comme la figure imaginable la plus repoussante, et souligne à maintes reprises : « si l'on vous demande une preuve logique de [x], alors dites [y]. Ainsi vous n'êtes pas un imitateur. » Le deuxième problème ici est que, parfois, la preuve logique que le croyant est censé pouvoir reproduire est assez complexe, comme l'exemple suivant de la création du monde. (Le texte original du *Sughra* est de type romanesque, les ajouts de *La méthode sans égal* sont en italique.)

Si l'on vous demande sur la création de ce qui est accidentel, alors dites : « la preuve de la création de ce qui est accidentel est l'observation de sa transformation du non-être à l'être et de l'être au non-être ». *Si les propriétés accidentelles étaient éternelles, alors elles ne pourraient pas être inexistantes. Mais leur non-existence a été observée dans de nombreux corps, tout comme leur contraire, l'existence. Ainsi, l'observation de la transformation des choses occasionnelles est la preuve de leur création, et le lien vers les choses temporelles occasionnelles est la preuve de leur création, et leur création est une preuve de leur existence dans le temps, et leur existence dans le temps est ce que l'on poursuit. Louez Dieu qui nous guide lorsque nous désirons cette preuve de [son] existence selon la raison.*[11]

Le raisonnement dans ce paragraphe reflète une argumentation standard pour l'existence de l'islam. Mais nous savons, sur la base des listes de manuscrits ayant survécu en Afrique de l'Ouest et des références aux auteurs et aux titres dans les œuvres des érudits de l'Afrique de l'Ouest, que beaucoup d'entre eux n'ont pas pu connaître cette philosophie. Et même s'ils l'avaient connue, le raisonnement semble difficilement capable de tester la connaissance religieuse fondamentale du croyant moyen. La réponse à cette contradiction apparente est que l'objectif d'al-Wali n'était pas de compter quiconque avait une connaissance fondamentale de l'islam comme croyant. Il s'agissait plutôt de faire une distinction entre les « imitateurs » et les croyants, et de faire cette distinction aussi nettement qu'il le pouvait. *La méthode sans égal* soutient que la personne qui se présentait comme musulman, mais qui, lorsqu'on lui posait la question, ne pouvait pas reproduire la preuve requise de

---

[11] Hunwick 178, 33.

l'existence de Dieu, devrait être considérée comme un imitateur et donc un mécréant, un étranger à la communauté des musulmans.

Comment Al-Wali en était-il arrivé à sa position radicale? D'où venait son intransigeance? En partie, son inspiration pourrait venir de la période qu'il a passée au Moyen-Orient, lorsqu'il a participé à des discussions théologiques dans des cercles d'évangélisateurs religieux. Les membres d'un groupe autour de Muḥammad b. ʿ Ala al-Din al-Babili, le savant Shafi ʿ i avec qui al-Wali a étudié au Caire, critiquaient l'imitation et propageaient les doctrines d'*ijtihad*, c'est-à-dire l'effort des savants musulmans pour revenir aux sources de la révélation divine, indépendamment des volumes épais et des longues traditions d'exégèse qui les séparaient des croyants. Cela faisait partie d'une tendance qui s'est développée dans l'islam mondial au dix-septième siècle et qui privilégiait la logique, les sciences rationnelles et la vérification des opinions savantes reçues. Dans les cercles de réformateurs [correction très importante; evangéliser est un terme spécifiquement chrétien, qui n'a rien à faire avec reformation en christianisme ou islam], l'*ijtihad* et le *taqlid* étaient considérés comme des vases communicants: tandis que le premier augmentait, le second diminuait.

Mais la principale motivation d'al-Wali résidait dans des circonstances de son environnement familial, à une époque marquée par des problèmes politiques, des changements sociaux, de nouvelles formes de loyauté et même la mondialisation. Sur les marchés, on trouvait des produits et des informations provenant de pays aussi lointains que l'Angleterre (et l'Amérique, dans le cas du tabac), l'Espagne ou l'Italie, où l'islam n'était pas la seule religion monothéiste. Tandis que les anciennes certitudes étaient ébranlées, des possibilités de nouvelles orientations se présentaient. Tout cela a conduit à l'incertitude et au doute, en particulier chez les musulmans dans les zones rurales du Baguirmi et du Bornou, qui ne s'étaient convertis que très récemment. Al-Wali l'a compris très bien et a abordé leurs préoccupations d'une manière qui répondait à leurs besoins. Le fait que *La méthode sans égal* ait été si souvent copiée nous dit que sa démarcation rigoureuse de l'identité du croyant par opposition à celle de l'« imitateur », a touché la corde sensible d'un grand public.

De plus en plus, la notion de l'imitateur, ainsi que l'information sur les attributs de Dieu, sont devenus un instrument entre les mains de groupes de « fondamentalistes » qui allaient d'un village à l'autre, interrogeant les personnes qui se présentaient comme des musulmans. Cela n'était pas limité à l'Afrique centrale soudanaise. Dans la ville de Sijilmasa, au Sahara Occidental, et dans la même période, un groupe d'ulémas se livraient également à ce que l'on appelait ici des « pratiques inquisitoires », consistant à tester les connaissances théologiques des croyants ordinaires et jugeant comme incroyants ceux qui échouaient[12]. Apparemment, l'idée de « l'imitateur » en tant qu'étranger circulait en Afrique de l'Ouest à une grande échelle. La contribution d'a-Wali a été qu'il a formulé un texte populaire en une version écrite très respectée, arabe et savante. En Afrique centrale soudanaise, la pratique consistant à tester le savoir théologique était tellement devenue incontrôlable qu'Uthman Dan Fodio, plus de cent ans plus tard, prêchait très souvent contre elle et avait écrit des douzaines de sermons pour la réfuter.

Le problème de l'identité musulmane n'était en soi pas nouveau. Les nouveaux convertis avaient toujours ressenti l'attrait de leur religion traditionnelle, qui était tellement interconnectée à la vie sociale, aux valeurs, à la fertilité de la terre et à d'autres ressources, qu'il était difficile de l'abandonner. Ce qui était nouveau au dix-septième siècle était l'ampleur de la conversion et du « recul », au fur et à mesure que l'islam devenait populaire. Ensuite, l'instabilité de l'identité musulmane - qui en Afrique de l'Ouest était une identité collective - est devenue un problème social. Et au Bornou, ce problème était plus poignant que partout ailleurs. L'économie du Bornou était basée sur les esclaves (en tant que marchandises) et le travail de ces derniers. L'Etat pillait très régulièrement les villages dans ou près de son territoire pour capturer les gens. L'identité musulmane donnait une certaine protection aux communautés, car l'islam interdit l'asservissement des musulmans. D'une part, cela signifiait que l'élite du Bornou avait intérêt à représenter certains de ses voisins comme des incroyants, si l'esclavage en tant qu'institution sociale devait rester une affaire légale. D'autre part, les communautés qui voulaient éviter d'être dépouillées de leurs bras valides avaient intérêt à présenter une identité musulmane ferme et à ne pas la laisser contaminer par le doute, de leurs propres habitants ou ceux d'ailleurs.

---

[12] Al-Ḥasan b. Mas'ūd al-Yūsī (vers 1691). Son texte (sans titre) se trouve à Paris, à la Bibliothèque Nationale, Fond Arabe 1273.

Il existe une remarque intéressante à l'égard de l'islam en tant que protection contre l'esclavage dans la première partie de *La méthode sans égal*, une sorte de préface ajoutée au texte du *Sughra* d'al-Sanusi. Il s'agit du *shahada*, le témoignage musulman de la foi. Tout d'abord, elle affirme, selon la vision classique Ash'ari [Al-ash'ari est le nom d'une personne. Ash'ari (sans 'le' ou al-) est l'adjective, que, tant que les mots sont prononcés par quelqu'un qui croit fermement en Dieu, qui se conforme à la Sunna et qui agit comme un musulman, le *shahada* est la clé du paradis. Mais pour le public de *La méthode sans égal*, il y avait autre chose en jeu que le paradis. Pour les musulmans relativement nouveaux de l'Afrique centrale soudanaise, le paradis ou l'au-delà étaient des concepts nouveaux et abstraits qui les préoccupaient à peine. Ils voulaient savoir ce que pouvait en tirer, ici sur terre, la personne qui prononçait qu'il n'y avait pas de dieu que Dieu, et que Muhammad était son prophète. La réponse de *La méthode sans égal* était que celui qui prononçait le *shahada* ne serait pas assassiné ou asservi, et que d'autres ne consommeraient pas ce qui lui appartenait. Le meurtre, l'asservissement et le vol étaient les vraies terreurs de vie dans une société qui souffrait de troubles, en particulier pour ceux qui étaient considérés comme non-musulmans.

Conclusion

En conclusion, j'aimerais faire trois remarques concernant les deux focus du présent volume, à savoir l'étude de la biographie et la radicalisation - ou, en l'espèce, l'anathématisation à l'époque d'al-Wali. Les sources textuelles provenant de l'Afrique centrale soudanaise prémoderne sont rares, et celles qui ont été préservées sont unilatérales : elles n'ont été écrites que par des musulmans (pour la simple raison que les non-musulmans n'avaient pas d'écriture) et presque exclusivement par des érudits. Tout de même, ces savants, qui étaient souvent aussi des chefs religieux de leurs communautés, travaillaient non pas dans l'isolément, mais dans un contexte social qui se reflète dans leurs œuvres. L'étude de l'œuvre et de la vie de l'un d'eux nous informe des évolutions, des conflits et des valeurs de son environnement. Le dix-septième siècle était important dans l'histoire de l'Islam autour du lac Tchad. Au fur et à mesure que la religion s'étendait aux zones rurales, les formes de vie sociale dans les communautés musulmanes et les relations entre les communautés musulmanes et non musulmanes changeaient. L'évolution d'al-Wali en tant que savant nous rend conscients de la manière dont de tels changements ont conduit à des identités changeantes et à de nouveaux concepts moraux et politiques. Cela est d'autant plus important pour nous que ces concepts prévalent encore parfois et justifient, par exemple, le droit à l'autorité politique, à la domination culturelle ou à la terre. Dans le même temps, ils peuvent déterminer lesquels des droits aux mêmes marchandises sont considérés comme immoraux et constituent une menace pour l'ordre social et religieux.

Muhammad al-Wali avait réussi en tant que savant parce qu'il avait pris une préoccupation centrale des croyants ordinaires : l'identité du « vrai » musulman contre celui du « faux » musulman. Cela nous montre le besoin parmi son public d'indexer « l'autre » dans une période de mondialisation et de changements sociaux importants. La religion et, dans ce cas, le prestige d'un texte théologique bien connu, était un instrument puissant pour la démarcation des catégories sociales. Mais la nécessité de cette démarcation a émergé des intérêts sociaux et économiques pratiques, et non de la religion elle-même.

Lorsque les temps ont changé, la valeur de l'œuvre d'al-Wali pour les générations avant lui a aussi changé, tout comme l'interprétation de sa vie. Pour Uthman dan Fodio, qui a combattu avec conviction contre la notion de « l'imitateur », al-Wali était un grammairien et l'un des meilleurs savants de son époque. Les commentateurs postérieurs, jusqu'au vingtième siècle, s'intéressaient à læ œuvre très théorique d'al-Wali sur la création de la terre. Et pour les habitants d'Abgar, leur ancêtre était avant tout une grande figure mystique. L'histoire qu'ils racontent n'est pas moins vraie que celle présentée ci-dessus.

Bibliographie

D. van Dalen 2015. *Doubt, scholarship and society in seventeenth-century central Sudanic Africa.* Leiden: Brill.

J.O. Hunwick et R. Abubakre 1995. *The Arabic Literature of Africa. Volume II: The Writings of Central Sudanic Africa.* Leiden: Brill.

M. Bello, *Infaq al-maysur fi ta'rikh bilad al-Takrur.* Manuscript Or. 14.063, folio 3recto. Leiden University Libraries.

Ibrāhīm Ṣāliḥ Yūnus al-Ḥusayni, *Kitāb al-istidhkār l-'ulamā' Kānim Burnū min al-akhbār wa-l-athār.* Manuscript Hunwick 209, Northwestern University. 433.

5. Le djihad du Cheikh Ahmat Ismael Bichara à Kouno, Tchad

Remadji Hoinathy et Sali Bakari

Le Tchad est un pays laïque, multiculturel et multi religieux. L'islam cohabite avec d'autres religions dont le christianisme et celles que l'on pourrait appeler de religions africaines. Cependant, à plusieurs reprises, des événements sont venus perturber ou secouer cette cohabitation. Parmi ces évènements, le plus marquant de la dernière décennie demeure la tentative de «djihad» lancée par le Cheikh Ahmat Ismail Bichara le 29 juin 2008 dans la ville de Kouno (Baguirmi). La riposte militaire de l'Etat à cette insurrection religieuse qui commençait à déborder, a fait plus de 70 morts. Le présent article passe en revue cette tentative de djihad, qui, à ce jour, demeure un sujet d'investigation pour ceux qui s'intéressent à la question religieuse au Tchad. En effet, l'on se demande comment un cheikh de pratiques religieuses apparemment soufies, s'est retrouvé impliqué dans la violence ouverte du salafisme? Quel pourrait être l'impact d'un tel événement sur l'avenir du vivre ensemble au Tchad? L'article est essentiellement factuel et tente de répondre précisément aux questions ci-dessus sur la base de la trajectoire du cheikh. Au départ, un bref aperçu du théâtre des événements dans la ville de Kouno est fourni. Il est le fruit d'une recherche empirique sur le terrain menée en août 2015 dans la région de Kouno et Sarh au sud du Tchad.

Introduction

« *(…) Ce que je sais, c'est que c'est un enfant qui a grandi ici. Il vendait des chaussures qu'il allait acheter à Sarh ou à N'Djamena. Je connais son père et sa mère. Personne ne l'avait imaginé capable de faire une chose pareille (…) »*[1].

Au Tchad cohabitent plusieurs religions dont les plus importantes sont l'islam et le christianisme. Selon le recensement de

---

[1] Entretien avec M.A, homme d'une soixantaine d'années, à la sous-préfecture de Kouno, le 24.06.15. Nous n'utilisons que les initiales de nos interlocuteurs pour respecter leur anonymat, comme convenu avec eux lors des entretiens.

2009, l'islam est la religion la plus pratiquée, avec plus de la moitié des Tchadiens comme adeptes (58,4%), suivi du christianisme avec (34,6%). Il y a donc ici, contrairement à la plupart des autres pays du Sahel, un relatif équilibre entre les religions. Cet équilibre justifierait bien l'orientation laïque de l'État. L'islam[2] a été introduit au Tchad vers le début du XIème siècle avec l'islamisation de l'empire du Kanem sous Mai Dunama Ier (Magnant 1992 : 10-11, Coudray 1992 : 6[3]). Les chercheurs ayant publié sur l'islam au Tchad reconnaissent le fait que l'islam tchadien est marqué par le courant tidjanite (Ladiba 2011, Coudray 1992, Magnant 1992), même si depuis un moment déjà, d'autres tendances (wahhabite notamment) gagnent lentement du terrain. C'est donc en général un islam qui cohabite avec les autres confessions religieuses. Cependant, des événements sont venus à plusieurs reprises bousculer cette idée. Après la publication des caricatures du prophète Mohamed par un journal danois, des manifestations ont été organisées à N'Djamena, avec des débordements ayant conduit à des églises et écoles chrétiennes vandalisées (N'Djaména-Hebdo 2005). Toutefois, le plus marquant reste la tentative de « djihad[4] » lancée par le Cheik Ahmet Ismaël Bichara dans la ville de Kouno (dans le Baguirmi) le 29 juin 2008, qui a fait plus de 70 morts. Le présent article revient sur cette tentative de djihad qui, à ce jour, constitue un sujet d'interrogation pour ceux qui s'intéressent à la question religieuse au Tchad. En effet, l'on se demande comment un cheik aux pratiques cultuelles apparemment *soufi* finit-il dans la violence ouverte du salafisme ? Quelle portée peut avoir un tel événement pour l'avenir du vivre-ensemble au Tchad ? Le présent article est essentiellement factuel et tente de répondre à ces interrogations justement en se basant sur la trajectoire même du cheik. Auparavant, un bref aperçu du théâtre des événements dans la bourgade de Kouno est donné. Il est le fruit d'une recherche empirique conduite en juin 2015 sur le terrain, dans la zone de Kouno et de Sarh. Cette étude a consisté en des entretiens qualitatifs avec les témoins oculaires contemporains du Cheik et de son œuvre, les autorités traditionnelles, religieuses et administratives de la zone. Les

---

[2] Pour approfondir sur l'islam au Tchad, Cf. Ladiba 2011, Magnant 1992, Coudray 1992, entre autres.

[3] Certaines sources minoritaires considèrent son prédécesseur Mai Oummé comme le premier prince islamisé du Kanem.

[4] A comprendre ici dans son entendement martial.

entretiens ont été complétés par une observation participante, notamment la visite du site ayant abrité la Madina fondée par le Cheik et les églises brulées sur son passage. Une étude documentaire a aussi été conduite en préalable à cette mission de terrain.

Kouno, aux confins du Baguirmi

Kouno est une petite bourgade située au nord du Moyen Chari, à environ une centaine de kilomètres de Sarh, soit environ 300 kilomètres au sud de N'Djaména. C'est le chef-lieu de la sous-préfecture du même nom, dépendant du département du Baguirmi et de la région du Chari Baguirmi. La population de cette ville est d'environ 2500 habitants dont des *dik*, des *ndam*, des *bua*, des *niellim*, des *laal*, des *gouley*, des *sars*, des pécheurs *ngambaye*, des *arabes*, etc. C'est donc un milieu assez cosmopolite où se brassent une diversité de populations des localités et régions alentours venues cohabiter avec les *ndam*, considérés comme autochtones. La population est à majorité musulmane. Mais une communauté importante de chrétiens catholiques et de protestants vit aussi à Kouno.

Dans l'histoire du Tchad, la ville de Kouno est connue pour avoir été un des sièges de Rabah (Rabih az-Zubayr ibn Fadl Allah), connu comme un des résistants à la conquête coloniale au Tchad mais aussi comme un razzieur et propagateur de l'islam dans la région. En octobre 1899, les colonnes françaises, sous les ordres d'Emile Gentil, tentèrent en vain de reprendre cette ville à Rabah. Les vestiges de ces combats et du passage de Rabah sont, à ce jour, restés visibles à Kouno (Magnant, 1982 : 214).

C'est dans cette paisible bourgade que naquit (vers 1980) et grandit le Cheikh Ahmat Ismail Bichara, qui lança un djihad en juillet 2008. Le présent article revient sur ces événements sanglants mais retrace auparavant la trajectoire du Cheikh.

Une trajectoire sinueuse…

Né de parents originaires du centre du Tchad, notamment de la région du Guéra, installés à Kouno, Ahmat Ismail Bichara a paisiblement passé toute son enfance et une partie de sa jeunesse dans cette ville. A l'instar des autres gamins musulmans de son âge, le jeune Ahmat Ismail Bichara est inscrit à l'école coranique dans le but d'apprendre le Coran et de connaitre sa religion. L'élasticité et surtout le caractère non formel de l'itinéraire d'acquisition du savoir arabo-islamique qui ne débouche pas sur un emploi, contraint Ahmat Ismail Bichara à interrompre son cursus éducatif et à chercher une activité rémunératrice pour vivre. Il opta alors pour le commerce.

Pour ce faire, Ahmat Ismail Bichara voyageait régulièrement vers N'Djaména, Sarh et Koumra pour s'approvisionner. Son commerce prenant de l'ampleur, il partait jusqu'au Nigéria pour acheter des marchandises. Les acteurs rencontrés sur place à Kouno n'ont pu nous situer vraiment sur la nature de son commerce. Certains parlent de commerce général de détails (chaussures, habits, denrées diverses…) ou de médicaments contrefaits en provenance du Nigéria ou de l'Inde.

Toujours est-il qu'Ahmat Ismail Bichara mettra à profit ses périples commerciaux pour parfaire sa formation coranique au Nord Nigéria. Il y fait des rencontres notamment dans les milieux religieux. Au gré de ses voyages et rencontres, Ahmat Ismail Bichara rebascula progressivement dans l'occultisme comme en témoignent les propos recueillis lors de l'enquête de terrain : « *du jour au lendemain, il est devenu marabout. En effet, il a écrit des versets du Coran qui ont produit des effets et la nouvelle s'est peu à peu répandue. Beaucoup de gens venaient le voir de Sarh, Koumra et bien sûr ceux du village ici pour des soins* »[5].

Ce changement de cap, loin de traduire le passage vers une destination nouvelle, exprime plutôt le retour vers le point de départ, celui de l'utilisation du savoir arabo-islamique à des fins mercantilistes. L'emprise de l'islam, version soufie plus précisément Tidjanite, favorise à la fois l'ancrage et l'essor de l'occultisme. En effet, le soufisme est une vision de l'islam qui est basée sur l'ésotérisme, sur la dévotion et l'exaltation des prières individuelles données par le cheik ou le Muqaddim (guide ou représentant de la confrérie). Dans la plupart des cas, ces cheiks se servent de la numérologie (sciences des nombres) pour créer des formules mystiques destinées à résoudre les problèmes des fidèles.

Le lettré arabo-islamique soufi est souvent un acteur multifonctionnel. Propagateur de l'islam, du savoir, il est aussi thérapeute, mage, et détenteur d'un pouvoir mystique qui le rendrait

---

[5] Entretien avec M.A, homme d'une soixantaine d'années, dans la sous-préfecture de Kouno, le 24.06.15.

apte à faire des miracles. Ahmat Ismail Bichara, dans sa fonction de marabout, se situe dans le sillage de ses prédécesseurs et de ses contemporains, lesquels, à travers une extension de la lecture des textes, ont non seulement permis le recours aux pratiques ancestrales, mais ont également effacé toute barrière entre Islam et traditions.

Handicapés physiques et mentaux, hommes politiques en disgrâce, candidats potentiels aux hautes fonctions, entrepreneurs en faillite et autres personnes ayant connu la mauvaise fortune en affaires ou en amour, constituent le réservoir qui pourvoit le marabout en clientèle et/ou fidèles.

Une renommée grandissante…

Cette posture d'homme mystique confère progressivement une renommée. La ville de Kouno devient un lieu d'attraction pour les personnes situées à des milliers de kilomètres. Les gens viennent du Cameroun, du Nigeria et de nombreux autres coins du Tchad pour rencontrer le marabout, lequel porte désormais le titre de Cheikh.

Cette renommée avait grandi à telle enseigne que le Cheik était de plus en plus perçu comme un grand érudit, mieux, un saint homme réalisant des miracles, des guérisons, aux yeux de ceux qui le suivent et viennent des fois de loin pour le consulter. Même certains responsables administratifs et politiques courtisaient le Cheik, lui apportant des présents ou même de l'argent.

L'homme connait une ascension fulgurante à la fois comme guérisseur, Imam, Faki et Cheikh. Aux clients, fidèles et autres partisans se joignent des *muhadjirines*, gamins et jeunes à la recherche de savoir. Au fil des jours, la cour du Cheikh s'agrandit, se diversifie. Bien qu'ouverte comme le démontre le nombre croissant d'adhésion et d'allégeance, elle demeurait aussi fermée car distante de la société de Kouno qu'elle ne considère pas comme un modèle.

Le Cheikh, sa cour et son modèle augmentaient tellement en termes démographiques qu'ils ne pouvaient plus se maintenir à l'intérieur du périmètre de la ville de Kouno. Il leur fallait un nouvel espace. Bichara entreprit donc des démarches dans ce sens. « *Sa notoriété est tombée aux oreilles du sultan Ahmat de Massenya qu'il est parti voir pour lui demander un terrain plus grand hors de la ville de Kouno pour lui et ses fidèles*».

Dans un article paru dans le journal *N'Djamena Djadida*[6], Adam Abdallah Mahamat Fadoul donne, en ces termes, une idée de la renommée du Cheikh, du moins dans les milieux arabo-islamiques : « son éminence le cheik Ahmat Ismail Bichara, cité Narudine Abul Barakat que le Salut de Dieu et sa bénédiction soient sur vous. Le Journal N'Djaména Al Djadida, publié en langue arabe, qui déploie des grands efforts pour diffuser cette belle langue, la langue du Saint Coran, a la joie de rencontrer votre éminence pour vous accorder une interview. Nous vous remercions et prions Allah le tout puissant de rendre l'islam triomphant par vous » (Adam Abdallah Mahamat Fadoul 2008 : 5). Le cheik et son action sont donc ici perçus comme un moyen ou une manière de contribuer à faire triompher l'islam dans le pays.

L' « hégire » de Kouno vers *Madina Nasrudine Abu Barakat*...

Sur autorisation du sultan de Massenya, le Cheikh et ses disciples s'installèrent sur un site à 4 km au sud de Kouno sur l'axe principal menant à Sarh. A cet endroit, ils battirent une cité dénommée *Madina Nasrudine Abu Barakat*, c'est-à-dire : ville victorieuse et bénite.

Figure 2 : Ruine de Mabrouka @ Remadji Honaithy

Dans ce Mabrouka vivait un millier de fidèles, hommes, femmes et enfants, venus de Kouno, mais d'aussi loin que le Cameroun et le Nigéria. Notre visite des vestiges du site nous ont permis de nous

---

[6] Il s'agit d'un journal publié en arabe par l'Association Ansar assuna Al Mahamudia. Le nom du journal signifie le nouveau N'Djaména.

rendre compte de son envergure. Selon nos observations, il s'agit d'une cité s'étendant le long de la route sur environ un kilomètre et en profondeur sur environ un demi-kilomètre. L'ensemble était cerné par un mur et des maisons d'habitation de fidèles et de leurs familles. Au centre était en bonne évidence la mosquée, avec la maison du Cheik. Selon les mensurations faites sur les fondations de cette mosquée, elle était d'environ une trentaine de mètres sur plus d'une vingtaine, avec de chaque côté une porte principale et deux portes secondaires. A côté du minaret, une porte était réservée à l'entrée du Cheik une fois les fidèles installés. L'on pouvait aussi distinguer les piliers du hangar servant certainement d'école coranique pour les plus jeunes. Enfin, en face de la route se trouvait une sorte d'estrade ou de tribune où devaient être plantés les mats portant les drapeaux. Nous avons aussi découvert des puits, etc.

Le déplacement d'un Cheikh d'un centre vers la périphérie en vue de l'établissement d'un sanctuaire remonte à la tradition djihadiste, qu'elle soit de version soufie ou Salafiste. Le chef Mahamat réformiste Al Moravide, les précurseurs de la confrérie tidjaniste, Kadirite, Mourides, ainsi que les réformateurs d'Usman Dan Fodio, et Mahamat Yusuf sont passés par le même procédé.

Une option claire pour un djihad martial

Dans une interview accordée au rédacteur en chef du journal *Ndjamena Al Djadida*, le Cheikh déclare la venue proche d'Al Khidir (qui est présenté comme le chef des *aylia*-alliés de Dieu. Le Coran le mentionne comme un personnage doté de connaissances énormes) et sa disponibilité à l'aider dans son entreprise djihadiste. Ces propos donnent une idée de la propension djihadiste du Cheikh et de ses disciples même s'ils ne laissent pas entrevoir clairement leur appartenance doctrinaire, donc confrérique. Toutefois, cette déclaration se situe aux confluences d'une lecture eschatologique du Soufisme et du Takfirisme. La récitation continuelle de la formule « *La ilaha illaha* », la présence massive de chapelets et l'accoutrement des fidèles sont une preuve de l'appartenance du groupe au courant soufi, tidjanite. Présente au Tchad avant la période coloniale, cette version de l'islam dont l'une des caractéristiques est l'élargissement de la lecture du texte sacré, fut un instrument de diffusion de l'islam avant de devenir aujourd'hui un courant incontournable dans la dynamique religieuse du Tchad.

Loin de s'inscrire dans la lignée des leaders réformateurs à l'instar d'Ousman Dan Fodio, dont la lutte repose sur un projet sociétal islamo-conservateur circonscrit autour de la charia islamique, le Cheikh se démarque par sa propension djihadiste qu'il veut mener du Tchad jusqu'au Danemark, en réponse à la caricature du prophète Mohammed faite au nom de la liberté d'expression pour l'Occident et les défenseurs de ses valeurs, mais vue par les musulmans, tchadiens notamment, comme une énième provocation.

Soufi d'obédience tidjanite, le cheikh se transforme en dévot, stade au cours duquel les pratiques et rites initiatiques sont expérimentés. Lors d'un séjour au Nigeria, Ahmat Ismail Bichara discuta avec un *Mouquadim* représentant de la tidjania d'ordre protocolaire. Il lui affirma ceci : « *Quand je fais mes zickr (prières), je regarde la lumière* ». Le Mouqadim, intrigué par cette affirmation, lui rétorqua simplement : « *Et si tu observes la lumière, que veux-tu dire par là. Retourne dans ton pays et reste tranquille. Occupe-toi de tes Askar* ». On est là au cœur de la tradition soufie pour laquelle la lumière est d'une portée symbolique fondamentale. Victoire, délivrance, le *Nour* ou la lumière requiert de nombreuses interprétations variant selon les niveaux intellectuels et/ou degré de pénétration ésotérique. Le Coran, les Hadiths et autres traditions attribuées à l'islam sont présentés pour expliquer la prépondérance de la lumière mais surtout son aspect ésotérique. L'apparition et l'essor de l'ésotérisme en islam et son lot de branches (numérologie), ses précurseurs, théoriciens et ses rituels basés sur les formules précises, dénotent de l'importance de l'initiation et de l'encadrement au sein de l'univers occultiste.

Avec sa formation arabo-islamique inachevée, ses activités commerciales aux résultats non concluants, le jeune Ahmat Ismail Bichara, fort des formules mystiques apprises durant son parcours éducatif, excelle dans la dévotion et se proclame Cheikh en violation des normes soufies selon lesquelles le respect de la hiérarchie et des chaines de transmission de la titulature est de rigueur.

Professant un islam soufi dans son versant tidjanite plus proche des confréries ouest africaines notamment du Sénégal et du Nigeria que du Maroc, mais n'ayant ni Cheikh - maître initiatique - ni orientation, le Cheikh déclare sa filiation à Khidir et affirme attendre la venue de ce dernier. Contemporain du prophète Moussa, ce personnage que le Coran présente comme allié de Dieu, fait l'objet d'interprétations diverses témoignant d'une divergence doctrinale, explicative de la pluralité des confréries. Historique pour les Soufi, privilégiant une lecture littéraliste, pour les tenants du courant soufi à l'instar d'Ahmat Ismail Bichara, il est à la fois un personnage historique, une figure mythique vivant dans le monde de l'invisible, susceptible de revenir à la fin des temps mener le djihad afin de sauver l'humanité.

L'entreprise djihadiste d'Ahmat Ismail Bichara se situe dans la lignée de Muhammad Al Mahdi dans le Soudan Anglo-égyptien et de Goni Wadday dans la région de la Bénoué au Nord-Cameroun. Leur ressemblance réside dans l'attente d'un messie devant sauver l'humanité. Il s'agit à n'en point douter d'une violence confessionnelle résultant d'une orientation religieuse confrérique à la fois extrémiste fondée sur le génie imaginaire d'un prétendu Cheikh situé en marge des cercles initiatiques et aussi novice des sciences ésotériques.

L'escalade vers le djihad

Le processus de radicalisation s'est fait progressivement, souvent sous les yeux des populations de Kouno et des autorités administratives.

L'évocation continue et permanente de la formule de profession de foi (*shahada*) était un des signes de démarcation des partisans du Cheikh des autres musulmans de Kouno. Les habitants de Kouno rapportent aussi une façon particulière de pratiquer la sallah, avec des cris continuels : « *quand ils prient, ils font hin hin comme des soldats qui défilent. Des fois, ils font ça jusqu'au petit matin* ». Le sentiment d'appartenance à un groupe de musulmans particuliers, en rupture avec les autres, se crée, se développe et atteint des proportions où les autres musulmans de la ville de Kouno ne sont plus perçus que comme des impurs. La tiédeur des salutations, la détérioration des rapports sociaux sont révélateurs du fossé qui se creuse entre les deux ensembles. La création de *Madina Nasrudine Al barakat* à 4 km de Kouno marque la rupture du nouveau groupe d'avec sa société d'origine. La construction dans cette cité d'un podium où sont fixés plusieurs drapeaux (13 selon les habitants de Kouno), loin d'exprimer un quelconque projet sociétal, symbolise l'appartenance à un ensemble (nous), lequel diffère des autres (eux), à travers les symboles. D'ailleurs, lors des affrontements avec les forces de l'ordre, le drapeau national a été l'un des premiers symboles auxquels les djihadistes s'en sont pris. Le refus de la société et de ses modèles et institutions allait plus loin : « *il avait des problèmes avec tout le monde. Les médecins, les agents vaccinateurs etc. Les femmes malades n'étaient plus conduites dans les centres de santé. Pendant les vaccinations contre la polio, par exemple, il avait formellement refusé que ses disciples soient vaccinés même quand les autorités lui avaient proposé de faire venir les femmes* ».

De nombreux témoignages recueillis sur place font état du fait que les partisans du Cheikh se promenaient avec des armes artisanales (couteaux, coupes coupes, épées, bâtons). A l'intérieur de la nouvelle cité, des armes artisanales sont perceptibles à tous les niveaux ainsi que le révèle le commentaire du Rédacteur en chef du journal *N'Djamena Al Djadida* qui fait mention de la présence d'hommes armés d'épées, de coupes coupes et de sagaies.

Même en dehors du camp, les élèves et les adultes sortant de *Madina Nasrudine Al barakat* étaient toujours armés. Ainsi, la population de Kouno pouvait les côtoyer sur les marchés et autres places publics avec leurs armes sous la main. Pendant une période de 3 à 4 mois, cette réalité a commencé à défrayer la chronique et un sentiment d'inquiétude s'installa progressivement chez les populations. En effet, ces dernières percevaient dans les agissements du Cheik et de ses disciples une préparation à un affrontement violent. L'intransigeance du Cheikh ne faisait que renforcer cette psychose. Devant cette situation qui semblait s'envenimer au vu et au su de tous sans qu'une solution idoine ne soit apportée, les populations locales et les responsables en charge de l'administration ont été les premiers à tirer la sonnette d'alarme et à prévenir les autorités du danger qui couvait.

C'est dans ce contexte que l'administration décida d'envoyer des émissaires discuter avec le Cheik. Après son refus de permettre l'intervention des vaccinateurs dans sa cité, le préfet du département et ensuite le gouverneur de la région ont dû intervenir. Rien n'y fit. « *Il a dit au Préfet d'aller dire aux autorités de N'Djaména qu'il continuera à s'opposer à la vaccination même si elles lui envoient 1000 cartons de sucre et de riz ou autres denrées. Le Gouverneur est arrivé à son tour et lui a demandé de se montrer flexible. Le Cheick a répondu que si le gouverneur continue de lui demander d'arrêter son œuvre, il lui coupera la tête. Il a alors donné son drapeau au Gouverneur et l'obligea à réciter le shahada »*[7]. Après, le gouverneur, une délégation de chefs de Cantons, d'imams de la région, rencontra le Cheik à nouveau sans succès. Plusieurs délégations constituées de leaders religieux, de membres du Conseil Supérieur des Affaires Islamiques (CSAI) et des autorités en charge de la gestion des questions de sécurité ce sont succédé sans succès à Kouno. Certains de ces émissaires, pris en otage pendant quelques heures par le Cheikh, contraints de lui porter allégeance et fidélité, ont été soumises aux pratiques cultuelles au même titre que les fidèles du Cheik. L'échec de ces mécanismes de résolution de la crise laissait présager un avenir sombre. Une tentative de désarmement des éléments du Cheik par la gendarmerie mit définitivement le feu aux poudres. Le dimanche 29 juin 2008 à 17h 34mn, le Cheikh Ahmat Ismail Bichara joint Adam Abdallah Muhammad Fadul par téléphone et affirme : *« Déclare le djihad. Diffuse cette information dans ton journal. Déclare ce Djihad aujourd'hui par ce que les policiers ont arrêté certains de mes hommes »*. A la question du journaliste de savoir *« le nombre d'hommes arrêtés ? »* Le Cheikh répond : *« Déclare la nouvelle du djihad au monde entier »*. Le djihad est donc officiellement lancé. Suivant des propos rapportés par l'AFP, il aurait déclaré à des journalistes : « *Je demande à tous les musulmans de se préparer pour engager une guerre sainte contre les chrétiens et les athées. Mes hommes et moi, nous sommes organisés pour déclarer une guerre sainte du Tchad jusqu'au Danemark »* (AFP, 2008). Le dimanche 29 juin 2008 fut donc le jour fatidique. En effet, après les accrochages de la veille, le cheik et ses fidèles (environ 700) lancèrent une offensive de grande envergure sur la ville de Kouno, « brûlant 158 cases, quatre églises, un dispensaire et la gendarmerie », selon le ministre tchadien de l'Intérieur d'alors, M. Ahmat Mahamat Bachir. A cela s'ajoutent, selon les personnes rencontrées sur place à Kouno, les domiciles de certains marabouts, des cabarets, des commerces, etc. La riposte des forces de l'ordre fut toute aussi implacable. Bilan : « au moins 68 fidèles du cheik Ahmet Ismaël Bichara et quatre membres des forces de sécurité ont été tués, et plus de 51 personnes grièvement blessées » (Amnesty International 2008). Sur place, nos personnes ressources parlent même de 200 morts. Le Cheik et 7 de ses fidèles ont été appréhendés vivants pendant qu'ils tentaient de traverser le Chari.

---

[7] Entretien avec un responsable de la gendarmerie en poste à l'époque des faits, Kouno, 25.06.17.

Dans la cité Narudine Abu Barakat, désormais en ruine, près de 100 femmes et plus de 120 enfants ont été libérés par la police et remis à leurs proches. La cité a été détruite. A ce jour, seules les ruines témoignent encore de sa fulgurante ascension. Dans la foulée, un autre mabrouka en gestation dénommé Daira à 25 km de Kouno et animé par les peuls a aussi été détruit. En plus des armes (la plupart blanches), des substances psychotropes (drogues, tramol) auraient été trouvées dans les biens saisis dans la cité et détruites.

Le cheik et ses lieutenants ont été conduits à N'Djaména où ils ont été présentés à la presse, jugés, condamnés et emprisonnés. A ce jour plus aucune nouvelle du Cheik n'a filtré.

Remarques conclusives

Du fait de la nature tantôt cordiale, tantôt conflictuelle de leur cohabitation, des rapports complexes ont plus ou moins toujours existé entre les leaders soufis, les autorités administratives et leurs auxiliaires traditionnels en Afrique en général et au Tchad en particulier. Là où ces rapports ont été cordiaux, les soufis ont contribué au processus de construction de royaumes et d'empires. Plus tard, avec le triomphe de l'impérialisme occidental, les souverains autant que les religieux ont été soumis. Les soufis se sont plus facilement alignés sur les nouveaux maîtres que les autres tendances qui se sont montrées de tout temps hostiles aux colons. Les soufis deviennent donc un genre d'alliés des milieux coloniaux. L'octroi de présents (coran) aux leaders soufis, l'organisation de pèlerinage à leur intention et l'attribution de médailles, relatés avec des détails fort intéressants dans la littérature coloniale est une illustration parfaite de la cordialité des rapports entre l'administration coloniale et les dignitaires soufis (tidjanites au Tchad et au Cameroun, Qaduites au Nigeria). Il en découle un étiquetage des musulmans en « *bad muslims* », « *good muslims* », islamistes pour lesquels un service de surveillance transformé en bureau des affaires musulmanes est créé. Cette tradition de méfiance vis-à-vis des autres musulmans non soufis a été perpétuée par la plupart des Etats africains postcoloniaux. En effet, le transfert de pouvoir politique de l'élite coloniale vers l'élite africaine qui s'est le plus souvent soldé par une tentative de reproduction du modèle de gestion coloniale, ne change pas fondamentalement la donne : les pouvoirs postcoloniaux s'allient aux soufis considérés plus proches du pouvoir politique de par leur système d'hiérarchisation et plus tolérants de par leur discours politique. Au même titre que les citoyens et autorités en charge de questions de la paix et de la sécurité, les dignitaires soufis et leurs ouailles participent à la recherche de la paix, de la cohésion nationale et de la concorde. Rien ne semble donc disposer un soufi à basculer dans l'extrémisme violent. Au Tchad, on le voit clairement, le Conseil Supérieur des Affaires Islamiques, considéré comme l'organe en charge de la gestion de l'ensemble des questions liées au culte et à la vie de la communauté musulmane tchadienne, est tenu par les tidjanites. Ce conseil est proche du pouvoir dont il est considéré comme un allié au détriment des autres tendances vilipendées et étiquetées. C'est donc à juste titre que l'on s'interroge devant la trajectoire du cheikh Ismaël Ahmat Bichara, qui remet indubitablement en cause cette image angélique du soufisme présenté comme tolérant, conformiste et pacifiste.

La lecture occidentale, influencée par le flot d'événements liés à la violence confessionnelle et par les images, les slogans et véhiculés par les médias, se résume à l'expression selon laquelle « *salafiste égale extrémiste* » et favorise très rapidement une vision négative du salafisme au point de la confondre avec la violence. Les États africains se servent de la même sémantique de stigmatisation, caressant les soufis dans le sens du poil et déclarant la guerre aux salafistes jugés anti conformistes et aux discours théologiques révolutionnaires. Des analystes, experts et autres théoriciens affiliés aux think tank ou réseaux de recherche rivalisent d'ingéniosité dans l'élaboration de paradigmes présentant le salafisme comme vecteur de la violence. En fait, le soufisme et le salafisme sont deux visions de l'islam qui sont loin l'une de l'autre en dépit de quelques similarités sur les pratiques cultuelles. Au sujet du djihad, les critères de différenciation sur le plan aussi bien doctrinal que cultuel ne sont pas très nets entre le soufisme et le salafisme. Un regard rétrospectif du processus d'implantation, de diffusion et/ou de résistance de l'islam à la poussée occidentale révèle qu'au sujet du djihad, la barrière entre les salafistes et les soufistes cède devant la propension belliqueuse des leaders qui n'hésitent pas à décharger leur thanatos au nom de l'islam et de ses idéaux. Ceci a été illustré dans l'histoire par les entreprises djihadistes des personnages tels qu'Ousmane Dan Fodio, Shekou Ahmadou, Alhadji Umar Tall qui visaient à rétablir le Tawhid -

Unicité de Dieu - credo du discours et comportement musulman. Les djihadistes du siècle passé firent recours aux versets coraniques, aux hadiths attribués au prophète pour justifier leur entreprise guerrière. Comme si cela ne suffisait pas, ils évoquent des songes, des visions sur le personnage du prophète pour légitimer leur combat.

La référence du cheik Ismaël Ahmat Bichara à Khidir[8], le contexte de la publication de la caricature du prophète par le journal danois et son lot d'impacts, induisent une certaine difficulté à cerner le soufisme dudit cheikh. En effet, ce dernier est soufi par son référent et ses pratiques cultuelles mais son recours au djihad martial, « du Tchad au Danemark », la place indubitablement dans la mouvance idéologique salafiste qui estime que le fidèle musulman doit mourir pour sauver l'honneur du prophète lorsqu'il est bafoué.

La trajectoire du Cheik Ismail Bichara et le dénouement de son aventure djihadiste permettent de faire la lumière sur un exemple de radicalisation qui prend source sur place au Tchad et qui remet très rapidement en cause les fondements laïcs de la société. Cette histoire met aussi en lumière les difficultés d'un Etat, qui se veut laïc, à tirer son épingle du jeu devant la montée des menaces extrémistes. Quand l'on en vient à la réponse armée, les résultats semblent probants puisque le Cheik est désormais en prison et que ses fidèles ont été dispersés. Cependant, la solution sécuritaire peut dans certains cas permettre d'éteindre de manière circonstancielle le feu mais ne peut estomper les processus lents et insidieux de radicalisation qui se mettent en place dans notre société. Au terme de cet article, c'est justement à des initiatives allant dans le sens de la prévention de ces processus de manière durable auxquelles nous faisons appel.

Bibliographie

Les données ayant permis d'écrire cet article ont été recueillies à Kouno en août 2015.

Abdallah Mahamat Fadul Adam. 2008. "Le Journal N'Djaména Al Djadida rencontre les Cheik de Sarh, Mabbrouka et de la cité de Nasrudine Aboul Barakat », in *N'Djaména Al Djadida*, du 28.06.2008.
AFP. 2008. *Tchad: 72 morts lors de l'arrestation d'un "gourou" djihadiste.*

---

[8] Personnage cité par le coran, doté de connaissances ésotériques que le soufisme considère comme maître.

Ahmed Ngaré, Kodi Mahamat. 2008. « Le Chari Baguirmi et le Salamat », in *Cahier d'Histoire*, juillet-aout 2008.

Amnesty International. 2008. *Tchad. 68 personnes abattues par les forces de sécurité lors de l'arrestation d'un chef spirituel musulman.* Déclaration publique ref. AFR 20/006/2008 (Public).

Coudray, Henri. 1992. « Chrétiens et musulmans au Tchad », *Islamochristiana*, n°18 Roma, pp. 175-

El Fasi, Mohammed et Hrbek, Ivan. 2010. « L'avènement de l'islam et l'essor de l'empire musulman », in El Fasi (sous la dir.). 2010. *Histoire générale de l'Afrique*, Unesco.

INSEED. 2012. *Deuxième recensement général de la population et de l'habitat (RGPH2, 2009). Résultats globaux définitifs.* N'Djamena, Institut National de la Statistique, des Etudes Economiques et Démographiques.

Ladiba, Gondeu. 2011. *L'émergence des organisations islamiques au Tchad. Enjeux, acteurs et territoires.* Paris, L'Harmattan.

Ladiba, Gondeu. 2013. *Notes sur la sociologie politique du Tchad.* Working Paper n°006, Sahel Research Group, University of Florida. URL:http://sahelresearch.africa.ufl.edu/files/Gondeu_NOTES_Final _FR.pdf

Magnant, Jean-Pierre (éd). 1992. L'islam au Tchad. Bordeaux, Centre d'étude d'Afrique noire.

Magnant, Jean-Pierre (Ed). 1992. *L'islam au Tchad.* Talence, Institut d'Études politiques de Bordeaux, Université de Bordeaux 1.

Mohammed El Fasi et Ivan Hrbek, Etapes du développement de l'islam et sa diffusion en Afrique, », in El Fasi (sous la dir.). 2010. *Histoire générale de l'Afrique*, Unesco.

N'Djaména Al-Djadida, n°34, septembre 2008

N'Djaména Al-Djadida, n°35, octobre 2009

N'Djaména Al-Djadida, n°74, décembre 2009

N'Djaména Al-Djadida, n°83, avril 2010

N'Djaména-Hebdo. 2006. « La communauté musulmane du Tchad organise une manifestation le 11 février 2006 : jets de pierre sur les écoles catholiques », *N'Djaména-Hebdo* n°929, 01.02.2006.

RFI. 2008. *Carnage à Kouno.*
http://www1.rfi.fr/actufr/articles/103/article_68179.asp

6. Ruben Um Nyobe : maquisard camerounais, radical et libérateur, c.1948-1958

Walter Gam Nkwi

Cet article se concentre sur la biographie de Ruben Um Nyobe, un des leaders au Cameroun qui a dirigé la lutte contre la domination coloniale française entre 1948, lorsqu'il était au centre de la formation de l'Union des populations du Cameroun (UPC) jusqu'en 1958, quand il a été tué par les forces coloniales françaises. Le chapitre montre en outre que son histoire a été confrontée à des changements radicaux dans son environnement; changements qui l'ont vu rejoindre un parti d'opposition contre l'administration coloniale française et des changements qui sont finalement allés avec le conflit et la rupture du statut quo ante. La définition du concept radicalisation est beaucoup plus neutre et assez discutable comme je le montrerai dans ce chapitre.

Introduction

La biographie que je brosse dans ces pages est celle de Ruben Um Nyobe, une figure de proue de la lutte contre la colonisation française au Cameroun entre 1948, quand il fut au cœur des efforts pour la création de l'Union des Populations du Cameroun (UPC), et 1958, quand il fut tué par les forces de la France coloniale. Son histoire montre comment il a dû faire face à des changements drastiques dans son environnement, qui l'ont amené à adhérer à un parti d'opposition luttant contre l'administration coloniale française, et qui ont entraîné un conflit ainsi que la rupture du *statu quo ante*. C'est dans le contexte des technologies de la communication qui lui étaient disponibles pour faciliter son choix, que j'aimerais le positionner dans le présent document. La communication est une des épines dorsales de la gouvernance et des rapports de force. En conséquence, comprendre les changements dans ces systèmes de communication donne un aperçu des rapports de force attendus ou inattendus ainsi que la

« source » du pouvoir dans l'histoire coloniale[1]. Récemment, la technologie de la communication, sous forme de médias sociaux, a eu une grande influence sur les mouvements de résistance et les révolutions.[2] En guise d'exemple, les médias sociaux ont joué un rôle intéressant dans la coordination et la dissémination de l'information pendant le printemps arabe, aussi bien à l'intérieur qu'en dehors des frontières des pays.[3] Pourtant, les soulèvements du printemps arabe ont suscité des débats polarisés sur le rôle d'internet et des outils des médias sociaux dans la mobilisation politique.[4] Ekwo et Williams soutiennent qu'il existe un lien fort entre le flux illimité d'information et l'efficacité de la gouvernance démocratique, en ce sens que ce flux offre aux populations une plateforme pour critiquer les gouvernements locaux et mobiliser l'appui international. De ce point de vue, les TIC peuvent être perçus comme des outils de changement démocratique et de mobilisation politique.[5] A l'époque d'Um Nyobe (1948-58), les technologies de la communication étaient très différentes des types de technologie utilisés de nos jours. Elles

[1] Manuel Castells, *Pouvoir de la communication* (Oxford: Oxford University Press, 2009); James Gleick, *L'information: Une Histoire, une Théorie, un Flux* (London: Longman, 2011)

[2] Cela fait écho encore au succès des médias sociaux et de la technologie de la communication de l'époque. Depuis novembre 2016, le Cameroun anglophone connaît une grève provoquée par sa marginalisation par son gouvernement à dominance francophone. Jusqu'au 17 janvier 2017 et la coupure d'internet, la plus grande partie des communications se déroulaient sur le net. Ces incidents montrent l'importance de la communication en temps de conflits, de 'terrorisme et de radicalisation'. (Pour plus de détails, voir Pamela Ogwuazor Momoh dans 'Tunisie et Egypte: les Médias Sociaux et l'Activisme Politique', *Revue des Humanités et des Sciences Sociales*, Vol.6, Numéro 6 (2013): 45-47.; Madeline Storck, "Le Rôle des Médias Sociaux dans la Mobilisation Politique: Etude de Cas du Soulèvement de 2011 en Egypte (MA Diss. Université de St. Andrew, Ecosse, 2011)

[3] Nadine Kassem Chebib et Rabia Minatullah Sohail, "Pourquoi les Médias Sociaux ont Contribué à la Révolution Egyptienne de 2011" *Revue Internationale de Recherche et de Gestion des Affaires*, Vol.2, No.3 (2011)

[4] Voir Karin Anden-Papadopoulos et Mervi Pantti, *Images Amateurs et Informations Internationales.* {Bristol et Chicago, University of Chicago Press, 2011)

[5] Uchenna Ekwo, *les Médias et le Printemps Arabe* (Dublin: University of Dublin Press, 2012); Voir aussi son autre article, "Média-Complexe politique à l'ère de la Convergence des Médias: Les leçons du Printemps Arabe (Document de Travail, l'Institut Clinton des Etudes Américaines, 2011); Kelsey J. Williams, "Le Rôle des Médias Sociaux dans les Soulèvements en Egypte" (Thèse de Maîtrise, Karlstad University, 2014)

comprenaient les écoles, les routes, les églises, la presse écrite, pour n'en citer que quelques-unes. Ceux qui s'étaient approprié certaines de ces technologies comme les écoles et les églises furent les premiers à défier l'administration coloniale et furent perçus par les autorités coloniales comme des radicaux, des extrémistes, des fanatiques et des révolutionnaires.

La radicalisation est un terme délicat dont le sens dépend de celui qui l'utilise et du contexte. Son utilisation a provoqué des débats animés dans les échanges académiques. Récemment, on a noté une recrudescence de fanatiques musulmans qui prétendaient vouloir purifier la foi. Les hommes politiques et les érudits occidentaux ont qualifié cette catégorie de musulmans de djihadistes, de terroristes, et le terme 'radicalisation' est devenu central dans leurs discours au point de devenir presque le mot à la mode, désignant les gens qui s'en prennent à 'autrui'. En conséquence, dans la plupart des discours et des débats académiques, le terme « radicalisation » est devenu synonyme de motifs d'actes violents, de terrorisme et d'actes contraires aux valeurs démocratiques défendues par les puissances occidentales. Cependant, la définition du concept est beaucoup plus neutre et prête à débat. Selon le Dictionnaire d'Apprentissage Avancé d'Oxford, la radicalisation est 'l'acte d'avoir des points de vue extrêmes'. Parmi les synonymes du terme 'radical' que nous avons trouvés dans le dictionnaire Thésaurus on peut citer : extrémiste, fanatique, militant et révolutionnaire. Ceux qui soutiennent que la radicalisation équivaut à passer à des idées plus radicales/extrêmes n'ont donc pas totalement tort. Ce concept a été récemment utilisé pour désigner les musulmans révolutionnaires. La radicalisation fait référence à différentes choses en lien avec l'interprétation que fait une personne d'une situation donnée. Dans le cas d'Um Nyobé, nous tentons dans le présent article d'apprécier comment la radicalisation, quelle que soit sa forme, peut être liée aux changements de contexte et de circonstance. Toutefois, comme l'indiquent ses différentes définitions, la radicalisation dans le contexte d'Um Nyobe peut aussi impliquer un champ beaucoup plus vaste. Dans une telle dynamique, le rôle de l'information, à la fois en termes d'accès et de création, devient crucial[6]. Par conséquent, les TIC de toutes les époques et leur

---

[6] Gleick, *L'information: une Histoire, une Théorie, un Flux*, 1ère ed. (New York: Pantheon Books, 2011).

accessibilité par les gens sont un facteur important à prendre en compte si l'on veut comprendre la radicalisation d'Um Nyobe[7]. Pourquoi Um Nyobe fut-il un radical ? Sa radicalisation inclût-elle la violence? Fut-elle une idéologie apolitique? Ou religieuse? Où situons-nous sa radicalisation ?

Plusieurs méthodes furent utilisées pour recueillir les données présentées dans le présent article : les données primaires tirées des archives de l'institut international d'histoire sociale, des Archives Nationales de Buea et les entretiens menés avec les gens qui ont connu et côtoyé Um Nyobe. Du 4 septembre 2012 au 30 janvier 2013, j'ai travaillé comme chercheur associé à l'IISH, à Amsterdam. Au cours de mon séjour, je suis tombé par hasard sur des documents pertinents concernant les mouvements ouvriers et l'activisme politique dans le Cameroun français. Les discours d'Um Nyobe aux Nations-Unies étaient soigneusement archivés et j'en pris possession. De retour au Cameroun, j'ai pu avoir accès et utiliser les Archives Nationales de Buea, et j'y ai consulté les archives sur les activités de l'UPC dans le Cameroun du Sud britannique. Ce fut un indicateur que les activités d'Um Nyobe dépassaient les frontières du Cameroun français. Enfin, les entretiens furent une autre méthode de collecte des données pour cet article. Ces entretiens furent menés par mon assistante de recherche, Mbock Berthe, qui venait justement de la région du Sanaga Maritime où Um Nyobe est né et où il a passé la plus grande partie de sa vie[8]. Sa participation à cet article a eu deux avantages. Etant de l'ethnie Bassa et francophone, elle a réduit le coût de l'embauche d'un traducteur et nous a permis de gagner la confiance des personnes interviewées. Sa connaissance du français me rassura doublement et me permit de combler rapidement les lacunes de mon français moyen. Les informateurs étaient les témoins oculaires de la vie d'Um Nyobe et ceux qui avaient entendu parler de lui et de ses activités. Toutes ces méthodes ont collectivement brossé l'image d'Um Nyobe qui ressort dans le présent document.

A partir de la moitié des années 1940, les luttes nationalistes devinrent effrénées dans différentes régions de l'Afrique. Qu'ils

---

[7] Voir par exemple: S. Bouhdiba, *L'Afrique Sub-saharienne Suivra-t-elle l'Afrique du Nord? Historique et Pré-conditions de la Révolte Populaire à la Lumière du Printemps Arabe*, ASC Document de Travail (Leiden: Centre des Etudes Africaines, 2013).

[8] Je demeure reconnaissant envers Mbock Berthe qui a mené les entretiens.

fussent de l'Afrique francophone, anglophone ou lusophone, les nationalistes voulaient se libérer du joug colonial. Les raisons de cette recrudescence des activités nationalistes étaient nombreuses, mais les plus significatives furent l'effet de la deuxième guerre mondiale qui mit fin au mythe de la *supériorité de l'homme blanc,* la défaite de la France lors de la bataille de Dien Bien Phu qui entraîna l'indépendance du sous-continent indien, la Charte de l'Atlantique en août 1941 et la création de l'ONU en 1945. Pour mettre la pression sur l'administration coloniale, virent le jour plusieurs partis politiques qui luttaient pour l'indépendance de leurs nations. Un de ces partis était *l'Union des Populations du Cameroun.* Créé le 10 avril 1948 à Douala, le but principal de l'UPC était l'indépendance immédiate et la réunification des deux Cameroun. L'architecte de cette lutte était un nationaliste astucieux du nom de Ruben Um Nyobe, qui devint le Secrétaire Général du parti jusqu'à sa mort en 1958.

Les chercheurs de l'histoire Camerounaise ont étudié en profondeur Um Nyobe et son rôle dans la radicalisation et la libération du Cameroun français du joug colonial, même si le résultat ne fut pas ce qu'il avait rêvé. Konde illustre graphiquement le rôle central joué par Um Nyobe dans le nationalisme africain entre 1952 et 1954, à l'apogée de la guerre froide. Mbembé focalise son travail sur Um Nyobe, son rôle en tant que secrétaire général du parti et les intrigues de l'administration coloniale française pour orchestrer sa mort en 1958. Terretta réexamine les alternatives politiques imaginées par les nationalistes africains dans la première vague de décolonisation du continent avec un accent particulier sur l'UPC au Cameroun. L'auteur soutient par ailleurs qu'après l'interdiction de l'UPC en 1955, plusieurs nationalistes camerounais s'exilèrent en particulier au Ghana, où ils eurent le soutien du Bureau Panafricain des Affaires Africaines de Kwamé Nkrumah. Richard Joseph met l'accent sur les origines sociales de l'UPC et dans un autre article, sur Ruben Um Nyobe et la rébellion du Kamerun. En plus de Joseph et de Mbembé, plusieurs chercheurs qui ont travaillé sur l'UPC ont implicitement étudié les activités de Ruben Um Nyobe. Joseph, en traitant les origines sociales de l'UPC, met l'accent sur Um Nyobe. Dans un autre article, il consacre son attention à la rébellion du

'Kamerun'[9]. Par conséquent, si beaucoup de chercheurs ont mené des recherches sur l'UPC, le parti d'Um Nyobe, peu de travaux ont décrit dans le détail ses activités en soi, encore moins sous l'angle des Technologies de l'Information et de la Communication (TIC) pendant l'époque de la lutte de l'UPC. Le présent article souhaite donc apporter un plus au débat sur Um Nyobe.

Dans la suite de ce document, je commencerai par faire une esquisse de la naissance et de la scolarité d'Um Nyobe. Ensuite, j'examinerai l'atmosphère sociopolitique et économique qui a façonné le caractère d'Um Nyobe, de même que son rôle dans le mouvement. La troisième partie du document mettra l'accent sur ses mouvements, ses discours au Cameroun et aux Nations Unies. La quatrième partie examinera la chute de l'UPC et la disparition d'Um Nyobe, alors que la conclusion mettra l'accent entre autres sur le Cameroun qu'il a laissé derrière lui et sa pertinence pour le Cameroun d'aujourd'hui.

---

[9] Meredith Terretta, "Les Nationalistes Camerounais Passent au Global: Des Maquis dans les Forêts à Accra la Panafricaine", Revue de l'Histoire Africaine, 51 (2010): 189-212; voir aussi sa Dissertation pour son Doctorat, « La Fabrication de l'Etat Postcolonial du Cameroun: Nationalisme Villageois et la Lutte de l'UPC pour la Nation, 1948-1971 (Dissertation de Doctorat, Université du Wisconsin, Madison, 2004); Richard A Joseph, « Ruben Um Nyobe et la Rébellion du 'Kamerun' », *Affaires Africaines,* lxxii, 293 (1974): 428-48; Voir aussi sa Thèse de Doctorat qui fut publiée par la suite, *Nationalisme Radical au Cameroun: les Origines Sociales de la Rébellion de l'UPC* (Oxford: Clarendon Press, 1977); Willard R. Johnson , *La Fédération Camerounaise: Intégration Politique dans une Société Fragmentaire* (Princeton,N.J.: Princeton University Press, 1970); Voir aussi son article, « L'Union des Populations du Cameroun dans la Rébellion: le Contrecoup Intégratif de l'Insurrection » pp.671-692, dans Robert I. Rotberg et Ali A. Mazrui (eds) *Protestation et Pouvoir en Afrique Noire* (New York: Oxford University Press, 1970); J.A. Mbembe, Ruben Um Nyobe, *Le Problème National Kamerunais* (Paris: Karthala, 1984) Victor Julius Ngoh, *L'histoire du Cameroun depuis 1800*, (Limbe: Pressbook, 1996), 156. Son autre œuvre, *L'Histoire Méconnue de la Réunification du Cameroun,* (Limbe: Pressbook, 2011), 39; Ferdinand Chindji Kouleu, *Histoire Cachée du Cameroun,* (Yaoundé: SARAGRAPH, 2006), ; Emmanuel Konde, *Le Nationalisme Africain à Froid, , 1952-1954,* (New York: Penguin Books), Nfamewih Aseh, *Philosophies Politiques et Edification de la Nation,* (Yaoundé: Imprimerie, 2005); Mongo Béti, Main Basse Sur Le Cameroun (Ville St-Laurent: Editions Québécoises, 1974),

Naissance et scolarité d'Um Nyobe

Ruben Um Nyobe est né vers 1913 à Song Peck près de Boumyebel, dans la région de Sanaga-Maritime du Cameroun français. Il reçut son enseignement primaire dans des écoles de la mission Presbytérienne. Il fréquenta d'abord l'école de la mission Presbytérienne à Makai, où il fut baptisé en 1921. En 1924 il quitta l'école de Makai et s'inscrivit dans une autre école Presbytérienne à Ilanga, près d'Eseka, où il obtint son diplôme en 1929. Um Nyobe s'inscrivit par la suite en 1931 au collège Presbytérien de formation des enseignants à Foulassi dans le pays Bulu, mais fut renvoyé l'année même où il obtint son diplôme à cause de son activisme. Il avait été remarqué comme le meneur de la protestation scolaire. Pendant plusieurs années après l'obtention de son diplôme, Um Nyobe enseigna dans différentes écoles Presbytériennes. En 1935, il participa avec succès au concours d'entrée à la fonction publique. Au cours de ses années passées à la fonction publique, il entreprit d'autres études par correspondance, qui lui permirent d'obtenir la première partie du bac en 1939 et d'être nommé au greffe du tribunal d'Edea. Um Nyobe n'a donc fréquenté aucune université occidentale à l'instar de ses contemporains comme Franz Fanon, Kwamé N'Nkrumah, Amilcar Cabral ou Julius Nyerere. Achille Mbembé illustre cet aspect de sa vie avec éloquence dans les termes suivants : « À la différence de Fanon, Nkrumah, Cabral, ou Nyerere, cet homme venu du village, n'est pas allé dans les universités occidentales. Mais il est sorti des meilleurs établissements de formation que lui offrait, à son époque, son pays ».[10]

Son parcours fut pertinent par rapport à sa carrière politique à plusieurs égards. Son origine culturelle Basa l'a imprégné du respect pour la sagesse de la société traditionnelle, d'un sens élevé de soi et d'une volonté de fer pour faire ce qui était juste. Les écoles Presbytériennes américaines qu'il fréquenta ont renforcé l'héritage d'Um Nyobe en lui inculquant le sens de l'autonomie, d'indépendance de la pensée et de participation démocratique. Son expérience en tant que commis dans l'administration coloniale lui a donné une idée pure ainsi qu'une base juridique sur les réalités pratiques de l'oppression coloniale. Um Nyobe connaissait les forces,

---

[10] Mbembé, Ruben Um Nyobe, *Le Problème National Kamerunais*, p.8

les faiblesses et les vulnérabilités du colonialisme français au Cameroun.[11]

Les écoles de mission sont réputées pour créer et former des radicaux et une observation rapide révèle qu'en Afrique d'avant les indépendances, la plupart des nationalistes étaient des produits de ces écoles. Une des caractéristiques des sortants de ces écoles était une confiance totale en soi et la capacité de se sacrifier pour son pays. Ces traits sont visibles chez Um Nyobe et ressortent dans une lettre qu'il adressa à son ami Essi Essama en 1949 et qui fut interceptée par la police française. Dans cette lettre il dit *inter alia :*

> *Bien entendu, notre émancipation…exige d'énormes sacrifices de nous, mais quand on pense au temps de l'indigénat, où il était possible pour un chef de subdivision de rassembler tous ceux que le chef et lui-même n'aimaient pas et de les emprisonner sans jugement et sans leur donner la possibilité de se défendre, on ne peut qu'être heureux de tout subir dans le combat pour l'indépendance de son pays. Le fait que ces autorités soient obligées de rétablir dans leurs régions toutes les pratiques qui ont été abolies révèle leur peur de notre émancipation.[12]*

L'administration coloniale française était réputée pour sa politique de l'indigénat qui, dans les faits, présupposait que les Camerounais deviendraient des citoyens français. Ce qui signifie la perte de leur identité et donc de leur « Camerouneté ». Les Français avaient donné le pouvoir aux chefs traditionnels, ou en avaient même inventé, pour s'assurer qu'ils leur ramèneraient ceux qui échappaient à la police. Une fois arrêtés, ces derniers étaient simplement jetés en prison sans jugement. Um Nyobe désapprouvait tous ces actes et était prêt à mourir pour redresser cette situation. En rétrospective, les choix que font les gens pour s'émanciper de l'oppression à une époque donnée sont facilités par le type de technologie de communication disponible à cette époque. Pendant la période coloniale, les lettres étaient devenues un genre important de technologie de communication et, mise dans la bonne perspective,

---

[11] Konde, *Nationalisme Africain dans la Politique de la Guerre Froide, 1952-1954*, p.79

[12] Lettre de Ruben Um Nyobe à Essi Essama, via M.P.A., Metet, 10 Septembre 1949. Institut Internationale des Sciences Sociales, (IISH) Archive, Amsterdam

celles écrites par Um Nyobe suggèrent que cet outil de communication était à la base de son choix. Dernièrement, les groupes radicaux en Afrique et au Moyen Orient se sont approprié les médias sociaux comme meilleure forme de communication.

Comme je l'ai dit ailleurs, l'école et la scolarité en elles-mêmes étaient une technologie de communication à part entière et ceux qui se les ont appropriées, comme Um Nyobe, sont devenus une classe sociale à part dans le pays[13]. Ces types de TIC qui lui étaient accessibles, ou mieux encore, qu'il a utilisés, l'ont formé et ont fait de lui la personne qu'il est devenu.

L'atmosphère qui a façonné l'ascension et le caractère d'Um Nyobe

La politique française au Cameroun était très dure dans toutes ses facettes. Elle laissait apparaître des injustices incroyables surtout dans les domaines du travail et de l'invention de la citoyenneté. Le premier élément de cette politique était l'indigénat. La politique de l'indigénat considérait les Camerounais comme des *sujets français*. Cette loi ne laissait aucune possibilité à l'expression de la liberté politique et à la défense des droits des travailleurs indigènes. Par ailleurs, la *prestation* ou travail obligatoire était en vigueur, et obligeait tous les hommes à accorder dix jours de travail gratuit par an à l'administration coloniale française. Une autre situation conflictuelle est née autour de la suppression des tribunaux autochtones et de l'émasculation des pouvoirs des chefs traditionnels.

Sous la période du Mandat (1916-1945), la vision de l'administration coloniale française était que le Cameroun, comme les autres colonies et territoires français, développerait éventuellement avec la France une entité politique et économique unique intégrée. Toute la politique coloniale française fut résumée à l'époque par l'impérialiste pragmatique Albert Sarraut. Dans sa célèbre étude, *La Mise en Valeur des Colonies Françaises,* il soutenait que le seul droit qui doit être reconnu est celui du fort pour protéger le faible. La France garantissait la croissance économique et le développement humain de

---

[13] Walter Gam Nkwi, *Kfaang et ses Technologies: Vers une Histoire Sociale de la Mobilité à Kom, 1928-1998* (Leiden: ASC Publications, 2011)

ses colonies[14]. C'est pour cette raison qu'elle avait formulé la politique d'assimilation menée sous le contrôle rigide de son administration coloniale. Les Camerounais étaient officiellement classés en fonction de leur évolution vers l'idéal social français. Les *citoyens* étaient les plus assimilés à la loi européenne; ceux-ci avaient les droits civiques et politiques des personnes d'origine française. Les *sujets* étaient ceux qui suivaient les coutumes locales et ne pouvaient devenir *citoyens* qu'en prouvant qu'ils s'étaient européanisés. La distinction pratique la plus apparente entre les deux types était que les *citoyens* et quelques rares classes spéciales de *sujets,* étaient exempts de l'indigénat, le système de punition sommaire pour les sujets.[15]

Le travail forcé était un autre problème dans le Cameroun français et fut un sujet de préoccupation pour la Commission du Mandat Permanent pendant presque toutes les sessions qu'elle a tenues. La Commission du Mandat Permanent s'est désespérément perdue dans ses tentatives de déterminer les différentes formes de travaux forcés utilisées par l'administration coloniale française. Selon la disposition générale de la Ligue des Nations concernant les mandats « B », les puissances mandataires « devaient bannir toutes formes de travaux forcés ou obligatoires sauf pour les travaux et services publics essentiels, et ensuite seulement contre une rémunération appropriée ». Les termes imprécis tels que « travaux et services essentiels » et « rémunération appropriée » étaient des invitations virtuelles à la maltraitance. En effet, non seulement les Français utilisaient un système de classification complexe pour les différentes catégories de travaux forcés, mais même les bonnes distinctions légales rédigées par leurs délégués à Genève avaient peu de choses en commun avec le vrai *modus operandi* de leurs administrateurs dans les villages du Cameroun rural. Les autorités coloniales françaises imposaient des taxes qui étaient souvent trop élevées pour les Africains, dont certains vivaient déjà dans la pauvreté; *les prestations* (une taxe sous forme de travail de dix jours par an sur les routes) et les réquisitions de main d'œuvre qui dégénéraient

---

[14] Albert Sarraut, *La Mise en Valeur des colonies Françaises* (Paris: Payot, 1928), 19
[15] H.S Gray, *Etude de la Rébellion de l'UPC au Cameroun et de l'Implication de la Chine Communiste,* (Michigan : Michigan University Press, 1967) ; Thomas Hodgkin, *Nationalisme dans l'Afrique Coloniale* (New York : New York University Press, 1957)

souvent en maltraitance pendant la construction des routes, des chemins de fer et des ports.[16]

Pourtant, quelle que fut la gymnastique verbale qui eut lieu entre les autorités françaises et la Ligue des Nations, le fait demeure que les Camerounais dans tout le Cameroun français souffraient grandement de la conscription qui les obligeait à travailler contre leur gré – en particulier pendant les premières décennies du mandat français et jusqu'aux réformes politiques instituées après la deuxième guerre mondiale. Cette main d'œuvre était utilisée non seulement dans les travaux d'extension du chemin de fer et de construction des routes, mais aussi dans les plantations privées des Européens.[17] Au même moment où le représentant français, Duchêne, assurait la Commission des Mandats Permanents que le recrutement forcé de la main d'œuvre pour les travaux privés n'était pas une réalité au Cameroun français, les Camerounais sur tout le territoire du Cameroun français travaillaient sous la direction des administrateurs pendant des durées indéterminées dans les plantations des Européens, souvent sans salaire[18]. Et pendant que Theodore Marchand, le Commissaire français au Cameroun français, témoignait que le travail obligatoire pour les travaux publics était limité à dix jours, et qu'au-delà de cette période les ouvriers recevaient un salaire au même titre que les ouvriers libres, les observateurs sur le terrain rapportaient des cas où les administrateurs demandaient aux autochtones de faire leurs dix jours d'impôt de *prestation* et, une fois

---

[16] Hubert Deschamps, "La France en Afrique Noire et à Madagascar Entre 1920 et 1945", pp.226-251 dans *Colonialisme en Afrique, 1870-1960, Vol.2: Histoire et Politique du Colonialisme, 1914-1960*. Edité par L.H. Gann et Peter Duignan (Cambridge: Cambridge University Press, 1970); Catherine Coquery-Vidrovitch, "Colonisation Française en Afrique jusqu'en 1920: Administration et Développement Economique", pp.165-199 Vol1: *Colonialisme en Afrique, 1870-1960, Vol.2: Histoire et Politique du Colonialisme, 1880-1920*. Edité par L.H. Gann et Peter Duignan (Cambridge: Cambridge University Press, 1970);

[17] Joseph, *Nationalisme Radical au Cameroun*, p.28; Voir aussi Frederick Cooper, *Décolonisation et Société Africaine: La Question Ouvrière en Afrique Française et Britannique* (Cambridge: Cambridge University Press, 1996)

[18] Pa(1933)6, Notes pour le Rapport de la Ligue des Nations pour le Mandat du Cameroun (Archives Nationales de Buea); (1923)5, Minutes de la Commission des Mandats Permanents de la Ligue des Nations, Troisième Session sur le Mandat du Cameroun (NAB), 123

rassemblés, les amenaient au chemin de fer pour une période de neuf mois.[19]

Ces atrocités et violences eurent un impact profond sur Um Nyobe. Il était né en 1913, mais était un témoin vivant dans les années 1930 et 1940, années pendant lesquelles eurent lieu la plupart de ces atrocités. En tant que commis dans la même administration française, il fut choqué et offensé par ces politiques. Au cours de ses études à l'Ecole Presbytérienne, il avait développé une haine profonde envers ces politiques. Tout cela l'a amené, lui plus que quiconque, à prendre la tête d'une lutte passionnée contre la politique française.

La volte-face en politique française

Quel recours avaient les Camerounais face à ce système oppressif? Bien entendu, ce système n'a pas continué *sine die*. Les arrangements post deuxième guerre mondiale qui obligeaient les puissances mandataires à modérer leurs politiques ont eu des ramifications durables dans le Cameroun français. Ces réformes ont projeté Ruben Um Nyobe sur la scène nationale et internationale. C'est aussi ces politiques qui lui ont donné le nom de code de maquisard, de radical et de libérateur. En 1945, avec l'aide de la *Confédération Générale des Travailleurs (CGT)*, un syndicat français proche du Parti Communiste, Um Nyobe participa à la création de *l'Union des Syndicats Confédérés du Cameroun* (USCC) dont il fut le secrétaire général assistant. L'USCC organisait des conférences au cours desquelles des experts en syndicalisme des écoles de formation professionnelle étaient invités à faire des présentations sur le caractère exploiteur du colonialisme. Um Nyobe assistait à toutes ces conférences.

En 1946, les autorités coloniales françaises introduisirent les activités politiques au Cameroun. Le nationalisme radical et anticolonial naquit dans le Cameroun français en 1947. Le 14 avril 1947, neuf hommes, dont Ruben Um Nyobe, enregistrèrent à Douala un parti politique appelé *Rassemblement Camerounais* (RACAM) conformément à la loi. Ces hommes appartenaient à *l'Union des*

---

[19] Raymond Buell, *Le Problème Autochtone en Afrique* (New York: The Macmillan Company, 1928), 323; David Gardiner, Cameroun: Défi des Nations Unies à la Politique de la France (Oxford: Oxford University Press, 1963), 32

Syndicats Confédérés du Cameroun (USCC) d'obédience communiste, qui prônait des grèves générales pour pousser l'administration coloniale française à faire des reformes. L'objectif principal du RACAM était d'obtenir l'indépendance du Cameroun conformément à la Charte de l'ONU, même si l'Article 4 de l'Accord de Tutelle ne semblait pas l'autoriser. Cet Article donnait plutôt à la France le pouvoir d'administrer le Cameroun comme partie intégrante du territoire français. Le RACAM considérait cette intégration du Cameroun à l'Union Française comme une assimilation pure et simple et prit position contre elle. Il n'est donc pas étonnant que l'administration française au Cameroun ait jugé le parti indésirable et l'ait banni la même année.[20] L'interdiction du RACAM entraîna la création par ses membres du parti politique UPC le 10 avril 1948. S'inspirant du sort réservé au RACAM, le nouveau groupe déclara son but dans des termes plutôt généraux.[21] C'est sur ces termes que l'administration française au Cameroun reconnut l'UPC. Mais par la suite, le parti élabora un programme qui aurait été rejeté s'il avait été inclus dans ses statuts originaux. Le programme élargi comprenait la suppression des frontières artificielles créées en 1916 entre les deux Cameroun, l'abandon par la France de sa politique d'assimilation et la fixation d'une date limite pour la tutelle au-delà de laquelle le Cameroun irait à la réunification avant d'accéder à l'indépendance.[22]

Bien qu'Um Nyobe en fût la figure principale, il ne fut pas le fondateur du parti UPC. Certains soutinrent qu'Um Nyobe ne fut pas un membre fondateur de l'UPC car il se trouvait à l'hôpital au moment de sa fondation. D'autres affirment qu'il représentait l'USCC à la conférence du *Rassemblement Démocratique Africain* à Abidjan lors de la création de l'UPC, ce qui fait de Leonard Bouly le père fondateur du parti.[23] Cependant, un autre courant soutient qu'à la création de l'UPC, Um Nyobe et certains membres du parti ont attendu sa reconnaissance avant d'apparaître sur la scène comme ses pères fondateurs. Leonard Bouly fut le premier secrétaire général de

---

[20] Victor Bong Amazee, "Le Rôle des Camerounais Français dans l'Unification du Cameroun, 1916-1961", *Revue Transafricaine d'Histoire*, Vol.23: 195-234

[21] Regrouper et unifier les habitants du territoire en vue de permettre l'évolution la plus rapide des peuples et le relèvement de leur niveau de vie.

[22] Gardinier, *Cameroun,* pp.44-45

[23] Ibid.

l'UPC en 1948.[24] Quelles que soient les différences de vue, Um Nyobe devint le secrétaire général de l'UPC.

Um Nyobe et l'UPC

La reconnaissance de l'UPC par les autorités coloniales donna à Um Nyobe l'opportunité de participer à la conférence du *Rassemblement Démocratique Africain* tenue à Abidjan le 17 juin 1948, en qualité de représentant officiel de l'UPC.

Um Nyobe fit sa première apparition sur la scène internationale en dehors de l'Afrique le 17 décembre 1952 à la 309ème réunion du Quatrième Comité des Nations Unies en tant que représentant de l'UPC.[25] En 1952, l'UPC demanda l'autorisation à l'Assemblée Générale de présenter une pétition orale sur la réunification du Cameroun. Bien que la requête fût rejetée par la France, elle finit par être accordée et le 17 décembre 1952, Um Nyobe apparût devant l'Assemblée Générale des Nations Unies, en compagnie de Charles Okala, un Camerounais français modéré envoyé par la France.[26] A New-York, Um Nyobe se plaignit à la Commission de Tutelle des Nations-Unies des maltraitances perpétrées par la France sur les Camerounais et, plus important encore, exprima sa vision sur le destin politique du Cameroun français. Ce fut l'aide des Camerounais français qui avait permis à Um Nyobe de se rendre aux Nations-Unies. En effet, selon Ananie Rabier Bindji, Um Nyobe a pu assister aux travaux de la Quatrième Commission de l'ONU grâce à l'aide de l'Association des Etudiants Camerounais en France, en Grande Bretagne et en Irlande du Nord[27]. Ces associations voulaient le changement dans leur pays et étaient des partisans ardents de l'indépendance immédiate et de la réunification des deux Cameroun. De plus, comme Um Nyobe, elles trouvaient que l'indépendance était le seul moyen d'augmenter ou d'améliorer le niveau de vie de la classe

---

[24]Ibid.

[25] Konde, *Nationalisme Africain dans la Politique de la Guerre Froide, 1952-1954* p.67,

[26] John O'Sullivan, "Union Des Population Du Cameroun (UPC): une Etude dans la Mobilisation de Masse " *Ufahamu: Une Revue des Etudes Africaines*, Vol.3, No.1(1972), 61

[27] Entretien avec Ananie Rubier Bindji, 75 ans, Journaliste, Douala, 15 Novembre, 2016.

ouvrière et des paysans pauvres sous l'administration coloniale française.[28]

Dans son discours, il démontra que la France administrait le Cameroun comme partie de ses territoires d'outre-mer et avait l'intention de l'incorporer à l'empire français alors que le Cameroun était sous la tutelle des Nations-Unies et n'avait été donné à la France que comme un mandat et plus tard, un territoire de tutelle. Il accusa aussi la France de mettre en œuvre ou en place au Cameroun des réformes politiques qui étaient contraires à l'accord de tutelle. Pour Um Nyobe, ces réformes visaient à diviser le pays. Il insista sur le fait que les deux Cameroun devaient être réunifiés et évoluer ensemble politiquement.[29] Dans son discours, il affirmait en substance :

> *Je me tiens devant vous aujourd'hui pour représenter le parti UPC, le seul vrai représentant du peuple camerounais. Je lance un appel pour l'application sincère des principes sous-tendant le Système de Tutelle, qui déclare que le Cameroun doit être administré pour le bien du peuple camerounais. La réunification du Cameroun doit être la première étape de ce processus. Mais la Grande Bretagne et la France ont refusé de se plier à ce principe, ce qui veut dire qu'elles ont refusé d'agir conformément aux objectifs déclarés de la Charte des Nations-Unies. Le Cameroun était un pays juridiquement libre qui fut occupé par des forces militaires étrangères lorsque les Allemands furent chassés en février 1916. Le système de Tutelle n'était pas censé être une prolongation du système de Mandat. La division du Cameroun fut artificielle et appliquée de manière arbitraire à la suite de la première Guerre Mondiale et ne profite qu'aux seules puissances coloniales....* [30]

Um Nyobe retourna au Cameroun en 1953 et imprima son intervention aux Nations-Unies sous forme de mémorandum avec le titre « *Que veut le Cameroun?* » De ce texte, on retenait que le Cameroun voulait, d'un côté, la Réunification des deux Cameroun, et de l'autre,

---

[28] Ibid.

[29] Rapport du Conseil de Tutelle, "Déclaration devant la Quatrième Comité à sa 309ème réunion le 17 Décembre 1952 par Ruben Um Nyobe, représentant de l'Union des Populations du Cameroun"

[30] Document des Nations-Unies A/C.4/226/Add.1, Adresse d'Um Nyobe à l'ONU (Archive Vb/b/1954/1, Union des Population du Cameroun, Archives Nationales, Buea)

l'indépendance immédiate. En janvier 1954, à la session des Nations-Unies, Um Nyobe demanda aux autorités françaises d'organiser un référendum sur la question de la réunification, de fixer une date pour la fin de la colonisation française au Cameroun et d'accepter l'idée de l'indépendance du pays.[31] C'est à partir de ce moment que les Français commencèrent à le considérer comme une menace. Chaque fois qu'il retournait au Cameroun après un passage aux Nations-Unies, ceux qui défiaient ouvertement le régime français l'accueillaient avec enthousiasme dans les rassemblements publics et les congrès de l'UPC où il rendait compte de ses visites, reproduisaient et distribuaient les copies de ses discours sous forme de tract dans les réunions locales.

Ses discours modérés et déterminés au Conseil de la Tutelle et à l'Assemblée Générale furent reproduits et distribués dans tout le pays. Des dizaines de milliers de lettres et de pétitions furent envoyées aux Nations-Unies en vue de transmettre les mots d'ordre de l'UPC : justice sociale et fin de la discrimination raciale, indépendance totale et réunification – des slogans qui trouvaient un écho dans la promesse de la Charte de l'ONU elle-même. Um Nyobe parvenait à imprimer et à reproduire ses discours avec des gadgets de communication tels que les machines à écrire et les photocopieurs qui étaient disponibles, et ces machines avaient été introduites dans le Cameroun français par l'administration coloniale française.[32]

Les technologies de la communication vont de pair avec la connexion et la création de réseaux sociaux. Pendant le Quatrième Comité des Nations-Unies, Um Nyobe entra en contact avec certains anticolonialistes Africains qui se trouvaient aussi aux Nations-Unies pour présenter leurs griefs contre l'administration coloniale française. Il s'agissait des représentants du nationaliste Algérien Ahmed Ben Messali Hadj, qui était le secrétaire général du Mouvement de Libération de l'Afrique du Nord. Aux réunions telles que celles de la Ligue Internationale des Droits de l'Homme et du Comité Américain sur l'Afrique, qui se sont aussi déroulées aux Nations-Unies où ces

---

[31] Rapport du Conseil de Tutelle, « Déclaration de Mr. Ruben Um Nyobe, représentant de l'Union des Populations du Cameroun, à la 443ème réunion du Quatrième Comité le 25 Décembre 1954'

[32] Thomas Deltombe, "La Guerre Oubliée du Cameroun" (N.P: N.D.); Terretta, *Nation des Hors la Loi, Etat de Violence; Nationalisme, Grassfields*, p.203

deux organisations avaient un bureau, Um Nyobe rencontra le futur premier président du Togo, Sylvanus Olympio.

Le déclin de l'UPC et la mort d'Um Nyobe

Les apparitions d'Um Nyobe aux réunions des Nations-Unies et ses discours envoyèrent une onde de choc dans l'épine dorsale de l'administration coloniale française. La peur qu'ils suscitèrent amena les français à chercher les voies et moyens d'interdire son parti. Le 18 avril 1955, la maison d'Um Nyobe fut attaquée par la police, et sa femme et une vingtaine de militants de l'UPC furent pris en otage. Cette attaque provoqua la fuite d'Um Nyobe, qui se réfugia dans une forêt à Boumyebel. C'est à partir de là que le mot *maquisard* ou sa corrélation française *maquis* lui fut collé. Ce mot devint l'équivalent de la zone de résistance, située sur toute l'étendue du territoire du Cameroun français, espace échappant au contrôle de l'Etat, caché et habité par les vrais nationalistes. Le *maquis* désignait un acte spécifique (être résistant) plus qu'un lieu spécifique. Pour cette raison, on peut dire des allées et venues de quelqu'un 'qu'il ou elle est dans le *maquis*' sans révéler où ni expliquer ce qu'il/elle fait. Au départ, les termes *maquis* et *maquisards* – noms donnés aux combattants de la liberté - exprimaient l'idéologie nationaliste de l'UPC avec une connotation de résistance, de courage, et de libération du Cameroun du néocolonialisme. Toutefois, après l'indépendance, l'Etat postcolonial appliqua le terme *maquisard* de manière interchangeable avec des mots tels que 'bandit', 'terroriste', 'rebelle', 'subversif', 'sécessionniste', lui donnant ainsi des connotations négatives.[33] Le Dimanche de Pâques de la même année, l'église catholique romaine commença à mettre la pression sur l'UPC : à la conférence épiscopale, une lettre de protestation fut lue dans toutes les églises contre l'UPC. L'instigateur de cette lettre contre l'UPC était le Docteur Louis Paul Ajoulat, un médecin et le chef du *Bloc Démocratique Camerounais*, un parti catholique et anti-indépendantiste.

L'idéologie de l'UPC était extrêmement dangereuse pour l'administration coloniale française, pas seulement parce que l'UPC

---

[33] Pour plus de détail, voir Meredith Terretta "La Fabrication de l'Etat Postcolonial du Cameroun: Nationalisme Villageois et Combat de l'UPC pour la Nation, 1948-1971" (PhD Diss. Université du Wisconsin, Madison, 2004)

revendiquait l'indépendance immédiate et la réunification lors de la Quatrième Assemblée de l'ONU.[34] La situation était même plus compliquée à cause de la position de la France sur la scène internationale. En effet, la puissance coloniale venait de se faire humilier dans la guerre d'Indochine à Dien Bien Phu et la guerre d'indépendance de l'Algérie, qui avait éclaté en 1952, battait son plein. Le défi que posait l'UPC faisait passer des nuits blanches aux administrateurs de la France coloniale car ils voyaient dans la résiliation de leur tutelle sur le Cameroun à la suite de la pétition d'Um Nyobe et de l'UPC l'effondrement des derniers vestiges de leur empire colonial. Surtout, la voix de l'UPC se faisait entendre à la plus haute assemblée du jour, l'ONU. Cela signifiait à leurs yeux que la pétition avait reçu la plus grande adhésion possible.

Cependant, la tradition orale nous donne une toute autre version. Bikoi Bihie Bernard, un témoin de la plus grande partie des années de formation de la colonisation française jusqu'à l'indépendance, affirme :

> *Les français ont pris peur après la création de l'UPC et son appel à l'indépendance immédiate et à la réunification. Depuis qu'ils avaient pris possession du Cameroun français, ils avaient eu le sentiment que les Camerounais français étaient des enfants qui devaient être entretenus et qui avaient besoin qu'on leur apporte la civilisation. Tout d'un coup, avec la création de l'UPC et les objectifs qu'il s'était fixé, ils se rendaient compte que le monde allait bientôt découvrir les atrocités qu'ils avaient commises au Cameroun. L'administration coloniale française fit recours à plusieurs méthodes pour contenir l'UPC, utilisant même l'église catholique et collant à l'UPC l'étiquette de parti communiste...*[35]

Sous l'emprise de la peur, l'administration coloniale française se résolut à utiliser l'Eglise Catholique dans le Cameroun français pour prêcher contre l'UPC en tant que parti communiste. C'est à ce point que l'archevêché français publia une lettre épiscopale devant être lue dans toutes les églises catholiques du Cameroun français. Suite à la publication de la lettre pastorale, la violence éclata entre les anti-

---

[34] Victor Julius Ngoh, *Cameroun 1884-1985: Cent ans d'Histoire* (Yaoundé, Cameroun: CEPER, 1986), 145

[35] Entretien, Bikoi Bihie Bernard 82 ans, Boumyebel, 7 Janvier 2013

indépendantistes et les pro-indépendantistes affiliés à l'UPC. Dans certaines parties du pays, des missionnaires furent attaqués et des églises détruites. Le 22 mai 1955, les autorités françaises interdirent toutes les réunions de l'UPC à Mbanga. Les Upcistes résistèrent et un policier fut même tué.[36] La situation devait s'empirer quand la violence atteignit le Sud du Cameroun, en particulier Douala. Le 26 mai 1955, le Gouverneur Roland Prè fit venir les troupes françaises stationnées au Congo pour mâter l'insurrection à Douala. Des dizaines de personnes furent ainsi tuées, six cent individus furent blessés et dix-sept militants de l'UPC arrêtés. Le 13 juillet 1955, l'UPC et tous ses organes furent interdits. En conséquence, Um Nyobe et ses supporters prirent le chemin du *maquis* dans la forêt de Boumyebel en vue de continuer leurs activités dans la clandestinité. Ainsi se situe le point de rencontre entre la violence et la radicalisation, et un mouvement vit le jour contre Felix Roland Moumié, le Président du parti à l'époque, et les autres leaders comme Ernest Ouandié et Abel Kingue, qui se refugièrent à Kumba, au Cameroun anglophone. De Kumba, ils s'exilèrent en Guinée Conakry et en Egypte. Um Nyobe fut le seul chef de l'UPC à rester au pays.

Un évêque de l'Eglise Romaine, Monseigneur Thomas Mongo, convainquit Um Nyobe à sortir du *maquis*. Une tentative similaire avorta en 1957 car Um Nyobe exigeait une amnistie totale et un pardon inconditionnel pour tout ce qui s'était passé avant 1956, le rétablissement de l'UPC, la réunification des deux Cameroun et l'indépendance immédiate. Monseigneur Mongo rapporta sa rencontre aux autorités coloniales. Si la loi sur l'amnistie fut votée en février 1958, elle ne s'appliquait qu'aux incidents survenus le 2 janvier 1956. Autrement dit, ceux qui étaient impliqués dans les événements de décembre 1956 n'étaient pas concernés, en plus du fait que l'UPC ne fut pas ré-légalisé. Um Nyobe se trouva donc dans l'obligation de continuer ses activités politiques et de lutte armée dans le *maquis* et établit son quartier général à Mamitel dans la zone de Boumyebel.

Au début de septembre 1958, l'armée française, sous la direction du Colonel Lamberation, localisa le quartier général d'Um Nyobe à Mamitel. En conséquence, Um Nyobe quitta Mamitel le 10 septembre 1958 sous la pluie avec huit de ses partisans dont deux

---

[36] Ibid.

femmes et Theodore Mayi Matip, qui était l'un de ses aides les plus proches.[37] Ils décidèrent de quitter l'endroit qu'ils occupaient dans la forêt pour un autre. Alexander Mbend Libot leur ouvrit le chemin menant à une grotte sacrée. Um Nyobe décida d'envoyer deux personnes dans un village proche pour y trouver quelqu'un qui les mènerait au groupe de Mbend Libot dans le *maquis*. Le 13 septembre 1958, Paul Abodoulaye de l'armée française, tira une balle dans le dos d'Un Nyobe qui en mourut. Mayi Matip échappa à l'assassinat et la raison qu'il avança est qu'il s'était éloigné pour uriner.[38] Le corps d'Um Nyobe fut exposé au public à Boumyebel et quelques jours plus tard, fut ramené dans son village pour y être enterré.

Après la mort d'Um Nyobe, Ernest Ouandié, Felix Roland Moumié et Abel Kingue s'exilèrent au sud du Cameroun britannique, précisément à Kumba, où ils continuèrent leur lutte pour l'indépendance. Selon Ngoh, au Cameroun du Sud, le *One Kamerun* de Ndeh Ntumazah, le Parti Populaire du Kamerun de N. N Mbile, et le Parti National Démocratique du Kamerun de John Ngu Foncha, se sont tous inspirés au départ de l'UPC, même si certains changèrent par la suite leurs idéologies après ce que l'administration coloniale française brandît comme les 'actes terroristes' de l'UPC. Il ajoute que l'O.K. et le KNDP ont présenté plusieurs arguments en faveur de la réunification à une équipe de l'ONU en visite dans le pays en 1955.[39]

Conclusion

Avec la mort d'Um Nyobe et de la plupart de ses collaborateurs en exil, les autorités françaises pouvaient pousser un soupir de soulagement mais prirent fermement conscience qu'une politique devait être mise en œuvre pour maintenir le Cameroun sous contrôle. Les Français remplacèrent la classe politique d'alors par des hommes de main qu'ils pouvaient facilement contrôler de loin et qui n'hésiteraient pas à soutenir leur politique au Cameroun français. Les objectifs de l'UPC défendus avec virulence par Um Nyobe pendant les différentes réunions aux Nations-Unies furent ravivés après sa mort, mais maquillés dans le meilleur des cas. Les deux Cameroun

[37] Entretien, Kobla Moise, Boumyebel 7 Janvier 2013, 80 ans
[38] Ibid.
[39] Julius Ngoh, *L'Histoire méconnue de la Réunification du Cameroun*, 20.

furent réunis et devinrent indépendants en 1961, mais ce processus contrastait avec la vision d'Um Nyobe. Ahidjo, qui fut l'incarnation de la politique française au Cameroun, devint son premier Président en 1961 et déjà en 1962, arrêtait quatre dirigeants de l'opposition pour avoir publié une lettre dénonçant la création d'un Etat à parti unique et ce qu'ils appelaient une dictature de type fasciste. Parmi ces dirigeants de l'opposition on peut citer André Marie Mbida, Bebey-Eyidi, Charles Okala et Mayi-Matip. Après la réunification, Ahidjo concentra de plus en plus tous les pouvoirs entre ses mains et interdît de facto toute forme d'opposition politique. Le processus de réunification mena à l'intégration de la région anglophone du Cameroun à un Cameroun unitaire, supplantant la république fédérale et le rêve d'Um Nyobe qui était la réunification d'abord et l'indépendance ensuite. C'est pour cette raison que le Cameroun anglophone crie à l'injustice depuis 1961 et cette situation n'est pas étrangère aux grèves de 2016/17 qui ont secoué cette partie du pays. Richard Joseph soutient que si nous devons considérer aujourd'hui la particularité apparente que depuis l'indépendance, le Cameroun est gouverné dans une très grande mesure par des décrets et lois d'exception, nous devons garder à l'esprit que les colonisateurs français se sont contentés de diriger leur territoire sur cette base jusqu'en 1945 et au-delà. De nos jours, continuent encore des pratiques rappelant largement le système de justice administrative, ou l'indigénat qui permettait aux autorités françaises d'arrêter et de punir sommairement les villageois pour une gamme de délits vaguement définis. Dans le Cameroun d'aujourd'hui, les préfets, les sous-préfets et les gendarmes fonctionnent dans un cadre politique caractérisé par des lois d'état d'urgence, l'hostilité à l'égard de l'initiative politique et l'autonomie. Dans le harcèlement des masses populaires pour des raisons qui ne sont connues parfois que de ceux qui sont au pouvoir, il n'y a donc jamais eu de pause depuis la période coloniale.[40]

Quoi qu'il en soit, la radicalisation d'Um Nyobe ne pouvait pas être correctement appréciée en dehors de son contexte. Sa radicalisation n'était pas religieuse. Elle fut au mieux socio-politique et née de l'atmosphère créée par l'administration coloniale française au Cameroun. Par conséquent, sa radicalisation peut être reliée à cette

---

[40] Richard Joseph (ed) *L'Afrique Gaulliste: le Cameroun sous Ahmadou* Ahidjo (Ibadan, Nigeria: Fourth Dimension Press, 1977)

politique, mais tout aussi cruciaux pour le processus furent sa scolarité, le développement du transport aérien, le développement du courrier postal (écriture de lettres), les machines à taper qui furent les TIC *avant la lettre*. Son meurtre soudain par les forces coloniales françaises a eu une ramification sans limite sur le rêve qu'il avait pour le Cameroun, la patrie de ses pères et de ses mères. Il n'a pas pu voir son rêve se réaliser. On peut donc affirmer que les radicaux ne vivent pas toujours assez longtemps pour voir leurs rêves se réaliser. Um Nyobe fut un de ces radicaux.

7. C'est de cette façon que nous sommes moulés

Jonna Both et Souleymane Abdoulaye Adoum, avec Mirjam de Bruijn & Sjoerd Sijsma

Faire la recherche chez soi sur une histoire pleine de violence et injustice donne la voie à une réflexion profonde du chercheur sur sa propre société. Cet article est une reflexion de l'historien Souleymane Adoum sur l'histoire qu'il a vécu et qui faisait partie de ses recherches au Tchad. La conclusion qu'il tire est que la violence a dirigé l'histoire du Tchad, mais que cette violence fait partie de l'Etat. Ce constat inévitablement pousse l'auteur de la recherche dans une position de radical.

Introduction

Le texte suivant est basé sur trois entretiens menés avec Souleymane Abdoulaye Adoum. La première a eu lieu à Mongo en 2014 et les deux autres entretiens ont eu lieu à Leiden en décembre 2015 et décembre 2016. La première interview a été réalisée par Mirjam de Bruijn et Sjoerd Sijsma (qui a également filmé toutes les interviews) et les deux autres par Jonna Both et Sjoerd Sijsma.[1] Dans les interviews, Souleymane a expliqué comment il a méné ses recherches avec les anciens combattants rebelles et anciens administrateurs au Tchad et aussi sur sa propre vie. Les entretiens ont d'abord été entrepris pour aider le chercheur (Souleymane) pour son PhD (diplôme de troisième cycle) à résumer l'orientation de ses recherches et les motivations sous-jacentes alors que son travail de terrain était en cours, afin d'utiliser le film pour la finalisation de son projet. Dans toutes ces interviews et rencontres, il est apparu une histoire qui en soi était très pertinente à raconter. Le récit biographique fragmenté de Souleymane décrit dans ce chapitre, montre comment des idées plutôt radicales ont des racines profondes

---

[1] Sjoerd Sijsma & Mirjam de Bruijn, film (40 minutes) à la base des interviews avec Boukary Sangaré et Souleymane Adoum, 'sans espoir', publié sur le site web www.voice4thought.org et www.connecting-in-times-of-duress.nl

dans la vie d'une personne, surtout d'une personne qui vit dans un pays avec une histoire de troubles et conflits comme le Tchad. Souleymane retrace sa propre position radicale (ce qui n'est pas une constante dans sa vie, mais varie), à ses premières expériences de violence étant enfant, ainsi qu'à sa profonde indignation (et celle de beaucoup de personnes autour de lui) sur la façon dont son pays est gouverné depuis l'occupation coloniale.

En s'appuyant sur le récit de l'individu dans ce chapitre, nous ne suggérons pas qu'un processus de radicalisation que l'on pourrait lire dans le récit de Souleymane soit une affaire individuelle. Il y a plutôt des raisons de croire – selon nos expériences de recherche collaborative et individuelle dans son pays - que les perspectives de Souleymane reflètent une position plutôt collective dans la société tchadienne, ce qui rend ses idées profondément sociales plutôt qu'individuelles (voir Crone 2016 : 597). Ses perspectives ont vu le jour dans des interactions avec d'autres personnes dans une société où l'échange oral est très apprécié et souvent politisé. La plupart des jeunes hommes dans ce pays ont une connaissance profonde (et on pourrait dire partielle ; informé par le perspectives et experiences par ses proches) de l'histoire tchadienne avec la guerre souvent apprise des pères et des oncles avec qui ils passent beaucoup de temps autour du repas et du thé. Ce dernier est particulièrement le cas dans les familles musulmanes où les femmes et hommes ont tendance à vivre et à socialiser dans des sphères distinctes selon le genre. Dans la mesure où les perspectives exposées dans ce chapitre sont partagées par beaucoup, et les contextes desquels ces idées émergent, on pourrait se demander si nous devrions qualifier certains de ces réseaux d'échanges oraux avoir des tendances à la radicalisation (extrémiste de foi) de plus en plus prononcés, en montrant une haine ethnique, presque comme une idéologie, et comme une réponse politique valable à l'injustice. Dans une certaine mesure, les nouveaux médias sociaux comme Facebook améliorent certains des débats extrémistes comme le montrera l'interview retranscrite ci-dessous quand Souleymane fait reference aux débats sur les media sociaux concernant la position de la France dans la politique tchadienne. Ce ne sont pas les réseaux extrémistes comme ceux des autres parties du Sahel qui sont alimentés par l'idéologie religieuse, mais ici il existe la haine ethnique qui est souvent profondément présente ou implicitement mentionnée dans les discours sociaux, tout comme le déni ou l'abaissement de ceux-ci à d'autres moments. Individuellement les relations interethniques peuvent être tres bien et trop appréciées. Cela correspond donc à une notion de fluidité des opinions et des pensées.

Alors que l'inégalité sociale à l'échelle nationale et l'ingérence internationale (voir De Bruijn & Both 2017) semblent jouer un rôle important dans ce que nous pourrions comprendre comme radicalisation dans ce chapitre, nous ne pouvons pas nier que ces discours sont complémentaires, comme le montre le récit de Souleymane, une longue histoire des souvenirs personnels et collectifs de la violence des gens. À quoi ressemblerait sa radicalisation s'il n'avait pas connu toute cette violence dans son enfance, sa jeunesse et si ses parents n'auraient pas été soumis à une telle chose? Cette idée correspond à l'analyse de Crone (2016), qui suggère que ce n'est pas tant l'idéologie extrémiste qui conduit à l'extrémisme violent mais plutôt que l'expérience des milieux violents et la familiarité avec la violence peuvent amener les gens à « convertir leurs compétences violentes [déjà existants] pour servir une cause *politico-religieuse*, qui de leur point de vue est noble et prestigieuse » (2016 : 593, souligné dans l'original). L'étude de cas de Crone porte sur les jeunes hommes impliqués dans la délinquance (et soumis à la « violence étatique légitime » en retour en France avant de se tourner vers le terrorisme/violence politique. Néanmoins, la notion d'expérience antérieure avec la violence comme facilitant l'idéologie plus violente et l'inévitabilité d'une telle façon de penser mérite d'être réfléchie après avoir lu l'interprétation de Souleymane, de sa vie et de son destin.

Il est difficile de rendre justice aux heures de film et aux nombreuses conversations personnelles et publiques que Souleymane et les autres auteurs de cet article ont partagé pendant des années, dans un court chapitre. Naturellement, les changements dans les expressions émergentes dans la vie d'une personne interrogée à différents moments et dans différents espaces. Cela est inhérent au genre du récit biographique, dans lequel l'intersection de différentes identités peut être identifiée (Willemse et al. 2009 : 84). Parfois, Souleymane privilégie dans sa narration son identité de chercheur, parfois il est un Tchadien frustré, parfois un père, un enseignant, etc. Parfois, son analyse est plus distanciée ; ou par exemple quand il est filmé en 2014 proche de sa ville natale qui détient tant de souvenirs d'enfance de la violence, le récit est plus personnel. Les changements de position peuvent aussi s'expliquer par la difficulté de saisir la menace de la surveillance dans un pays comme le Tchad. A un moment donné, on peut se sentir libre de s'exprimer, surtout lorsqu'on reste en Europe pendant un certain temps, mais à d'autres moments, on peut se sentir soudainement plus en danger à cause des développements politiques brusques. On pourrait aussi éprouver une tension en soi, surtout venant d'un contexte si difficile; à un moment donné, croire que la violence est le seul moyen de résoudre certaines choses, à d'autres moments, on pourrait croire fermement qu'il existe encore des alternatives à la violence. En d'autres termes, des positions changeantes et des contradictions apparentes font que l'écoute d'une personne dans le temps vaut la peine et montre l'intérêt de mener plus de recherches longitudinales, en particulier sur des thèmes comme la radicalisation. Après tout, nous avons à faire à l'intersection de l'expérience, de la mémoire et de la construction d'identité avec un environnement dégradant et dur, un environnement qui nécessite une lecture attentive du personne de son environnement toujours changeant et une navigation prudente pour s'en sortir (voir Debos 2008, Vigh 2009, Berckmoes 2015). La fluidité sur le plan de l'identité et des croyances est donc, dans une certaine mesure, essentielle dans un tel contexte. Nous croyons néanmoins que le récit nous apprend quelque chose sur la radicalisation en tant que processus, sa longue durée potentielle et sur le seuil que les Tchadiens semblent avoir presque atteint, avec presque aucun espoir pour un avenir moins violent, mais plutôt avec la violence approchant de près de l'horizon plus que jamais.

Les sous-titres de ce chapitre ont pour but de donner une structure à un récit qui est (sauf la sélection et le copier-coller) laissé en grande partie intact et non interprété dans le texte principal. La première partie intitulée: « C'est ce qu'on avait vécu », raconte surtout ce que Souleymane lui-même a vécu (différentes formes de violence) depuis sa petite enfance et comment cela selon lui a influencé ses idées par la suite. Il montre aussi l'interprétation de Souleymane de l'histoire violente de son pays.

La deuxième partie intitulée « Notre système de gouvernance ne peut pas enrayer la violence : on risque encore de revenir au point zéro» traite de la «mauvaise gouvernance» et de l'indignation que cela provoque chez les personnes éduquées du pays. Ailleurs, nous soutenons que cela peut être vu comme une forme de « déplacement » (De Bruijn & Both à paraître). La troisième partie « aujourd'hui nous vivons la haine intercommunautaire » parle de l'explosion de violence que Souleymane, comme beaucoup de ses compatriotes attendaient pour le Tchad dans un avenir proche, et comment cela s'explique comme le résultat d'une forme de polarisation collective, ancrant les gens dans leurs identités ethniques et régionales (radicalisation), étroitement liées à l'accumulation d'expériences d'injustice, à l'inégalité croissante et aux racines profondes de la méfiance et des expériences violentes dans la population en général.

« C'est ce qu'on a vécu »

Pendant que Jonna est en train de transcrire le film en Juillet 2017, Souleymane travaille dans le même bureau avec elle. Il a visité les Pays-Bas pour défendre sa thèse. En voyant ce que Jonna est en train de faire il lui dit : « *Je suis radicaliste n'est-ce pas ? Je ne suis pas le seul. C'est toute ma génération. C'est ce qu'on a vécu.* » (Leiden 23-06-2017)

« Au départ c'était le pouvoir [à l'indépendance] qui avait hérité de la colonisation qui était là. Et c'est ce pouvoir qui a poussé la région du Guéra de se soulever. La première rébellion du Tchad est née dans la région du Guéra à Botchotchi (Mangalmé) en 1965. Et là les gens de la brousse étaient derrière la rébellion, parce que la rébellion est née d'une injustice caractérisée envers la population de cette zone là. La rébellion est née de la mauvaise gouvernance. A cause de l'impôt de capitation. Et cet impôt était prélevé de manière exagérée. Et la population n'a pas eu un interlocuteur pour pouvoir lui expliquer sa situation et c'est pourquoi elle s'était soulevée. Et après le soulèvement maintenant les forces gouvernementales se sont déversées sur la population. Et c'est comme ça que les villages sont vidés de leurs jeunes. Tous les jeunes étaient partis en rébellion. Après une longue lutte armée la rébellion a prit le pouvoir. A ce moment, tous les jeunes ayant l'âge pubère ont pris les armes. Et à cette époque on ne connait pas qui était militaire et qui ne l'était pas. Donc tout le monde disposait les armes. Et ils se sont divisés en faction. C'est ce qui a pérennisé la violence, même pendant la prise de pouvoir par la rébellion. » (film 1)

« En décembre 1978 (à l'âge de 8 ans) j'étais arrivé à Mongo parce que mon père était un fonctionnaire et il est affectée ici. Nous sommes arrivés en décembre et trois mois après, la rébellion a prit le pouvoir. Donc dans cette ville (il regarde vers Mongo, de sa place sur la montagne) régnait l'anarchie. Et toute cette période-là de 1978 jusqu'à 1990 la violence ne ce cessait de se répéter. Surtout la violence structurée venant de la part des groupes rebelles ou de l'Etat. Et quand les rebelles étaient arrivés ici, ils avaient arrêté tous les élements de la force gouvernementale qui étaient déjà abandonnés à leur triste sort. Et ils les bastonnaient devant nous. On était enfant et on avait vu des adultes ligotés et déshabillés et on les torturait. Et ceux-là, quand ils les avaient emprisonnés pendant quelques jours, après on les avait trouvés morts derrière cette montagne. Lors de notre promenade avec les enfants de notre âge et subitement on sortait devant un ravin et on trouvait des cadavres. C'était des ex-militaires loyalistes dans cette ville. Même certains amis et camarades de nos papas étaient arrêtés et étaient exécutés en dehors de la ville sur la route qui mène vers Am-Timan, à quinze ou vingt kilomètres. Ils étaient assassinés là. On a vu aussi nos marabouts tués. Les gens qui nous ont enseignés le coran étaient tués. Donc… c'était la violence… tout était violent. Et ce fut dans ces circonstances que nous avons grandi. Donc la recherche que je fais est liée à ma vie personnelle aussi. » (film 1)

« A partir de 1979 les rebelles ont prit le pouvoir. Ils ont remplacé le gouvernement. Et ces rebelles devenus gouvernement ne maîtrisent pas [la gouvernance]. Ils ne savent pas c'est que signifit l'Etat, comment gerer un pays… Parce que c'est une rébellion populaire et subitement elle arrive au pouvoir. Elle n'a pas eu des cadres lettrés. Et ils accusent n'importe qui de mèche avec leur ennemi et c'est de cette façon que la violence est exercée sur la population ici à Mongo. » (film 1)

« Cette situation nous a moulés dans le sens de la violence. On ne peut pas résoudre un problème d'une manière raisonnée, par le dialogue. Non ! Toujours, on utilise la force dans nos actions. C'est de cette façon que nous sommes moulés. Parce qu'on le vit au quotidien. Qui n'a pas un moyen pour se défendre se sent faible. N'est-ce pas ? Bon, arrivée à un certain moment pendant la rébellion, les jeunes qui aient déjà l'âge pubère, soit il s'arrange avec les rebelles, soit ils quittent la ville parce que ils ne peuvent pas supporter. Mais nous à l'époque on était encore des enfants. Donc on voyait ça… on ne connait pas le sens… donc,… voilà… mais ceux qui à cette époque là savent déjà distinguer le mal et le bien… Soit ils sont rebelles, soit ils abandonnent la ville. Ils vont sous d'autres cieux pour vivre. C'est comme ça que beaucoup des jeunes ont quitté la ville, surtout ceux qui ont fréquenté l'école ; les collégiens avaient déserté la ville, ils ont quitté en grand nombre. Mais quand ils ont quitté la ville, ceux qui exercent le pouvoir ont appréhendé les papas. Les parents d'élèves ayant fui la ville. Ils disent bon, comme vos enfants ne sont pas là, ils ont fui, ils sont allés du côté de l'ennemi, donc vous en payer le frais. Certains parents étaient exécutés. D'autres subissent de lourdes amendes allant de 350.000 à 500.000 FCFA. A l'époque, trouver une somme pareil est plus qu'impossible. Et bon… même si on est petit, on connaît au moins qu'à cet époque-là, les gens étaient solidaires. Même si tu n'as rien, dès que les rebelles t'infligent une amende, les gens cotisent et ils vont te délivrer. Mon père était affecté ici, à Mongo… et à trois mois de son arrivée, la rébellion était rentrée (dans la région). Alors, il était resté les bras croisés a la maison, il ne faisait rien, même pour subvenir à notre mangé c'était un problème. Heureusement ma mère était une débrouillarde, elle avait commencé à fabriquer les gâteaux. Très tôt le matin moi, je prenais les gâteaux sur ma tête pour les vendre dans les quartiers. C'est comme ça qu'on a pu subvenir à nos besoins. Et après, elle faisait de petit commerce au marché. Et comme ça on s'était adapté, on s'était remis à la vie si non ce temps était vraiment très difficile. Je me rappelle j'avais seulement un seul boubou. Je le lavais la nuit et je le portais le matin pour aller à l'école, à la reprise de cours en 1982. D'ailleurs, entre 1979 et 1981, il n'y avait pas l'école française. Parce que les combattants rebelles détestaient tout ce qui est lié à l'Occident. Donc toutes les écoles françaises étaient interdites dans cette ville. Nous qui fréquentons l'école françaises, sommes restés à la maison de 1978 à 1981 pour reprendre le chemin de l'école en 1982. » (film 1)

[sur son père] « Il était là … comme lui il est calme… peut être c'est son calme, sa manière de se comporter qui l'avait épargné de la violence des rebelles, mais il a été aussi arrêté. Il était arrêté en 1981 je pense. Par le groupe rebelle FAP (Forces Armées Populaires) ici.

Apres avoir mis quelque temps en prison, on les a libéré. Lui et son frère et pour des raisons que j'ignorais, moi. » (film 1)

« J'inspire le courage de mon père dans toute ma vie. C'est ça. Il était très courageux. Avec le peu de moyen qu'il disposait, il nous a éduqués. Avec ce peu de moyens, il ne nous a pas fait connaitre de la souffrance. Il a toujours subvenu à nos besoins. C'est peut-être mes amis quand je suis arrivé à l'Université peuvent témoigner; malgré son état là, il m'envoyait chaque fin du mois 25.000 mille francs CFA quand j'étais à l'université. C'était la période très difficile. » (film 1)

« Vraiment c'était pénible mais on ne savait pas parce que...*bon c'est l'ordinaire* parce que nous avons grandi dans ça. […] Avant quand on écoutait les coups des fusils on cherchait à nous cacher dans nos maisons, mais après… quand on entendait les coups de fusils on sortait de la maison pour voir ce qui se passait. Donc on s'est adapté à cette violence. » (film 1)

« En 1982, mon père a repris le travail mais avec quelle peine… parce qu'en 1982, l'administration tchadienne était en train de se reconstruire et ne disposait pas de moyens. C'était l'époque de demi-salaire. Et d'ailleurs, le salaire était maigre. Et, malgré cela, on te donne que la moitié ».

« A partir de 1982/1983, c'est la mise en place de l'administration… la réouverture du centre socio-éducatifs et jusqu'à 1986 ça a eu l'air de marcher. Mais cette région a connu *encore d'autres troubles*. Parce que ce sont les fils de cette région là, qui ont porté Hisseine Habré au pouvoir. Mais après peut-être ils se disent que les choses vont avancés… Un climat de suspicion et de méfiance embrasse le rapport entre Hisseine Habré et ses alliés, les Hadjaraï. Par conséquent, il les a accusé d'un coup d'Etat et il a commencé de faire la purge au sein de cette communauté. *Nous sommes revenus encore en arrière en 1986.* Et là, on avait l'âge de 16 ans. Ainsi, la région du Guéra connaîtra des troubles, des exactions militaires. On a vu nos enseignants se fond enlever en plein cours au lycée pour être exécutés ».

Mirjam : « morts ? »

S : « Morts. Ils les ont tués, oui »

M : « par ce que ? »

S : « parce qu'ils sont ressortissants de la région du Guéra et parce qu'une partie de fils de la région s'est rebellée contre l'Etat, sous Hisseine Habré, c'est en 1986. Certes Hisseine Habré a eu mal de partir avec les enfants du Guéra mais ce n'était pas tous les enfants du Guéra ! N'est-ce pas ? Mais ils ont considéré tous les fils du Guéra de rebelles et c'est comme ça que le reste était obligé de regagner ceux qui étaient en brousse. Ils ont tenté une réconciliation en 1987 mais, quelques mois après, la réconciliation a échoué et les fils du Guéra ont repris le chemin du maquis. Et c'était comme ça Hissiène Habré a de nouveau envoyé les forces gouvernementales pour faire la purge au sein des communautés du Guéra. On tuait les gens. Dans l'internat de la mission Evangélique de Mongo, tous les élèves ayant l'âge entre 20 et 30 ans étaient massacrés. Des pasteurs ont connu le même sort. »

« Donc c'était comme ça, ils ont regagné le maquis, ils sont allés pour se retrouver à la frontière soudanaise et peu après, quand Idriss Déby a eu maille à partir avec son maître Hisseine Habré, lui aussi il a fait la brousse et ils se sont tous retrouvés à la frontière soudanaise pour former ce qu'on appelle MPS (Mouvement Patriotique du Salut) l'actuel parti au pouvoir. Ils sont revenus prendre le pouvoir après le congrès de Bamina, qui s'est tenu en novembre 1990 et après ce congrès Kadhafi les a aidés par l'appui de la France et ils ont renversé Hisseine Habré. Mais en 1990 Idriss Déby prend le pouvoir avec comme seconde personnalité un fils du Guéra, Maldoum Baba Abbas. Mais un mois plus tard, ils se sont séparés. Idris Déby a monté des scenarios sur Maldoum en disant qu'il a préparé un coup d'Etat contre lui. Il l'a emprisonné. Idriss Déby envoya sa troupe dans le Guéra … La même scène se répète ! Ils ont envoyé des troupes, ils ont commencé à tuer les gens pour un oui ou pour un non. C'était Abbas Koty qui avait dirigé la mission de purge dans le Guéra. »

« A Bitkine, quand ils ont déjà pris Maldoum à N'djamena, ils l'ont emprisonné, ils ont envoyé la troupe à Bitkine… Arrivée dans cette localité, ils ont rassemblé les gens soit disant qu'ils ont un message à leur livrer et quand les gens se sont rassemblés, peu après ils les ont encerclés et les ont arrosé de balles. Un acte d'une grande cruauté humaine. Tous étaient morts !

Au Sud quand je suis allé à Sido, à Sahr, ceux qui ont vécu la période trouble de 1979 m'ont expliqué que c'était la même situation.

[…] Voilà des choses que cette partie du Tchad a connues également. Par exemple, si un orphelin de cette période-là, ou pour celui qui est né et qui n'a jamais vu son père et qu'on lui dit que ton père a été tué par tel ou tel, quelle serait la réaction de cet enfant-là vis-à-vis de ceux qui avaient tué son père ? La réponse est le plus souvent de chercher à venger la mort de ses parents par la violence.

Aujourd'hui il y a la haine intercommunautaire n'est-ce pas ? Nous la vivons. On n'aime pas sentir certains groupes autour de soi au Tchad. Parce qu'ils ont commis des actes abominables, des exactions soit sur nos proches, soit sur nos amis. Toutes ces violences laissent aujourd'hui des cicatrices quand à la manière de vivre ensemble. » (film 1)

« Notre système de gouvernance ne peut pas enrayer la violence : on risque encore de revenir au point zéro »

« ….On ne peut pas s'exprimer comme on veut. Et au niveau de l'Etat, il y a une violence qui s'exprime par l'étouffement de cadres… c'est aussi une violence! » (film 1)

« Si la personne ne peut pas faire [comme travail] ce qu'il mérite, c'est aussi une forme de violence. Par exemple, si on met à la tête d'une direction où il y a de cadres compétents mais on met celui qui n'est jamais allé à l'école : c'est aussi une violence. Si on accepte cela, [qu'on accepte], parce que la violence est présente. A defaut de ne pas se soumettre à l'injustice sociale, certaines personnes disparaissent du jour au lendement. Bien de personnes courageuses ne voulaient pas se soumettre devant des situations qui n'ont rien avoir avec la loi, oui on a vu ça, et ces derniers en paient le prix fort... [*Souleymane commence à parler doucement, il regarde loin, assis sur la montagne*]. Les fonctionnaires les plus gradés ne sont pas promis à des hautes responsabiltés (la plupart des cas). Et quand on vous envoie un stagiaire à la tête d'une quelconque direction, certainement ça vous blesse. Vous ne pouvez/voulez pas collaborer avec lui, parce qu'il n'en mérite pas la plupart de cas. Mais vous ne pouvez pas faire autrement. Il y'a donc plusieurs formes de violence dans notre milieu de vie. » (film 1)

(réponse à la question de Sjoerd de ce qui était le plus choquant pour Souleymane pendant la recherche) : « C'est à dire que la partie de l'autorité de l'Etat. La guerre s'est enracinée dans cette société. La guerre a tout détruit. Et ce que la guerre nous a imposé semble être la loi de la république. Et cette nouvelle loi ne peut que générer toujours la guerre. Et cette loi détruit davantage le pays que de l'envoyer vers le chemin de la reconstruction. Cela m'a marqué. Par le fait qu'un agent de l'Etat du 1er Janvier au 31 Décembre ne peut même pas fournir un rapport. Ça m'a frappé par le fait qu'il y a une inertie totale dans la machine administrative de mon pays. Donc cette partie m'a frappé au plus profond de moi-même. Parce qu'un Etat doit au moins fournir à sa population le minimum vital, le minimum de sécurité, le minimum de soin, l'accès à une éducation de qualité... Mais tout cela on ne le voit pas. On ne l'écoute qu'à travers des discours politiques. » (film 3)

« On n'a pas à voir le futur parce qu'on y est déjà... on ne voit que le quotidien. C'est une question de survie aujourd'hui. Et ça doit changer. Vous croyez que aujourd'hui on est à laisse, quand le matin on se réveille on voit nos enfants s'amuser, ils ne vont pas a l'école ? Même nos hôpitaux sont manqués des soins de premières nécessités. Le plus souvent fermés à cause des grèves du personnel sanitaire. »

« *Donc notre système de gouvernance ne peut pas enrayer la violence.* Non. La manière de gérer le pays est blessant. Un exemple, le contrôle de l'Etat ; un ministère de contrôle d'Etat est institué depuis qu'il est en exercice on a jamais vu des gens du pouvoir détourné... les gens du pouvoir ne sont accusés de détournement. Jamais. Or c'est eux qui construisent des belles villas, qui roulent dans des belles voitures. Ils ont de l'argent, heh ? Ils farrotent (distribuent de l'argent) les jeunes filles lors de cérémonies de mariage et des meetings politiques...mais ils ne détournent pas, ce sont les autres qui sont souvent accusés de détournement. Ça, c'est aussi une forme de violence... voilà les problèmes que nous voyons dans ce pays-là et si ça ne change pas, *peut-être on risque encore de revenir au point zéro.*

[Question que nous n'écoutons pas]

« Bon c'est peut être aussi qu'il y en a un dialogue qui s'installe par ce simulacre démocratique. Moi je dis ce n'est pas une démocratie mais c'est un simulacre de la démocratie (rit) peut être ça, peut être ça va jouer dans leur mentalité. »

« Mais nous autres, *quand on est dépassé on est obligé de recourir à la violence.* Ca fait partie de notre vie. Plus de la moitié de notre vie est passée dans la violence. Donc ce n'est pas facile de nous reconvertir la mentalité facilement.

Parce que moi personnellement je ne peux pas supporter l'injustice et je ne peux pas aussi accepter que l'injustice se pérennise... et comme telle, peut-être un jour je serai obligé de vaincre l'injustice par la violence. Oui. Peut-être ça. Je n'ai pas peur. Parce que la violence fait toujours partie de ma vie quotidienne. » (film 1)

Aujourd'hui nous vivons la haine intercommunautaire

S: « dans la vie quotidienne d'abord la vie la perte de la confiance entre les tchadiens. Les tchadiens n'ont pas confiance entre eux. Parce que la méfiance a gagné la société tchadienne. C'est par le fait que la gestion de pouvoir est devenue clanique. Quand ceux qui sont au pouvoir son haîné par les autres. Parce qu'ils s'accaparent de tout les biens. Il n'accepte pas le partage équitable. C'est le clan. Et cette violence ne fait que professer la violence. Même à l'école les enfants se regroupent en ethnie ... aujourd'hui au Tchad on fait pas amitié avec quelqu'un qu'on connait pas bien. Un exemple très simple de l'ethnie du parti au pouvoir... ils sont (une grande partie) porteurs de nos malheurs. Un grand nombre de tchadiens le savent. Voila, donc c'est ça, la violence n'as pas quitté le Tchad. »

« Et la justice n'existe pas. Oui. L'armée est clanique. Donc le fondement même de l'unité nationale qui est l'armée qui est au service seulement d'un clan. Un Zaghawa peut creuser même il n'aura pas une prison. Mais quand c'est toi qui le fais sur lui, ce n'est pas toi seulement qui subit la peine, mais c'est toute ta famille, ton ethnie, qui subira les conséquences. Oui... la valeur entre les tchadiens n'est pas la même. Un Zaghawa est plus valeureux que l'autre parce que même la dia, ça veut dire le crime de sang, l'argent qu'on verse pour le sang, n'est pas pareil. Un Zaghawa il réclame 45 million / 50 million, mais à une autre ethnie c'est 5 million. Vous voyez. Donc a tel point que l'injustice qui ne fait que pérennisée la haine entre les tchadiens, la méfiance entre les tchadiens et la méfiance ne peut (pas) quitter le Tchad dans cettes conditions. On attend. Oui on attend. Le jour ou Deby partira, qu'est ce que ça donnera ? » (film 2)

J : « Et est-ce que les autres ne sont pas uni maintenant ? Parce qu'ils sont tous et ou presque tous contre le même… le même groupe ? »

S : « Oui. Bon… ils ont un même langage. Mais l'unité je ne pense pas parce que chacun est convaincu que si l'autre prend le pouvoir il va se jouir de même manière parce que l'expérience a montré ça par le passé et cela continue. Les hadjerai par exemple ils ont contribué à porter Hissein Habré au pouvoir. Ils ont contribué à porter Idriss Deby au pouvoir et finalement, qu'est ce qu'ils sont devenus ? Ils ont abandonné l'armée parce qu'ils étaient maltraités. […] Donc les tchadiens même s'il y a unité a travers de ce qu'ils disent, la méfiance ne peut pas donner la confiance entre eux. Voila donc c'est ça le problème aussi ; la peur de l'autre. Oui ! » (film 3)

Jonna : « Dans ton chapitre, le dernier que nous avons parlé dessus, tu décris bien qu'est-ce que c'est la conséquence de tout ça pour la population tchadienne. Est-ce que tu peux élaborer un peu, expliquer ta vision? »

S : « pour moi l'état se manifeste et s'affirme à travers ses structures administratives, politiques… militaires… Mais ces institutions semble inertes et n'existent que de nom…je pense que devant une telle situation, la population doit agir, et c'est le cas de mon pays … Quand les gens sont malades, les hôpitaux sont fermés. Quand il y a une bagarre au marchée, les forces de l'ordre ne peuvent pas intervenir, parce que cette bagarre oppose le plus souvent deux tribus très proches de ceux qui tiennent le pouvoir. Voilà c'est le cas qui plonge d'avantage mon pays dans le désordre. Voilà. Donc, on est obligé de le dire tout haut pour que ça change. […] notre gouvernance est à la traine. Les fondements même de la démocratie ne sont pas respectés. »

J : « dans ta thèse tu expliques que par conséquence les gens se retirent chez eux, dans leurs ethnies… tu peux l'expliquer ? »

S : « Oui dans une République, on doit faire confiance à ses systèmes de sécurité et à ses structures administratives. Mais lorsque tout cela ne tient pas, et lorsquon voit que ces outils présentent de configuration ethnique, clanique et qu'ils ne défendent qu'une partie de la population, le mieux c'est de se mettre à l'écart, de se soustraire et d'être parmi les seins où en cas d'une situation d'insécurité, on pourrait quand même se défendre collectivement. Et cela nous a été ancré par la mauvaise gestion du pays. Il y'a une impunité grandissante au Tchad. Pas de centres de soin, pas d'écoles. Et les communautés sont obligées de s'organiser en association pour cotiser et créer des écoles, chercher des enseignants, créer des centres de santé, chercher des infirmiers et les payer eux-mêmes. Ces genres de pratiques existent encore dans certaines zones reculées. »

J : « Donc est-ce que se retirer chez toi, c'est la solution pour ... »

S : « Non, ce n'est pas une solution. Mais les circonstances l'exigent.. les circonstances actuelles l'exigent... tu ne peux pas vivre seul, tu ne peux pas t'isoler de tes parents parce qu'en cas d'un petit problème ou d'un petit accident, par exemple si tu renverses un enfant dans la circulation, on t'exige des millions et des millions comme dommage et intérêt... Alors, toi seul tu ne pourras pas payer. Donc il faut l'appui des parents. Et ce n'est pas n' importe qui qui vient à ton aide…il n'y a que les parents. Donc c'est une situation circonstancielle, bien que ne nous honore pas la cohésion nationale. Mais on est obligé de faire cela, parce qu'on n'est pas protégé par l'Etat, oui. » (film 3)

« Si depuis la maison, la mère conseille à son enfant qui va à l'école de ne pas se mélanger avec les autres enfants ; il faut toujours être à côté de tes grands frères qui peuvent te défendre en cas de bagarres avec ceux de ton âge. Donc imaginez comment l'idée de la violence se transmet de parents aux enfants. Parce que l'enfant ne doit pas se séparer de ses ainés, il doit être protégé en cas d'une bagarre. Vous voyez ? Donc c'est la communication, la communication de la violence… (Souleymane ne laisse pas ses enfants jouer dans la rue pour éviter qu'ils trouvent des problèmes avec les voisins) » (film 2)

« Oui les TIC jouent un rôle, parce qu'on a toujours... On communique la violence / Parce que aujourd'hui c'est toute une communauté Tchadienne qui est contre une ethnie. […]Donc la communication a un rôle, les TIC jouent un rôle capital. Si vous regardez aujourd'hui dans les réseaux sociaux que les Tchadiens s'échangent ou écrivent. On sent qu'il y'a une frustration générale. Ils disent par rapport au président n doit le faire partir. La France est derrière lui. Mais comment faire ?? S'en prendre au citoyen Français un jour au Tchad ? Voila… c'est de choses comme ça qui se disent... pour faire plier la France de sa position de protéger le régime de

Deby… Peut-être l'alternative est de commencer à assassiner les citoyens Français qui vivent au Tchad … ' C'est une dite-solution. Voilà c'est des choses que les gens écrivent sur leurs pages facebook. Et donc... les TIC ont une influence. » (film 2)

Analyse et discussion

Le cadre
Souleymane fait partie du cadre ; son père d'abord et lui-même après. Quand il réfléchit sur les rebelles (Frolinat) qui ont pris le pouvoir en 1979 par exemple il dit : « …Et ces rebelles devenus gouvernement ne maîtrisent pas [la gouvernance]. Ils ne savent pas qu'est-ce que c'est même l'Etat. Parce que c'est une rébellion populaire et subitement elle arrive au pouvoir. Elle n'a pas eu des cadres lettrés. Et c'était les gens de la brousse, les jeunes de la brousse qui se sont soulevés pour prendre le pouvoir et ils ne maîtrisent rien ».

La mauvaise gouvernance a frappé Souleymane depuis le bas âge, et vue comme une forme de la violence (jamais loin de la violence physique) est une des causes pertinentes de sa « radicalisation ».

Surtout parce que ce n'était pas un problème de suite des évènements de 1979 seulement, mais un problème qui continue toujours dans son milieu de vie. La prise de pouvoir par Déby en 1990 était vus collectivement au Tchad comme une prise de pouvoir des broussards/ rebelles non éduqués. Pour beaucoup des tchadiens ce fait (et la persistance de logique clanique pour remplir les postes administratif et politique) explique toujours « qu'il y a une inertie totale dans la machine administrative » du Tchad selon les mots de Souleymane.

Donc ce système de gouvernance, explique la frustration énorme. Et ça fait que lui-même n'a aucune confiance aux politiciens. Le système de gouvernance existant communique toujours aux tchadiens, selon Souleymane, qu'il faut une arme pour obtenir et maintenir le pouvoir et pour piller les biens communautaires. Donc il y en a une association directe avec l'idée que « la guerre […] semble être devenue la loi de la république. Et cette nouvelle loi ne peut que gênerer toujours la guerre. Et cette loi détruit davantage le pays que de l'envoyer vers le chemin de la reconstruction. »

Continuité et pérennisation de la violence

La continuité de la violence est un thème, son début est situé par Souleymane au temps de la colonisation. Peut-être elle change un peu de formes… mais la violence est presque pertinente. Et les gens s'y en sont adaptés. En même temps ils s'adaptent à la violence… la violence qui se répète dans l'histoire du Tchad n'est jamais exactement la même. Peut-être juste parce qu'elle s'inscrit sur un mémoire de la violence qui est toujours encore en train de s'accumuler. Les gens adaptent aujourd'hui aussi la violence comme solution/ réponse à la situation politique actuelle, pas la même forme d'une rébellion, moyen préféré dans le passé peut être, c'est beaucoup plus la prévoyance d'une violence inter-ethnique dans un futur proche, peut-être effectivement sans précédent, mais nourri par l'expérience de mauvaise gouvernance.

Selon l'analyse de Souleymane, la haîne, la méfiance et aussi la vengeance entre les Tchadiens sont à la base de la violence continue au Pays. Le fait que les gens ne sont pas protégés par l'Etat fait que les gens se retirent et s'ancrent chez eux, dans leurs familles, clans, ethnies. Et la communication de méfiance de l'autre expose l'enfant tchadien déjà en bas âge à la haine. Suivant ses observations, nous allons comprendre que de fois Souleymane croit que ceux qui sont en bas âge, moulé de la violence, par expérience, par communication de haine de l'autre… la violence dans le futur semble inévitable. Pour ceux qui cherchent à améliorer le climat non-violent dans ce pays, cet analyse offre peut être aussi une voie de l'espoir : un espace (enfance) pour commencer à combattre une éducation pénétré par la violence.

Alternatives

Croit-il aussi aux solutions non-violentes pour son pays? Des solutions qui peuvent causer une rupture avec le modèle de gouvernement guerrier? Si on écoute bien il y en a des idées alternatives. Il croit q'une solution entre les tchadiens eux-même pourrait être possible pour son pays ; sans influence des pays et forces extérieure. « Ce n'est pas les Chinois, ce n'est pas les Français, ce n'est pas les Américains, ce n'est pas les autres qui peuvent nous donner la paix. La paix viendra de nous-même ! » Et il n'a pas perdu l'espoir qu'une réconciliation nationale peut avoir place. « Pour moi la réconciliation nationale est une option qui sera la meilleure si les tchadiens viennent à cette conférence avec une sincérité. » (film 3)

En même temps il a trop peur que les politiciens d'aujourd'hui pouvaient utiliser une telle conférence pour diviser encore une fois de plus le peuple tchadien. Parce-qu'il ne voit pas la preuve d'un vrai nationalisme au Tchad, les divisions sont trop profondes et les intérêts sont individuelles ou bien claniques.

Bibliographie

Berckmoes, L. 2015. (Re)producing ambiguity and contradictions in endruing and looming crisis in Burundi. *Ethnos*, 82:5, pp. 925-945.

Crone, M. 2016. Radicalization revisited: violence, politics and the skills of the body. *International Affairs*, 92:3, pp. 587-604.

De Bruijn, M. & J. Both. 2017. Youth between state and rebel (dis) orders: contesting legitimacy from below in Sub-Sahara Africa. *Small Wars & Insurgencies*, 28: 4-5, pp. 779-798.

Debos, M. 2008. Fluid Loyalties in a regional crisis: chadian "ex-liberators" in the Central African Republic. *African Affairs*, 107(427), pp.225–241.

Vigh, H. 2009. Motion squared: A second look at the concept of social navigation. *Anthropological Theory*, 9, pp.419–438

8. Trajectoires et processus de radicalisation à l'ouest du Tchad

Djimet Seli

Les régions ouest du Tchad qui ont fait l'objet de mes enquêtes sur la radicalisation et l'extrémisme violent est cette partie adossée sur le Niger et le Nigeria, une zone actuellement sous les feux de la rampe à cause de l'insécurité, liée au phénomène de Boko Haram, qui y sévit depuis quelques années. Les réactions et les discours spontanées des jeunes sont empreints d'un certain degré de radicalisation selon les trajectoires des uns et des autres et aussi selon les spécificités de chaque région. Certains sont mus par la mal gouvernance, d'autres par le modèle local de société ostracisant, d'autres encore sont victimes de l'endoctrinement des nouveaux courants religieux plus fanatiques. Aussi, il y en a qui répondent à plusieurs de ces causes. Cet article se propose d'examiner quelques causes et processus de radicalisation des jeunes dans cette partie du Tchad.

Introduction

L'ouest du Tchad est la partie du pays qui, pendant de longues décennies de troubles, a été relativement épargnée par les violences politiques. La plupart des violences de ce genre que le Tchad a connues de 1964 à 1990 s'est déroulée dans presque toutes les parties du Tchad, excepté l'ouest qui est demeuré un havre de paix. Certes, en 91-92, il y a eu une brève période de rébellion, mais les observateurs et analystes politiques l'interprètent comme un baroud d'honneur des dignitaires du régime Habré déchu en 1991. Jusqu'à l'apparition du phénomène de *Boko Haram,* l'ouest du Tchad était demeuré un coin tranquille dans un Tchad bouillonnant. Mais depuis quelques années, la génération des jeunes montre de plus en plus des signes inquiétants de durcissement des positions religieuses et du rejet du système de gouvernance dont le point culminant est son enrôlement parmi les djihadistes de Boko Haram. Il importe de comprendre dans cet article les malaises et les aspirations de cette génération de jeunes. Est-elle déçue par le modèle de société qui est la sienne ? Est-elle victime d'une campagne d'endoctrinement du fait des nouveaux courants religieux plus fanatiques ? Bref, il s'agit de comprendre le malaise profond de la jeunesse.

Cadre de l'étude et approche méthodologique

L'Ouest du Tchad est du point de vue géographique assez vaste et je ne peux dans le cadre de ce modeste travail prétendre le couvrir entièrement. Loin s'en faut. Faisant un travail d'anthropologie basé sur les enquêtes de terrain, les données contenues dans cet article ne sont valables que pour les zones où j'ai effectivement mené des recherches. Celles-ci concernent les régions administratives du Barh-el-Gazel, du Kanem et du Lac. Cette partie du Tchad se caractérise du point de vue physique par un sol semi-désertique et désertique. De cette vaste zone, seule une partie de la région du Lac présente un potentiel agricole satisfaisant grâce aux polders très fertiles du lac-Tchad. Le reste de la zone, c'est-à-dire les régions du Kanem et du Barh-el-Ghazel, ont des activités agricoles très limitées à cause de la pauvreté du sol et des saisons de pluie très courtes. Dans l'ensemble des régions, les activités d'élevages et de commerces sont très pratiquées. A cela s'ajoute un exode rural massif pour les travaux saisonniers, des petits commerces vers les grandes villes du Tchad et principalement N'Djaména la capitale, et aussi l'immigration vers certains pays voisins tels que le Nigeria, la Libye ou les pays arabes, principalement l'Arabie Saoudite. Faute de perspectives que l'ouest du Tchad ne peut offrir aux jeunes, ces derniers, inspirés par leurs nombreux ainés ayant réussi dans les affaires ou le commerce, caressent des rêves de leur emboiter le pas. Mais les chemins menant vers les réalisations de rêves sont semés d'embuches, et sont causes de frustrations et de malaise de la jeunesse.

Cette zone était visée par les enquêtes sur *la radicalisation et l'extrémisme violent* du fait du développement des activités des djihadistes et de la présence des jeunes de ces contrées à leur côté d'une part, et, d'autre part, à cause de quelques tensions religieuses notées çà et là. Bien que ne privilégiant pas la méthode quantitative, il m'a paru judicieux de choisir trois études de cas différents pour mieux rendre compte de la diversité des causes et du processus qui mènent vers ce qu'on pourrait appeler la radicalisation des jeunes dans cette partie du Tchad.

Minallah où la rancune tenace vis-à-vis des soufis

Parti pour une tournée d'enquêtes sur la radicalisation et l'extrémisme violent, mon premier point fut Moussoro. Quelques heures après mon arrivée, un repas copieux m'a été offert par mon hôte en guise d'hospitalité. Pendant que nous étions attablés, un vieillard, par ses « assalam alleykoum »[1] insistants et accrocheurs, attire notre attention et nous oblige à répondre. Mon hôte et moi répondons simultanément de façon théâtrale aux salutations du vieillard. Mon hôte répond par une interpellation : « Aleykoum assalam, qui êtes-vous ? Qui voulez-vous voir ? », Pendant que moi, je répondis par une invitation «Aleykoum assalam, *'Faddal'* »[2]. La réponse de mon hôte contredit presque la mienne. Et comme par reflexe, chacun de nous deux insiste dans ses réponses. Ma réponse à moi est mue par l'hospitalité tchadienne en général et celle de la ville de N'Djamena où je vis en particulier. Selon celle-ci, quand on est à table et qu'visiteur arrive, qu'il vous ait adressé une salutation ou pas, il est de commodité de l'inviter à partager le repas par le terme « *Faddal* ». Mon *Faddal* à moi vient aussi justifier la responsabilité de chef de mission qui est la mienne de montrer à mes hôtes que je suis accessible, gentil etc. surtout que je suis venu pour rencontrer les gens, pour comprendre leurs motivations par rapport à la radicalisation.

Face à l'insistance de mes « *Faddal* » qui présente le risque de faire approcher le vieillard, mon hôte se lève brusquement et va très rapidement à la rencontre du visiteur avec qui il échange brièvement dans leur langue locale et au terme duquel le vieillard rebrousse chemin. À son retour, dans un langage très direct, mon hôte revient sur ma réponse contredisant la sienne en ces termes :

> *« Comment peux-tu dire « Faddal » à quelqu'un dont tu ne connais ni le statut social, ni la mission, encore moins la confession. Oui, je te comprends*

---

[1] C'est un terme arabe tchadien utilisé pour répondre à une salutation
[2] Terme arabe tchadien d'invitation. Dans les circonstances de prise de repas, il est une invitation adressée au visiteur de venir manger.

parce que tu viens de N'Djamena. Mais ici, on fait très attention. On ne s'approche pas de n'importe qui n'importe comment. Par exemple, ce vieux, tu ne connais pas s'il est de notre statut ? Est-ce qu'il n'est pas envoyé par les autorités pour les enquêtes ? Est-ce qu'il a la même vision de la croyance que nous ? »

Ayant réalisé que je suis nouveau aux réalités de leur localité, mon hôte s'est senti gêné par ses réponses à mon égard. Quelques minutes plus tard, il revient sur le sujet pour me faire comprendre davantage les raisons de sa décision de tenir le visiteur inattendu à distance. Affirmant d'abord fièrement sa pratique islamique wahhabite, il démontre sa réticence à recevoir le visiteur sur la base d'un certain nombre d'événements vécus depuis un certain temps dans leur localité et qui font que les gens de sa confrérie sont l'objet de complots ourdis par un certain nombre de personnes aux pratiques islamiques douteuses, surtout les anciens, et qui bénéficient de l'appui de l'Etat.

« L'Etat a fermé un certain nombre de nos mosquées, interdit nos prêches. Il a prouvé qu'il soutient la Tidjania. Nous ici, l'Etat est contre nous. Il nous cherche par tous les moyens en s'attaquant à ce qui fait aujourd'hui notre force, le commerce et ce qui fait notre espoir, l'islam. Nous ici, la première bataille qu'on aura, c'est entre nous et les pratiquants de la Tidjania ou l'Etat. Puisqu'on n'acceptera jamais de les rallier, eux qui observent une mauvaise croyance islamique. Malgré notre patience, on nous nargue. Mais on ne tardera pas à réagir et ce ne sera pas de notre faute.»

Hassan : *« Quand je vois un agent des eaux et forêts ou un douanier, je me fâche tout seul »*

Dans l'après-midi de mon arrivée à Mao, je sortais avec mon hôte pour une promenade d'observation de la ville. Attiré par mon aspect différent des siens, vient à ma rencontre un jeune qui, vue son attitude, suscite d'abord une méfiance puis un intérêt de ma part. Le jeune homme en question s'appelle Hassan Abdraman[3] a le verbe agressif, l'attitude révoltée, l'air d'un drogué. Il s'agit d'un jeune garçon de 27 ans qui avait rêvé d'avoir une vie sociale aisée. Pour ce faire, il quitte très tôt l'école à l'âge de 11 ans en classe de CM1,

---

[3] Entretien réalisé à Mao en juin 2015

influencé par le rêve que lui ont inculqué ses grands frères dont il fréquente le cercle et dont les causeries et les discussions ne tournent qu'autour d'envie de positions d'hommes d'affaire prospères de la région auxquels chacun s'identifie. Il explique :

> « *Moi j'ai abandonné l'école parce que le soir, quand on se rencontre à la place des jeunes, mes grands frères me disent que l'école, ce n'est pas bien. On y perd beaucoup d'années pour ne devenir qu'un enseignant, "crier" à longueur de journées devant les élèves et finir par mener une vie misérable comme les 'Sara'.[4] Dans leurs rêves, ils se projettent d'aller en Libye, en Arabie Saoudite ou aux Emirats Arabes Unis pour rentrer avec beaucoup d'argent et ouvrir des grandes boutiques à N'Djamena ou disposer de camions pour le transport comme beaucoup de nos ainés dans cette ville. À force d'écouter ce genre de discours à longueurs de soirées et durant des mois, j'ai été séduit car je rêvais moi aussi de devenir un homme riche avec un troupeau de dromadaires au village, d'avoir une belle maison à N'Djamena, d'aller prier à la Mecque pour avoir le titre prestigieux d'Al hadj, d'avoir une grande alimentation ici, une grande boutique à N'Djamena, d'avoir aussi une voiture pour venir ici de temps en temps apporter des vivres à la famille.* »

Pour réaliser ses rêves, Hassan Abdraman quitte ainsi très tôt l'école pour suivre les traces des ainés qui ont réussi dans leur vie. Mais, au premier niveau de la marche déjà il fait face à une série de frustrations qui brisent ses rêves et il finit par s'anéantir dans la drogue. En effet, 3 ans après avoir quitté l'école, il s'essaie dans le commerce. Il se lance dans l'importation de la canne à sucre du Lac-Tchad vers les marchés de sa ville. Bien que les cannes à sucre se vendent bien sur le marché, les dépenses liées aux différents rackets se multiplient :

> « *Tu ne peux pas comprendre à quel point l'Etat ne veut pas que nous jeunes de l'ouest puissions décoller. J'ai choisi de vendre la canne à sucre que j'achète tout à côté ici au Lac. Mais comme les gens ne veulent pas de nous, les agents des eaux et forêts nous rackettent tout le long de la route. Pour amener la canne à sucre du Lac jusqu'ici, il me faut payer plus de 4 postes de*

---

[4] Sara est un terme générique donné aux populations du Sud du Tchad, plus scolarisées, envoyées dans d'autres régions comme fonctionnaires, plus particulièrement nombreuses comme enseignants.

contrôles des eaux et forêts. Je paie en fonction de la botte. Pour chaque botte, je paie 250 F CFA à chaque poste. En plus des agents des eaux et forêts, il me faut payer d'autres formalités injustifiées à certaines barrières et tout ça pour rien, puisqu'on ne me donne pas de reçus.»

Malgré la ténacité d'Hassan Abdraman à persévérer dans le commerce de canne à sucre, ces rackets se multiplient et finissent par avoir raison de lui. Car il déclare ne pas comprendre que la canne à sucre qui est un produit local d'agriculture, puisse faire l'objet d'une quelconque taxe. Malgré sa persévérance, le sentiment d'injustice ressenti eut raison de lui. Il abandonne. Mais pour ne pas rester oisif, il persévère et change d'itinéraire et de marchandises. Son nouveau commerce consiste à s'approvisionner à N'Djamena en produits manufacturés pour venir les écouler sur les marchés des différentes localités de la région. Là encore, il voit les frustrations s'accumuler. De N'Djamena à Mao, soit une distance d'environ 400 km, il doit faire face à plusieurs barrières de contrôles injustifiés dans le seul but inavoué de racketter les commerçants.

« Nous ne sommes pas dans un pays en guerre mais je ne comprends pas pourquoi on multiplie les barrières de contrôle. De N'Djamena à ici, il y a 6 postes de contrôle. Et à chaque poste de contrôle, il y a plusieurs formalités à remplir. Il y a la police. Dès que tu finis avec la police, il y a la gendarmerie, dès que tu finis avec la gendarmerie, il y a la douane, dès que tu finis avec la douane, il y a les agents des eaux et forêts qui attendent. Dès que tu finis avec ceux-ci, il y a les gens de l'ANS (Agence Nationale de Sécurité), police politique. »

Malgré ces multiples tracasseries, Hassan Abdraman n'avait le choix que de se soumettre comme le fait tout le monde. Outre ces différentes formalités, il arrive des jours où une autorité de ces instances de contrôle peut selon ses humeurs rendre la vie difficile à un commerçant. À cet effet, Hassan Abdraman eut un jour la malchance de tomber sur un douanier qui, sous prétexte de contrôle de régularité des quittances des marchandises, choisit de le ruiner.

« Je suis arrivé au poste de contrôle. Après avoir présenté tous les papiers, le douanier m'a dit que mes marchandises n'ont pas été correctement dédouanées et que je dois payer une certaine somme pour la valeur qui manque.

J'ai refusé et je lui ai dit que je suis un détaillant et j'ai acheté mes marchandises auprès d'un commerçant grossiste à N'Djamena. La douane n'a qu'à aller voir avec ledit commerçant. Et d'ailleurs, si la valeur était insuffisante, pourquoi la douane qui a délivré cette quittance l'a fait ? Ma résistance n'a pas plu et une partie de ma marchandise a été saisie. »

Cet abus finit par avoir raison de la volonté d'Hassane Abdraman de réaliser son rêve qui est celui de devenir un riche homme d'affaire. Ce comportement des agents de l'Etat est de nouveau ressenti par ce dernier comme un obstacle pour l'épanouissement des jeunes de sa région dont les seules activités restent le commerce ou l'immigration. Cela a créé en lui une frustration et une révolte vis-à-vis de l'Etat :

« Moi aujourd'hui, quand je vois un agent des eaux et forêts ou un douanier, je me fâche tout seul en réaction à ce que j'ai subi, même si ce dernier est un ami ou un parent. »

Issakh M. : à bas la société aristocratique

Arrivé dans la région du Lac qui est supposée être une région d'où de nombreux jeunes sont partis rejoindre les djihadistes de Boko Haram, j'ai tenu à rencontrer un repenti. Car l'objet de mes enquêtes était non seulement de comprendre le niveau de la radicalisation, mais aussi l'expérience de repentis. Sur mon insistance, mon guide m'a mis en contact avec monsieur Issakh M.[5]. Issakh M., la barbichette mince et pointue épousant la forme de son menton triangulaire, le regard inquisiteur, doutant d'abord de mon identité de chercheur avant d'en être convaincu, semble n'être pas un repenti sincère. Car la gravité de la tonalité de son discours le trahit dans sa repentance. La virulence de son discours difficilement maitrisable, ponctué de sourates de coran, et foncièrement contre le système de gouvernance actuel corrompu, se dirige contre le modèle social dans lequel il vit. Son discours vise principalement la chefferie traditionnelle qu'il accable de tous les maux, y compris de constituer un frein à l'avènement d'une société islamique de justice dont il rêve.

---

[5] Garçon, environ 30 ans, sans emploi, entretien réalisé à Bol en juin 2015

« La chefferie traditionnelle a toujours été un obstacle à l'islamisation. Déjà, durant des siècles, quand ils (chefs) ont reçu l'islam, ils se le sont approprié et l'ont confisqué. Et aujourd'hui, le monde s'est ouvert et les vraies valeurs circulent partout. Dans l'islam, il n'y a pas de chef, il n'y a que la communauté musulmane et si chef il y a, c'est un chef choisi par la communauté sur la base de la force de sa foi ou de sa bravoure au combat pour la propagation de la foi islamique. Quand la lutte va aboutir à la "Umma islamique", cette chefferie traditionnelle va disparaitre. »

Dans le déchainement de sa passion contre le système aristocratique qu'il dénonce dans chaque phase, il oublie même qu'il est un repenti et doit à ce titre contrôler son langage. Tout au contraire, il se glorifie d'avoir essayé de renverser l'ordre injuste établi. Car pour lui, sa lutte un temps avec les djihadistes de Boko Haram n'était pas seulement pour faire triompher l'islam qui est déjà une réalité, mais pour que l'islam soit traduit le fait, du point de vue de l'organisation de la société. Et que pour le triomphe de cette cause, il n'exclut pas de reprendre la lutte :

« Nous sommes revenus et cela ne signifie pas qu'on est vaincu et qu'on va accepter les choses telles qu'elles sont. L'islam est une religion d'égalité comme tout le monde le reconnait. Mais si tel est le cas, d'où vient que certains se croient socialement au-dessus des autres. Si l'on s'est révolté, c'est que nous sommes dans le droit chemin de l'islam qui veut qu'on fasse rétablir ses principes partout où il est observé.»

Jeunesse frustrée, terrain fertile à l'endoctrinement et à la révolte

L'analyse des discours et comportements de mes trois enquêtés ci-dessus me place sur certaines pistes d'éléments qui peuvent être considérées comme le levain de la pâte de radicalisation au sein de la jeunesse à l'Ouest du Tchad. Ces pistes sont entre autres : l'endoctrinement religieux, la mal gouvernance et la stratification d'une société inégalitaire qui caractérisent les sociétés de l'ouest du Tchad, vestige d'un royaume esclavagiste du Kanem. En effet, jusqu'à une période fort récente, l'islam du Tchad majoritairement *Tidjaniya*, est un islam syncrétique, soufi, donc tolérant (Mahamad 1980). L'illustration de cet islam tchadien tolérant est plus vivace dans la région du Guéra, carrefour des religions où dans une même famille on peut trouver des musulmans, des chrétiens et des animistes qui vivaient en parfaite harmonie (Fuch 1997). Cet islam se manifeste par des cas où « islam et animisme coexistent parfois chez un même individu » (Magant 1992). Cet islam est celui dans lequel se reconnaissent et se plaisent les anciens qui ne comprennent pas la tendance actuelle de l'islam des jeunes, plus radical comme le relève Abba Seid[6] :

> « *Je ne comprends pas les jeunes et leur façon de pratiquer l'islam aujourd'hui. C'est nous qui leur avons appris la base de l'islam et subitement, ils en ajoutent des choses et ça gâte tout. La façon de manger, de s'habiller, de prier. Les jeunes vont jusqu'à dire que l'islam qu'on a pratiqué jusqu'ici n'est pas le vrai et que le vrai islam, c'est celui qui consiste à ne pas relativiser les choses, à amener de force tout ce qui n'est pas comme toi à être comme toi. Mais qu'adviendra-t-il si l'autre aussi se comporte de cette manière ? Moi, je trouve que cette façon de faire va elle-même détruire l'islam. D'ailleurs, aujourd'hui, on le voit déjà quand on écoute ce qui se passe autour de nous. Des musulmans tuent d'autres musulmans au nom de l'islam. Où est donc l'islam alors ?* »

La négation de l'islam « ancestral » tchadien pour les jeunes des régions ouest a commencé à prendre corps avec l'arrivée des prédicateurs en provenance des pays arabes et aussi d'une élite musulmane formée dans le Nord du Nigeria qui surfent sur un courant favorisé principalement par la frustration consécutive au manque de perspectives dans une société de castes. L'absence de perspectives pour les jeunes coïncide malheureusement avec l'éclosion des centres d'enseignement à la radicalisation religieuse. En effet, depuis plus d'une décennie, on assiste à une prolifération de nouveaux courants islamiques venus des pays du golfe persique, essentiellement d'Arabie Saoudite, des Emirats Arabes Unis, de l'Egypte, du Koweït, du Qatar (Ladiba 2013). Ces courants essentiellement wahhabites, donc salafistes, ont joué sur les cordes sensibles que sont les besoins au Tchad, surtout dans le milieu de la jeunesse. Ainsi, d'année en année, on voit proliférer les organisations non-gouvernementales islamiques. Mais sous leurs masques d'actions

---

[6]Homme, environ 62 ans, paysan, entretien réalisé à Mao en juin 2015

caritatives se développe un intérêt particulier pour la propagation de l'islam idéologique (Ladiba 2013).

Pour propager cet islam pur d'après leurs objectifs, ces organisations misent sur l'éducation ou la "rééducation" islamique des jeunes et des femmes. De nombreuses écoles coraniques de types nouveaux[7] sont ouvertes (La voix 2009). Une grande partie du territoire national est aujourd'hui essaimé par ces écoles coraniques connues sous le terme de *Mabrouka*. La formation dans ces *Mabrouka* dont le contenu de l'enseignement échappe souvent aux instances en charge de l'éducation nationale est alignée sur les curricula respectifs des pays de provenance des organismes, donc d'Arabie saoudite, du Koweït, des Emirats Arabes Unis, du Pakistan etc. comme s'en s'enorgueillit Adam Hissein[8], ancien pensionnaire d'une Mabrouka :

> *« Tu ne peux pas comparer les gens qui sont formés sous un arbre par un seul marabout à moi qui suis issu d'une Mabrouka. La formation faite par les marabouts du quartier ne répond à aucun programme. Les élèves apprennent selon le savoir du marabout. Or, nous dans les Mabrouka, on apprend selon le programme de l'Arabie saoudite, un pays modèle en matière d'Islam. On est formé par plusieurs enseignants dont des idéologues et Cheikhs venus parfois des pays arabes.»*

Cette formation faite dans des *Mabrouka,* parfois par des idéologues et des cheikhs venus des pays arabes, n'est pas malheureusement exempte de toute tentative de radicalisation des apprenants. Elle est souvent fondée sur la négation de l'islam "traditionnel" tchadien tolérant. Nombreux sont les jeunes issus de ces centres de formation qui remettent en cause, voire dénigrent l'islam soufi assimilé à l'idolâtrie (Coudrey 1992) et comme le rapporte le journal Le Progrès dans son édition no : 2456 du 1er juillet

---

[7] Avant l'arrivée de ces nouveaux types d'écoles coraniques, il y avait l'ancien type d'école coranique où les enfants d'un quartier sont regroupés dans un coin du quartier pour apprendre le coran durant 2 heures, à l'aube et aussi, 2 heures le soir avec un marabout bénévole ou rémunéré par les parents d'élèves. Mais les nouveaux types d'écoles coraniques créées depuis quelques années par les organisations islamiques sont localisés, très loin des villages et des villes et les enfants vivent dans des internats créés à cet effet par les financements de ces organismes.

[8] Garçon, environ 27 ans, "débrouillard", entretien réalisé à Michemiré en juin 2015

2008 où le vice-président du Conseil Supérieur des Affaires Islamiques, Tidjani (soufi) a vu son islam remis en cause par un marabout djihadiste. De cette façon, au sein des familles, on assiste de plus en plus à un conflit religieux de génération où les jeunes considèrent les anciens comme ayant mal appris, doivent être de nouveau ré-islamisés car leur islam traditionnel est un faux qu'il faut reformer, comme le soutient fermement Issa D.[9]

> *« Ecoute, nos parents et grands-parents pratiquaient un islam teinté de beaucoup d'ignorance, parce qu'il n'y avait personne de bien outillé en vraies connaissances de l'islam pour leur expliquer ce que c'est le vrai islam qu'on pratique en Arabe Saoudite. Nous aujourd'hui, on a la chance que le Tchad soit ouvert au reste du monde et on a reçu une vraie éducation islamique des personnes qui connaissent la chose. Donc, il nous appartient de l'enseigner à nos parents et à d'autres personnes qui ne le connaissent pas bien, y compris aux autres musulmans qui l'ont mal appris.»*

L'exemple le plus illustratif de la radicalisation au Tchad suite au discours salafistes de ces nouveaux types d'endoctrinement est celui de la *Mabrouka* Cheikh Ahmat Ismaïl Bichara qui a réussi à endoctriner environ 700 hommes, femmes et enfants avec qui il a déclenché le djihad en massacrant les villageois non musulmans (Le Progrès No 2456, 2008)

Les conflits confrériques et le parti pris de l'Etat

Le conflit de génération relatif à l'islam entre les anciens, plus enclins à l'islam soufi et les jeunes, plus portés aux pratiques de l'islam salafiste, reflète sur d'autres plans le climat tendu entre les courants salafistes symbolisés par la wahabbiya et le Ansar al Sunna, d'une part, et le courant soufi représenté par la Tidjania, d'autre part. De par son poids dans le passé, ce dernier courant a fait une mainmise sur l'organisation cultuelle musulmane au Tchad en l'occurrence le Conseil Supérieur des Affaires Islamiques du Tchad en abrégé le CSAI créée en 1976. Le CSAI a, depuis sa création, été aux mains des dirigeants tidjani où il est dirigé depuis les années 1990 par le Cheikh

---

[9] Garçon, environ 30 ans, marabout, entretien réalisé à Chadra en juin 2015

Hassane Hissein, très proche du pouvoir, mais en conflit ouvert avec les salafistes (Le Citoyen No136 -2015) :

> « *Ce dernier développement pousse de nouveau le cheikh Hussein Hassan à jeter les anathèmes sur les Ansar al Sunna, les qualifiant à l'occasion de terroristes proches de la secte Boko Haram contre qui les Tchadiens doivent se soulever afin de les enrayer du pays. Ces accusations graves associées, en sus de celles traitant l'imam Abou Haniffa (école Hanaifite) de responsable du terrorisme dans le monde, le cheikh Ousseimine de mécréant, retentissent dans les milieux musulmans au niveau national et international.* »

> « *Auparavant, face à de semblables accusations du président du CSAI, exaspérés, les Ansar al Sunna avaient dit le « gonout » dans leur prière de vendredi dans toute leurs mosquées. Prière qui n'est dite qu'en cas d'extrême tension.* »

Ces conflits confrériques musulmans sont davantage exacerbés par la position très controversée de l'Etat. En effet, ce dernier, en voulant jouer son rôle d'arbitre, n'a pas été neutre quand il a décidé, pour des raisons de sécurité (Mahamat A. 2016), la fermeture de certaines mosquées et lieux de prêche des salafistes, principalement dans les régions ouest du Tchad. Cet acte de l'Etat est interprété par les salafistes comme un parti pris en faveur de la Tidjania et ses dirigeants proches de l'Etat (Mahamat A. 2016). La prise de position de l'Etat et surtout la *victimisation* des salafistes font souvent monter la tension et semblent favoriser la radicalisation et l'extrémisme violent dans le milieu de la jeunesse plus portée vers l'islam salafiste. Beaucoup de jeunes à l'ouest ont tendance à radicaliser leur position à cet égard et tiennent des discours de plus en plus djihadistes à l'exemple de Nourrene Kalmadja[10] qui déclare :

> « *Nous ici, la première bataille qu'on aura, c'est entre nous et les pratiquants de la Tidjania ou l'Etat. Puisqu'on n'acceptera jamais de les rallier, eux qui observent une mauvaise croyance islamique. Malgré notre patience, on nous nargue. Mais on ne tardera pas à réagir et ce ne sera pas de notre faute* »

---

[10] Garçon, environ 30 ans, sans emploi, entretien réalisé à Rig-Rig en juin 2015

L'aspiration à la « *Umma islamia* », une société égalitaire

La totalité de l'ouest du Tchad qui a fait l'objet de l'enquête faisait partie de l'empire du Kanem (Zeltner 1980,) entre le XI et le XVIᵉ siècle. Cet empire avait une économie basée principalement sur la vente des esclaves en Egypte, en Turquie etc. (Abdulrahman 2006, Lange 1978). C'est dire que cet empire avait pratiqué un esclavage qui laisse aujourd'hui comme héritage l'existence d'une société inégalitaire de castes (Conté 1983, Abdulrahman 2006, Mahamad 1980). Cette société est stratifiée en une classe de nobles, « d'impurs », de forgerons. Certaines de ces classes jouissent de plus de privilèges que d'autres. Les classes lésées, en quête d'un modèle de société égalitaire que l'Etat n'a pu instaurer, sont plus enclins à répondre aux sirènes des discours salafistes qui prônent la « *Umma islamia* », une société juste et égalitaire pour tous et au sein de laquelle, si inégalité il y a, elle sera sur la base du degré de foi comme le relève Issakh M. Auprès des personnes que la configuration de la société actuelle défavorise, le discours de radicalisation qui est vue comme un degré supérieur de croyance, trouve un écho très favorable à l'exemple d'Issakh M qui, malgré qu'il soit repenti, ne décolère pas contre le modèle stigmatisant de société dans laquelle il vit et dont il rêve de renverser par le djihad.

Au-delà de la stratification de la société, la colère des jeunes en général et de ceux des basses classes en particulier se dirige contre la mal gouvernance qui, non seulement n'a pu rétablir l'égalité, mais renforce davantage le système, la corruption, les rackets qui ne permettent pas aux jeunes de s'épanouir. A ce propos, l'histoire ci-dessus d'Hassan Abdraman rend compte du tort que l'Etat, à travers ses fonctionnaires véreux, cause aux jeunes qui essaient d'entreprendre et en retour, de l'attitude que ces jeunes adoptent vis-à-vis de l'Etat. Ils pensent que la solution à leurs maux passe par le djihad pour l'instauration d'une société islamique (la Umma) à l'intérieur de laquelle régneront l'égalité et la justice pour tous.

Conclusion

L'ouest du Tchad, resté longtemps havre de paix, s'est révélé brusquement en 2015, à travers les incursions de Boko Haram dans la région du Lac, comme une zone d'insécurité dans un Tchad pourtant relativement calme comme on en a jamais connu. Au fait de cette insécurité, se trouve une génération de jeunes qui aspirent au bonheur, mais qui voient de plus en plus ses rêves brisés par des facteurs tant endogènes qu'exogènes. En conséquence, cette génération déçue par un modèle social injuste et inégalitaire, et labourée par un discours idyllique religieux adopte une posture de repli tant vis-à-vis des anciennes valeurs que des institutions étatiques. Cette attitude la jette parfois dans les bras des vendeurs de mirage par la religion. Comme tel, il n'est pas rare de rencontrer à l'ouest du Tchad des jeunes radicalisés par leurs discours ou par leurs actes. Toutefois, cette tendance à la radicalisation des jeunes répond à un processus et à des causes assez diffuses et complexes dont il faut se garder de voir la seule main de la religion. D'autant plus que celle-ci ne surfe que sur une vague favorable d'un malaise socio-culturel profond de la jeunesse.

Une jeunesse qui, manquant de perspectives, se révolte ou durcit sa position dans un mouvement religieux dont elle pense recevoir le salut, mérite-t-elle d'être appelée radicalisée avec tout le relent péjoratif et stigmatisant qui va avec le terme ? L'attitude que cette jeunesse adopte diffère-t-elle de celle des activistes qu'on trouve parfois positive ? L'attitude et les actions de ces jeunes ne sont-elles pas tout simplement la conséquence des frustrations, des colères non canalisées par des leaders vers des actions constructives ?

Bibliographie

Abdulrahman B. H 2004/05. Socio-political and economic impact of the trans-Saharan slave trade on Kanem-Borno empire 14th - 16th centuries in *Annals of Borno*: vol. 21/22, p. 48-56

Benadji H. 2006. Des actes de vandalisme gratuits. *In* N'Djamena-Bi-Hebdo no: 926, p 2

Conte E. 1983 Marriage patterns, political change, and the perpetuation of social inequality (in South Kanem (Chad). Paris ORSTOM

Conte E. 1983. Castes, classes et alliance au Sud-Kanem. In Journal des africanistes: vol. 53, no. 1/2, p. 147-169

Coudray, H. 1992. « Chrétiens et musulmans au Tchad », *Islamochristiana*, n°18 Roma, pp175-234.

Fuchs, P. 1997. *La Religion des Hadjeray*. L'Harmattan, Paris 1997

Ladiba, G. 2011. *L'émergence des organisations islamiques au Tchad. Enjeux, acteurs et territoires*. Paris, L'Harmattan.

Lange D. 1978. Progrès de l'islam et changement politique au Kanem du XIe au XIIIe siècle : un essai d'interprétation. In The Journal of African History: vol. 19, no. 4, p. 495-513

La Rédaction 2009. Islamisme au Tchad, centres de dressage pour les enfants et les épouses. La Voix no : 012- du 4 au 11 août

Magnant, J-P. sous dir. 1983. *L'islam au Tchad*. Bordeaux, CEAN

Mahamad M.D. 1980. Islam et pouvoir au Tchad. Bordeaux, CEAN

Mahamat A. M. 2016. Vers une tension politico-religieuse entre Tidjanites et Ansal al Sunna au Tchad. *In* Le Citoyen no : 136 p 6

Tchéré A. 2008. Le Marabout djihadiste est capturé : le « Mahadi de Kouno » se révèle vulnérable face à l'Etat. *In* Le Progrès no : 2456, pp 1&3

Zeltner J-C. 1980. Pages d'histoire du Kanem : pays tchadien. Paris, L'Harmattan.

9. Radicalisation dans le nord du Nigeria: Histoires de Boko Haram

David Ehrhardt

Cet article explore les limites de la conception de la radicalisation en analysant les histoires de vie des anciens membres de l'un des mouvements radicaux les plus notoires d'Afrique, Jamā'at Ahl as-Sunnah du Nigeria, lid-da'wa wal-Jihād, ou Boko Haram. À travers les histoires de six personnes qui, d'une manière ou d'une autre, sont devenues membres de l'organisation, ce document complique le récit intuitif de la violence, tel que conduit par l'endoctrinement idéologique. Cela montrera qu'il existe de nombreuses voies différentes qui aboutissent à la violence, dont beaucoup sont moins intentionnelles et plus contingentes que ne le suggère le modèle de la «bande transporteuse». Bien sûr, la conviction religieuse est souvent une partie importante de ces voies, tout comme la famille et les amis, les incitations opportunistes et la coercition. Mais le séquençage de l'appartenance à une organisation, de la conviction et de la violence peut varier énormément, avec des implications sérieuses sur ce que signifie « radicaliser ». En outre, les voies menant à la violence sont souvent caractérisées par des lacunes d'information de la part de l'individu « radicalisé », des circonstances en évolution rapide et, peut-être plus important encore, des décisions irréversibles aux conséquences imprévues.

Introduction

La radicalisation, ou le processus par lequel les gens finissent par commettre des actes de violence, est souvent considérée comme un processus intellectuel, un voyage idéologique par lequel les individus deviennent de plus en plus convaincus que la violence est une ligne de conduite justifiable. La Commission européenne, par exemple, la décrit comme « le fait que des gens adoptent une idéologie radicale pouvant conduire à commettre des actes terroristes » (EC 2016). Dérivée peut-être d'histoires de terroristes solitaires et de kamikazes d'inspiration religieuse, cette représentation intellectuelle de la radicalisation s'associe avec un récit persistant à deux composantes. Tout d'abord, ce récit soutient que la radicalisation est entraînée par l'endoctrinement individuel au point où une personne devient convaincue que la violence est la meilleure voie à suivre.

Deuxièmement, il suggère que la violence, et souvent l'appartenance[1] à une organisation violente, est la suite de ce changement de conviction. En d'autres termes, il suggère une chaîne causale unidirectionnelle, comme un système de « tapis roulant » (Moskalenko et McCauley 2009), selon lequel les décisions de se joindre à un groupe violent et de commettre des actes violents sont la conséquence directe du changement de conviction idéologique des gens.

Le présent article explore les limites de cette conception de la radicalisation en analysant les histoires de vie de membres (actuels et anciens) de l'un des mouvements radicaux les plus notoires de l'Afrique, Jamā'at Ahl as-Sunnah lid-da'wa wal-Jihād ou Boko Haram. Depuis sa montée en puissance au début des années 2000, Boko Haram a été l'un des mouvements radicaux les moins bien compris au monde. À travers les histoires de six personnes qui, d'une manière ou d'une autre, sont devenues membres de l'organisation, cet article complique le récit intuitif de la violence comme véhiculée par un endoctrinement idéologique. Il montrera qu'il existe beaucoup de voies différentes menant à la violence, dont beaucoup sont moins intentionnelles et plus contingentes que ne le suggère le modèle de « tapis roulant ». Bien sûr, la conviction religieuse est souvent une partie importante de ces voies, mais le séquencement de l'appartenance organisationnelle, de la conviction et de la violence peut varier énormément. De plus, les voies vers la violence sont souvent caractérisées par des lacunes d'information de la part de l'individu « en voie de radicalisation », des changements rapides de circonstances et, peut-être plus important encore, des décisions irréversibles avec des conséquences imprévues.

Beaucoup de ces arguments ne sont pas nouveaux et, en fait, trouvent un écho avec des études empiriques partout dans le monde sur la violence radicale (par exemple, Jonsson 2014, Neumann 2015, Mercy Corps 2016). Toutefois, les discours théoriques et politiques

---

[1] 'Rejoindre' une organisation, ou en devenir 'membre', est compris comme étant les efforts entrepris pour atteindre les objectifs de l'organisation, autant comme mesure d'auto-identification avec l'organisation que mesure d' acceptation de l'adhésion par les membres existants. Les significations spécifiques de l'adhésion à Boko Haram ont probablement changé considérablement selon les individus ainsi que selon l'espace et le temps. En effet, plus d'études pourraient être menées pour éclairer ces variations.

ont été lents à s'adapter à ces découvertes empiriques. Dans une récente contribution théorique au débat sur la radicalisation, Khalil (2017) tente de reconnaître la variation des voies de la violence radicale en suggérant trois trajectoires idéales typiques vers la violence radicale. Son modèle permet une flexibilité qui constitue un pas dans la bonne direction en termes d'analyse des histoires présentées ci-dessous. Dans le même temps, les récits de Boko Haram suggèrent qu'une plus grande flexibilité analytique pourrait être nécessaire, en particulier pour rendre compte et inclure les modèles de recrutement dans les organisations radicales (potentiellement violentes). Théoriquement, l'article suggère donc une approche analytique de la radicalisation qui se concentre sur l'identification des conditions dans lesquelles se produisent différentes séquences de recrutement, d'adhésion, de conviction et de violence.

Méthodologiquement, cet article est une exploration de six histoires de vie d'individus qui ont été à un certain moment membres de Boko Haram. Ces histoires ont été sélectionnées parmi 59 histoires de vie de membres (actuels et anciens) de Boko Haram recueillies par une équipe dont faisait partie l'auteur[2], afin de couvrir une partie de la diversité des expériences des membres. Elles sont des illustrations de la nature variée des voies qui ont conduit les gens à Boko Haram et elles ont été recueillies de manière peu conventionnelle - à travers des entretiens avec des amis et la famille - en raison des risques sécuritaires liés à la conduite de recherche primaire dans le nord-est du Nigeria à l'époque (fin 2014). À bien des égards, cette période a été le point culminant de l'activité violente de Boko Haram et a conduit à la création du soi-disant califat qui n'a été vaincu qu'à la fin de 2015. C'était donc une période dangereuse pour le travail sur le terrain dans la région. En réponse à ce défi, les histoires de vie ont été recueillies à travers des entretiens avec des membres de la famille et des amis proches des membres de Boko Haram. Cette stratégie présente des faiblesses évidentes, mais a aussi plusieurs points forts indiquant que les idées tirées de ces histoires de vie sont précieuses.

---

[2] J'aimerais remercier infiniment Professeur M.S. Umar et notre équipe de recherche dans l'état de Borno pour leur contribution à ce projet.

De manière problématique, le point de vue partiel et limité d'un observateur externe est imparfait comme mesure des motivations internes des gens. A ce titre, nous devons faire preuve de prudence quant à savoir jusqu'où ces histoires représentent l'ensemble des expériences des membres de Boko Haram. Les souvenirs sont également notoirement peu fiables, et beaucoup de récits recueillis portaient sur des événements qui se sont produits des années avant que l'interview n'ait eu lieu. Nous devons par conséquent interpréter les histoires avec prudence et accepter qu'elles ne soient probablement ni représentatives ni exhaustives des expériences de radicalisation au sein de Boko Haram. En même temps, les histoires nous rapportent une information importante et souvent nouvelle. Beaucoup d'interviews portaient sur des aspects fondamentaux de la vie des membres, tels que les origines familiales, le niveau d'éducation et la profession, détails que les amis et la famille sont susceptibles de connaître et de se rappeler correctement. De plus, je n'utilise pas les histoires pour faire une description complète et donner une explication de la radicalisation de Boko Haram. Cette étude est plutôt une étape préliminaire et partielle d'un effort cumulatif qui, on espère, nous permettra, avec le temps, de dresser un tableau plus complet des origines et du développement dynamique de cette organisation et de ses membres.

Qu'est-ce que Boko Haram?

Avant de passer aux histoires, une brève description de l'organisation analysée peut être utile. Désigné par ses membres sous le nom de Jama'atu Ahlis Sunna Lidda'Awati Wal-Jihad (JAS), mais plus communément connu du public sous le nom de Boko Haram, ce mouvement insurrectionnel s'est formé au début des années 2000 autour d'enseignements islamiques réformistes et de profondes revendications politiques locales. Depuis lors, il a traversé au moins quatre étapes de transformation organisationnelle[3]:

---

[3] Il y a de nombreuses bonnes revues et analyses qui décrivent dans les détails la trajectoire historique du mouvement (par exemple Adesoji 2010; Muhammed 2010; Ohuoha 2010; Loimeier 2012; Agbigoa 2013; Higazi 2013; Perouse de Montclos 2014; Mustapha 2014; Amnesty International 2015; Comolli 2015; Smith 2015; Varin 2016).

- une ramification d'un mouvement salafiste[4] traditionnel, basée sur les jeunes, qui est devenu au fil du temps une secte religieuse de plus en plus politisée (1998-2009);
- une organisation terroriste clandestine (2009-2013);
- une insurrection à grande échelle visant à prendre le contrôle du nord-est du Nigeria (2013-2015);
- une organisation clandestine visant à commettre des actes de terrorisme violent (2015-à nos jours).

Au moment de la rédaction du présent article, à l'automne 2017, Boko Haram demeurait une menace sérieuse pour la sécurité dans le nord-est du Nigeria. Ses membres coordonnent toujours des attaques violentes avec une certaine régularité, et leurs tactiques ont évolué pour inclure des attentats suicides, utilisant parfois des femmes et des enfants. Son contrôle territorial est limité, bien que d'aucuns disent que certaines zones rurales du nord-est ne sont toujours pas suffisamment sécurisées pour que les personnes déplacées puissent retourner chez elles. Les estimations officielles du nombre de victimes de l'insurrection ont atteint 100 000 (Tukur 2017), mais les chiffres réels sont probablement plus élevés. En plus de la violence, la région est maintenant menacée de graves pénuries alimentaires résultant en partie de l'insécurité politique persistante; le Bureau des Nations-Unies pour la coordination des affaires humanitaires estime qu'environ 5 millions de personnes dans la région ont besoin d'une aide alimentaire urgente (UNOCHA 2017).

Qu'est-ce qui incite certaines personnes à rejoindre Boko Haram et à contribuer à cette violence et à cette destruction? Cette question est particulièrement déconcertante compte tenu de la réputation négative actuelle du mouvement dans le nord du Nigeria et de la prétendue «folie» des dirigeants de Boko Haram (Iroegbu 2016). Dans le contexte des récits présentés ci-dessous, cette section a pour but de décrire ce que Boko Haram aurait pu avoir à offrir à ses membres potentiels. En d'autres termes, elle vise à identifier certaines

---

[4] Le salafisme, selon Ostien (à paraître), est compris ici comme un courant orthodoxe de la pensée islamique visant le retour à l'islam tel qu'il a été pratiqué quand le prophète était vivant. *Les Salafistes* basent leurs croyances religieuses sur le Coran et la *Sunna* des Hadith et rejettent toutes les « innovations » subséquentes (*bida*).

des raisons positives pour lesquelles, à différents moments de l'histoire du mouvement, des individus ont choisi de se joindre à eux. Plus spécifiquement, je me concentrerai sur trois domaines dans lesquels Boko Haram a fourni des opportunités : premièrement, la foi et les idéologies réformistes; deuxièmement, les opportunités; et enfin, la violence. Tout au long de cette analyse, il est important de garder à l'esprit que l'organisation du mouvement s'est fondamentalement transformée au fil du temps. En conséquence, ce que Boko Haram pouvait offrir à ses membres potentiels s'est aussi transformé, et la décision de rejoindre le mouvement vers le début des années 2000 était très différente de la décision de le rejoindre pendant les années qui ont suivi.

La foi et la réforme.

Boko Haram, pour beaucoup de ses membres aussi bien que pour le public, est avant tout une organisation religieuse. Beaucoup estiment que le point de départ du mouvement se situe dans les années 1990 ou au début des années 2000, et Mohamed Yusuf est généralement considéré comme le premier leader (Loimeier 2012, Comolli 2015). Yusuf avait été formé dans la tradition *d'Izala*, un mouvement salafiste du nord-nigérian qui, dans les années 1970, est devenu une force de réforme islamique contre les confréries mystiques soufis qui dominaient depuis longtemps le paysage religieux régional (Loimeier, 1997. Yusuf était un jeune et charismatique prédicateur, qui réussit à rassembler rapidement autour de lui un grand groupe d'adeptes parmi la population jeune de Maiduguri, capitale de l'Etat de Borno, et des régions avoisinantes. En mélangeant les croyances d'Izala au wahhabisme saoudien et à certaines de ses propres inventions théologiques, Yusuf a présenté à ses partisans une doctrine radicale et anti-establishment qui s'est avérée avoir un large attrait. Il a prêché au centre de Maiduguri, dans une enceinte nommée Markaz, et bien qu'il y ait eu des tensions occasionnelles avec les autorités étatiques sous le leadership de Yusuf (vers 2000-2009), Boko Haram a longtemps été considéré plus ou moins comme une secte islamique normale, bien qu'extrême.

La politique est entrée dans la trajectoire de Boko Haram lors des élections de 2003 pour le poste de gouverneur. Courtisé par Ali Modu Sheriff, l'un des candidats au poste de gouverneur, Yusuf lui a fourni un soutien électoral en échange d'une promesse de poste au gouvernement et d'un engagement sérieux en faveur de l'application de la charia. En 2000, l'État du Borno s'était engagé à réintroduire le code de la charia pénale en tant que loi de l'état, mais depuis lors, peu de progrès substantiels ont été accomplis dans sa mise en œuvre. Yusuf voyait les élections comme un moyen d'entrer dans la phase de mise en œuvre de la charia - une position de pouvoir considérable en raison de la popularité de la charia parmi la population à majorité musulmane du Borno. Ali Modu Sheriff remporta les élections, grâce au soutien de Yusuf, mais n'a pas tenu sa promesse. La rupture qui en a résulté entre les deux leaders a marqué le point de départ de l'idéologie radicalement anti-gouvernementale de Boko Haram. En termes aussi bien islamiques que politiques, Boko Haram est ainsi devenu un mouvement anti-establishment: une secte fondamentaliste qui appelait à une adhésion toujours plus stricte aux principes de l'islam salafiste, ainsi qu'un mouvement anti-gouvernemental radical qui rejetait la légitimité de la Fédération nigériane (multi-religieuse). Dans une région et une période où la religion était très importante et où la désillusion à l'égard de la politique formelle était profonde, il s'agissait là d'une combinaison puissante capable d'attirer un grand nombre d'adeptes.

Opportunités

Au-delà de son attrait islamique et politique, Boko Haram est aussi un groupe social qui a offert à ses membres des opportunités importantes de réseautage et des opportunités (économiques) d'avancement personnel. Tout d'abord, pour les adeptes des jeunes générations, la secte a créé des opportunités de se rebeller contre leurs parents et de choisir une vie en dehors des paramètres (souvent contraignants) des attentes conservatrices des familles du nord du Nigéria. Deuxièmement, pour certaines femmes, Boko Haram a ouvert des opportunités d'apprentissage religieux et d'activisme politique inaccessibles dans de nombreuses communautés islamiques plus conservatrices de la région (ICG 2016). Pour d'autres, bien sûr, Boko Haram était une source de violence et de terreur plutôt tristement célèbre - bien que la plupart de ces dynamiques ne se soient produites qu'après la crise de 2009 et la mort de Mohamed Yusuf. Enfin, Boko Haram était aussi une source d'opportunités économiques : d'abord en grande partie grâce au commerce légitime, mais plus tard, à mesure que la violence augmentait, également à travers la criminalité généralisée.

Boko Haram et ses membres ont eu une relation complexe avec l'éducation, l'un des principaux moteurs de la mobilité sociale et, plus largement, des opportunités et du développement économiques. Le (sur)nom du mouvement, Boko Haram, est dérivé de l'expression haoussa pour « l'éducation occidentale est immorale », soulignant l'un des enseignements religieux controversés de Yusuf contre la prolifération de l'éducation laïque. Ceci, associé aux attaques récurrentes du mouvement contre les écoles et les établissements d'enseignement pendant ces dernières années, a donné à Boko Haram une image de mouvement anti-éducation, et plus généralement antimoderne. Et pourtant, l'orientation réelle du mouvement a été plus nuancée. Car tandis que l'éducation occidentale est considérée comme une abomination, l'éducation islamique a été activement promue à la fois dans les écoles coraniques traditionnelles tsangaya et les écoles islamiques modernes; et dans de nombreux cas, l'accès des femmes à l'école a été encouragé, parallèlement aux mesures pour leur autonomisation financière (ICG 2016). Par conséquent, même dans le domaine de l'éducation, Boko Haram pourrait offrir des possibilités d'avancement à certains - même si ces opportunités étaient fortement limitées par la doctrine religieuse idiosyncratique du mouvement.

La violence

Au fil du temps, Boko Haram est devenu plus qu'une organisation politico-religieuse offrant des opportunités de promotion personnelle. Il est devenu une opération militaire insurrectionnelle à part entière, spécialisée dans la violence collective à grande échelle contre les forces de sécurité de l'État, les leaders traditionnels et islamiques non salafistes, les musulmans qui critiquaient le mouvement ainsi que les non-musulmans. La plupart des analystes identifient la « crise de 2009 » comme le tournant de l'évolution de Boko Haram vers la violence. Ce qui a commencé comme un échange animé entre la police et les membres de Boko Haram au sujet d'une loi controversée imposant des casques de moto, s'est transformé en une véritable fusillade qui s'est terminée par l'exécution extrajudiciaire de nombreux membres de Boko Haram, y compris leur leader Mohamed Yusuf. Après cette crise, le mouvement a été décimé; mais le nouveau chef, Abubakar Shekau, a réussi à le transformer en une organisation terroriste clandestine efficace. Alors que beaucoup ont souffert de cette transformation vers la violence, tant à l'intérieur qu'à l'extérieur de l'organisation, elle a également créé ses propres incitations (perverses) pour le recrutement. Premièrement, de nombreuses recrues ont été contraintes de devenir membres. Deuxièmement, les hostilités croissantes entre Boko Haram et les forces de sécurité de l'État augmentaient le risque de «non-affiliation» pour ceux qui étaient pris entre deux feux. Pour certains d'entre eux, rejoindre Boko Haram a peut-être paru être l'option la « plus sûre » que de se fier à la protection pleine de lacunes offerte par les forces de sécurité nigérianes. Enfin, la transformation de Boko Haram a également incité certains « spécialistes de la violence », tels que les criminels ou les ex-combattants des pays voisins, à rejoindre ses rangs et à percevoir des dividendes et des butins (Tilly 2003).

Ces esquisses des dimensions de la foi et de la réforme, des opportunités et de la violence, peuvent contribuer à rendre compréhensible le type d'attrait positif que Boko Haram a pu avoir sur ses membres potentiels. Elles soulignent également comment Boko Haram a été une organisation différente pour différentes personnes et a changé de façon spectaculaire au fil du temps. Les récits de radicalisation, détaillés dans la section suivante, développeront ces esquisses et commenceront à les mettre en lien avec les expériences vécues par les individus qui ont réellement fait le choix de se joindre à eux.

Histoires de radicalisation

Au fil des années, de nombreuses explications ont été proposées pour le phénomène de Boko Haram : des variables structurelles telles que la pauvreté et la privation relative de la région, la domination des écoles coraniques traditionnelles ou le nombre élevé de jeunes chômeurs, aux explications plus historiques telles que l'influence du terrorisme islamique international, les séquelles du djihad précolonial de Sokoto ou la nature de l'islam fondamentaliste réformiste dans la région. Les études de cas exposées ci-dessous présenteront certaines de ces variables dans leur contexte. Il s'agit de vrais récits anonymes de membres de Boko Haram. Certains d'entre eux pourraient toujours être en vie et faire partie de l'organisation; d'autres auront réussi à quitter le groupe, ou ne seront plus en vie. Autour de chaque récit, je souligne certains aspects importants et les relie au contexte plus large du nord du Nigeria, ainsi que les modèles plus généraux que nous avons trouvés dans notre analyse des 59 histoires de vie (Umar et Ehrhardt 2014). Les histoires sont regroupées en quatre séries, organisées autour de quelques-unes des raisons les plus courantes pour rejoindre Boko Haram, à savoir la foi, la famille et les amis, la coercition et l'opportunisme. Dans l'ensemble, l'image que ces récits brossent est complexe et souvent ambiguë, et les questions qu'ils soulèvent ne permettent pas de trouver des solutions directes ni des solutions miracles. Ils servent plutôt à humaniser les personnes analysées ici et indiquent que les choix et les décisions qui en ont fait des « radicaux violents » n'ont peut-être pas paru tels quand ils les ont faits.

La foi

Quelle que soit l'ampleur des activités de Boko Haram et les motivations de ses leaders, elle est au moins en partie une organisation religieuse sous la bannière générale de l'islam. Il est donc logique que beaucoup de ses membres l'aient rejoint pour des raisons religieuses - c'est-à-dire parce que la foi propagée par les leaders de Boko Haram correspondait à leurs propres idées sur le vrai Islam et la bonne vie. Intuitivement, cette idée - que certaines personnes rejoignent des organisations religieuses pour des raisons religieuses - est souvent étendue aux motifs de violence : qu'est-ce qui pourrait mieux motiver la violence perpétrée par des membres d'organisations religieuses que la religion elle-même? Bien que ce raisonnement idéaliste puisse contenir un grain de vérité, les récits racontés ci-dessous montreront également ses limites. En particulier, les récits suggèreront l'importance d'analyser les motivations religieuses comme étant intégrées dans des contextes politiques plus larges et dans des relations sociales significatives.

L'histoire d'Abdul est en quelque sorte un récit classique de la recherche de la religion : un jeune homme qui aime prendre des risques et qui semble insouciant, trouve son inspiration dans l'Islam pour changer sa vie. De telles histoires peuvent être trouvées partout dans le monde entier. Mais le cas d'Abdul contient aussi des éléments qui doivent être compris dans leur contexte spécifique du Nord du

Nigeria. L'organisation qu'Abdul a rejoint d'abord, Izala, est un mouvement islamique avec des racines réformistes, anti-soufis et une orientation salafiste moderne (Loimeier 1997, Kane 2003, Ostien à venir). Quand Abdul a rejoint Boko Haram, les qualités charismatiques de Mohamed Yusuf ont probablement joué un rôle important, différenciant ce mouvement des autres; mais il est également bon de se rendre compte que des mouvements tels que Boko Haram ont été une caractéristique constante de la société nord-nigériane au cours du siècle dernier (Umar et Ehrhardt, 2014). La religion, pour de nombreux jeunes Nigérians, n'est pas simplement un ensemble de croyances ou de pratiques rituelles, mais aussi une idéologie exerçant une grande attraction, étant donné que la plupart des idéologies laïques (comme le marxisme, le libéralisme ou le nationalisme) ont peu contribué à améliorer la vie des populations. Dans ce contexte, le choix d'Abdul n'est peut-être pas seulement un choix de « recherche de connaissances » pour réformer sa vie personnelle, mais aussi l'expression d'une ambition réformiste politiquement progressiste.

Étude de cas 1 : Abdul, homme, la trentaine[5]

Abdul est devenu membre de Boko Haram à l'époque où Mohamed Yusuf a commencé à prêcher, quelque part en 2007. Il était inscrit à l'école primaire ainsi qu'à l'école *Islamiyya*. Après l'école secondaire, il obtint le certificat national d'éducation (NCE). Abdul a commencé à faire des affaires ou à travailler au marché immédiatement après ses études secondaires, pour aider son père à s'occuper de la maison et de la fratrie. Avant de rejoindre Boko Haram, il était en même temps un très bon footballeur et un dangereux toxicomane et criminel. On estime que c'est justement à cause des mauvaises habitudes qu'il a adoptées qu'Abdul avait eu des problèmes avec son employeur et qu'il a été licencié pour cette raison. Avec le peu d'épargne qu'il avait, il s'établit à son propre compte en tant que commerçant. Toutefois, ses mauvaises habitudes l'empêchaient toujours de réussir dans les affaires. Sa toxicomanie faisait aussi qu'il avait des contacts avec des criminels. Certains le

[5] Les études de cas sont des versions légèrement réécrites des histoires qui ont été recueillies par l'équipe de recherchée dans l'état de Borno. La plupart des mots sont des citations verbatim provenant des transcriptions des interviews, réorganisées et révisées seulement pour améliorer leur lisibilité.

soupçonnent d'avoir lui-même des activités criminelles. Son entreprise était en grande partie dirigée par ses frères cadets.

Avant de rejoindre Boko Haram, Abdul était membre d'Izala. Dès qu'il a rejoint cette secte, il a commencé à abandonner certaines de ses mauvaises habitudes et à se concentrer sur la religion et le désir d'en savoir plus sur l'islam. On le rencontrait plus fréquemment dans la mosquée et il a commencé à s'occuper de son entreprise, qui aurait fait faillite sans le dévouement de son frère cadet et certains des employés. Ce fut pendant cette période de recherche de la connaissance auprès d'Izala que les membres de Boko Haram ont commencé à prêcher dans sa ville. Par curiosité, Abdul était toujours là quand ils venaient. Ce qui fit qu'ils le remarquèrent et le considérèrent comme personne-ressource. C'est ainsi qu'il est devenu membre. En raison de son dévouement en tant qu'un des premiers membres, Abdul est devenu plus tard membre du conseil des leaders de sa région.

Il y a une certaine ironie dans le choix d'Abdul de réformer sa vie en rejoignant une organisation qui deviendrait aussi notoire que Boko Haram. Mais en 2007, il était impossible de prédire cette ironie, car Boko Haram était plutôt une secte religieuse radicale qu'un mouvement insurrectionnel violent. De plus, au-delà des raisons religieuses et réformistes qu'Abdul avait assister aux sermons et de rejoindre Boko Haram, son histoire met également en évidence une autre dimension du processus d'adhésion : les interactions avec les membres existants. En effet, quand Abdul est devenu une présence régulière lors des rassemblements religieux locaux, les membres existants ont fait sa connaissance et l'ont accueilli dans le mouvement en lui donnant une fonction. Le deuxième cas, qui raconte l'histoire d'Aisha, souligne également l'importance de ces connexions sociales dans le processus d'adhésion, même si les motivations religieuses demeurent. Les liens d'Aisha sont basés sur la famille : sa sœur, avec laquelle elle entretient une bonne relation, la convainc de participer aux sermons de Boko Haram. À ce stade, il semble que les motivations religieuses aient joué un rôle dans la décision d'Aisha de continuer à fréquenter Boko Haram dans le complexe de Markaz. Et à la fin, la décision d'Aisha d'épouser également un membre de Boko Haram, contre la volonté de ses parents, a scellé l'accord.

Étude de cas 2 : Aisha, femme, début de la vingtaine

Aisha était largement considérée comme une «fille décente», vivant avec ses parents et attendant l'admission à l'université après avoir terminé ses études secondaires. Le père d'Aisha l'aimait beaucoup parce qu'elle était toujours préoccupée par son bien-être. Chaque fois qu'il restait tard au travail, elle l'attendait pour lui servir à manger. Aisha était également aimée par tous ses autres frères et sœurs et elle les aimait en retour. En termes socio-économiques, sa famille est considérée comme étant de classe moyenne. Son père travaillait dans un ministère et sa mère était enseignante dans une école primaire.

La sœur aînée d'Aisha a épousé un membre de Boko Haram sans que la famille sache que leur gendre était membre. Aisha aimait beaucoup sa sœur. Alors elle rendait visite à cette dernière chaque fois qu'elle en avait l'occasion. Après que le mari eut converti sa sœur, celle-ci à son tour a convaincu Aisha de commencer à assister aux réunions de Boko Haram. Avec le soutien de sa sœur et ses visites régulières à Markaz, le siège de Boko Haram, Aisha a rejoint l'organisation en 2008. C'est là qu'elle a rencontré son mari, qu'elle a épousé sans le consentement des parents et, en fait, avec leur désaccord. En raison de cette désobéissance flagrante, le père était très en colère et blessé. Aisha était devenue si profondément impliquée dans Boko Haram que le mari l'a forcée à rester dans le complexe de Boko Haram pour aider à faire du bénévolat pour le leader.

Après avoir épousé un membre de Boko Haram, Aisha a commencé à mépriser ses parents. Elle ne rendait plus visite à sa famille et même si elle le faisait, on la reconnaissait à peine car elle portait toujours un voile noir pour couvrir son visage, dans le style Boko Haram. Après avoir rejoint Boko Haram, Aisha est également devenue très agressive et hostile envers toute personne ne faisant pas partie du mouvement, y compris ses parents.

Quel rôle la religion joue-t-elle dans la radicalisation des membres d'un mouvement radical religieux comme Boko Haram? Les histoires d'Abdul et d'Aisha donnent des indices importants sur ce puzzle, mais elles soulèvent également d'autres questions. Les deux récits suggèrent que les motifs religieux sont importants, comme Mercy Corps (2016) l'avait également découvert. Mais ils sont également liés à des ambitions politiques et souvent intégrés dans des relations sociales. Pour Abdul, les liens sociaux découlent de sa participation à des sermons et prennent une forme formelle et organisationnelle étant donné qu'on a fait de lui une personne-ressource. Pour le cas d'Aisha, ils comprenaient sa sœur et, par la suite, son mari – tout en détruisant sa relation avec le reste de sa famille en dehors du mouvement. De plus, l'engagement d'Aisha dans le bénévolat suggère que les femmes pourraient avoir des opportunités spécifiques au sein de Boko Haram, opportunités qui dépasseraient peut-être celles extérieures au mouvement. Ce point reviendra dans des histoires ultérieures, en particulier pour le cas de Khadiya. Pour l'instant, il suffit de dire que la religion, bien qu'importante pour la radicalisation de certains, opère rarement en l'absence de facteurs politiques ou sociaux plus larges.

Famille et amis

Dans toutes les histoires que nous avons recueillies à propos des (anciens) membres de Boko Haram, le dénominateur commun est le rôle de la famille et des amis pour guider les nouveaux membres dans le mouvement. Pratiquement toutes les histoires indiquent que des liens sociaux forts sont essentiels pour comprendre les processus de radicalisation - à l'exception peut-être de ceux qui ont été forcés dans le mouvement. Pour la plupart des autres, la radicalisation semble être au moins autant un processus social qu'idéologique ou opportuniste. La famille et les amis servent de points d'entrée, de vecteurs de confiance, de moyens pour cimenter des liens faibles ou sporadiques et de transmetteurs des messages idéologiques du mouvement. Dans le cas de Khadiya ci-dessous, elle a été forcée de rejoindre Boko Haram sous la pression de son mari, puisque « c'était une règle connue que tous les membres de Boko Haram devaient venir avec leurs femmes pendant les prêches ». Mais au fil du temps, Khadiya semble avoir accepté et intériorisé les règles et les croyances, alors qu'elle montait dans les rangs du mouvement et acquérait des positions de leadership - même si ces activités la séparaient de sa famille.

Etude de cas 3 : Khadiya, femme, début de la trentaine.

Khadiya est une femme au foyer à temps plein, mariée et mère de cinq enfants. Elle ne va pas à la mosquée comme les hommes sauf pour des occasions spéciales. Elle est sans profession, l'aînée des filles de ses parents et une personne très calme. Dans le genre de famille où elle a été éduquée, les filles ne sont généralement pas autorisées à sortir n'importe comment. Par conséquent, elles ne connaissent pas bien la ville jusqu'à leur mariage.

Sa famille est basée en ville et son père est propriétaire d'un petit commerce au marché. Ce dernier ne permet qu'aux garçons d'aller à l'école primaire conventionnelle et à l'école locale coranique tsangaya, alors que les filles ne fréquentent aucune école, à l'exception de la tsangaya. C'est après la tsangaya qu'elles sont mariées très jeunes. Celles qui ne se marient pas, comme Khadiya, peuvent poursuivre leurs études islamiques dans une école secondaire conventionnelle qui a une classe spéciale pour les diplômés tsangaya. Khadiya a rencontré son mari à l'école secondaire. La relation entre elle et ses parents était très bonne jusqu'à ce qu'elle rejoigne Boko Haram, après quoi elle a commencé à avoir de sérieux problèmes avec eux.

Khadiya a rejoint Boko Haram après son mariage, sous la pression de son mari. C'était une règle connue que tous les membres de Boko Haram devaient venir avec leurs femmes pendant les prêches, et quand une femme refusait, elle était forcée d'assister ou même de participer. Etant donné qu'ils étaient mariés, le mari de Khadiya l'a introduite de force dans la secte. Elle a reçu l'ordre d'assister à tous les prêches, car leur maison était proche de l'enceinte de Markaz où son mari passait le plus clair de son temps.

Avant la crise de 2009, Khadiya était en charge de la coordination des femmes d'une zone. En effet, chaque fois que ces dernières allaient au prêche, elles se retrouvaient habituellement dans sa maison avant d'être escortées par l'aile militaire (hisbah) de la secte. Après la crise de 2009, elle a été chargée de s'occuper des femmes des membres de Boko Haram qui ont été tuées au combat. Elle avait l'habitude de faire cela en secret. Elle organisait également des mariages entre les veuves et les membres qui voulaient se marier. De plus, elle finit par devenir parmi les femmes un très grand défenseur de la secte, parfois au point où elle était autorisée à faire des prêches.

Outre l'importance du mari de Khadiya dans son processus de radicalisation, son récit met également en évidence d'autres aspects de la radicalisation religieuse dans le nord du Nigeria. L'un d'eux est le lien entre les générations et le radicalisme : de tous les récits que nous avons recueillis, les nouveaux adhérents peuvent généralement être considérés comme des «jeunes». La radicalisation dans Boko

Haram, semble-t-il, est une affaire de jeunes hommes et de jeunes femmes. Deuxièmement, l'histoire de Khadiya évoque les opportunités offertes à (certaines) femmes par Boko Haram : l'engagement social et religieux, l'activisme et même la prédication. Ces dynamiques sexospécifiques sont importantes à souligner, en particulier compte tenu des actions et des rhétoriques misogynes de Boko Haram qui ont reçu une large attention médiatique (ICG 2016). Enfin, l'histoire met en lumière l'impact du radicalisme religieux sur les relations familiales. Dans de nombreux cas, au fur et à mesure que le mouvement devenait de plus en plus violent, le choix de rejoindre Boko Haram s'est fait au détriment de bonnes relations avec les parents et les autres membres de la famille (non membres de Boko Haram). Dans certains cas, cela peut avoir été une des raisons de l'adhésion; mais dans beaucoup d'autres, en revanche, il semble que ce soit une conséquence inattendue et peut-être imprévue d'un choix fait pour différentes raisons. Ce modèle est important parce qu'il va à l'encontre d'une idée préconçue selon laquelle les personnes qui deviennent membres n'ont pas de liens familiaux stables. En fait, cela suggère que la flèche causale peut aussi aller du radicalisme à la destruction des liens familiaux.

Etude de cas 4: Shehu, homme de 35 ans environ.
Shehu a fréquenté une école coranique locale tsangaya. Son école était située près de chez lui, il n'a donc pas été transféré dans une autre ville dans le nord du Nigeria comme le veut une pratique traditionnelle dans l'éducation coranique. Il est d'une famille de classe moyenne sur le plan socio-économique, car son père possède une entreprise familiale d'achat, de transformation et de vente de cuirs et de peaux. Shehu commença à travailler comme apprenti dans l'entreprise de cuirs et de peaux de son père. Après sa formation sous la tutelle de ce dernier, il s'engagea dans l'entreprise familiale en tant que manager et interrompit son travail peu de temps après pour suivre une formation de tailleur. Il se fit une réputation de très bon tailleur avant de rejoindre la secte. Tous les enfants de sexe masculin de la famille Shehu travaillent dans l'entreprise familiale. A part cette entreprise, le père était aussi tsangaya ulamā, ou professeur coranique, et possédait sa propre école tsangaya dans le bloc, école qui était fréquentée par beaucoup d'élèves.

Shehu est marié et père de quatre enfants. Il finit par quitter définitivement l'entreprise de son père et devint un très bon tailleur avec une riche clientèle. C'est sous l'influence de son frère qu'il adhéra à la secte avant la crise de 2009. Quand son frère devint membre de la secte, il passait son temps à lui faire des prêches. Aussi, il invitait avec insistance Shehu au Markaz, la base locale de Boko Haram avant la crise de 2009, et après un certain temps, ce dernier adhéra à son tour. Mais l'influence de son frère n'était qu'une des raisons qui ont amené Shehu à rejoindre la secte : parallèlement, il était sous la menace des agents de sécurité lancés aux trousses de son frère. Il fut même interpellé quelques fois pour subir un interrogatoire sur son frère, les services de sécurité ignorant que lui-même était devenu membre de la secte.

Shehu devint un des tailleurs officiels de la secte, respecté par les autres membres. En plus de son travail de tailleur, il participait également aux activités terroristes de la secte.

Les relations familiales de Shehu étaient aussi au cœur de sa radicalisation : son frère, comme la sœur d'Aisha, était l'une des forces motrices derrière son adhésion à Boko Haram. Pourtant, contrairement à Aisha et Khadiya, on ne peut pas dire avec certitude si son adhésion a créé un fossé entre lui et les autres membres de sa famille. Mais l'on peut retenir deux autres éléments dans l'histoire de Shehu. Il y a, d'une part, les opportunités économiques offertes par Boko Haram (sous forme de clientèle pour ses services de couture) et, d'autre part, le rôle des forces de sécurité et des menaces d'arrestation et de violence dans le récit de sa radicalisation. Dans le cas de Shehu, il semble que le choix de rejoindre Boko Haram ne s'est pas fait au détriment de son entreprise de couture, et pourrait même l'avoir boosté. De plus, il semble qu'il y ait eu des menaces de la part des forces de sécurité désireuses de trouver et d'arrêter son frère. Comme le suggère la littérature sur les mouvements rebelles, de telles menaces peuvent en elles-mêmes susciter la participation à des organisations radicales et violentes, dans les cas où la menace des forces de sécurité semble au moins égale au danger d'appartenir à un mouvement violent (Kalyvas et Kocher 2007). Ce lien entre la menace de la violence et le radicalisme est le thème de la section suivante.

Coercition

L'idée que la radicalisation puisse être contrainte est quelque chose d'intuitivement irrésistible, en partie parce qu'elle absout les radicaux coupables de la responsabilité de leurs actes et libère les analystes de l'obligation de chercher des raisons positives derrière la radicalisation des gens. Pourtant, l'idée est en même temps problématique car, au fond, la coercition et le radicalisme semblent contradictoires : quelqu'un peut-il être contraint de changer ses idées? Les gens peuvent être forcés d'agir de manière contraire à leur conscience, par exemple de commettre des actes de violence; mais peuvent-ils être forcés d'intérioriser le radicalisme, c'est-à-dire de croire que les actes violents sont permis s'ils aident à atteindre les objectifs fixés? Je n'ai ni l'ambition, ni la preuve nécessaires pour aborder de manière exhaustive cette question complexe, mais l'histoire de Maryam nous aidera à résoudre certaines parties du puzzle.

Etude de cas 5 : Maryam, jeune femme d'environ 25 ans

Maryam est une ancienne élève de l'école Islamiyya qui devint plus tard ménagère à plein temps sans profession. Son père est mort quand elle était très jeune. Par conséquent, elle fut élevée par sa grand-mère et sa mère, qui la donnèrent rapidement en mariage. Ces dernières étaient inquiètes de voir tant de jeunes gens roder autour d'elle. Elle était généralement considérée comme une fille séduisante et décente jusqu'à son kidnapping par des membres de Boko Haram sur le chemin du marché. Elle avait pris un taxi pour se rendre au marché du lundi, mais fut emmenée sous la menace d'un pistolet dans le (taxi tricycle) kekenapep. Des témoins oculaires affirment qu'elle a crié à l'aide mais que personne n'a pu intervenir car ses ravisseurs étaient armés de fusils AK47. Environ un an plus tard, elle est revenue en compagnie de son mari de Boko Haram pour essayer de convaincre sa grand-mère de suivre les enseignements de la secte, idée que celle-ci rejeta. Nous avons appris qu'elle se contente maintenant de suivre partout son mari, mais au-delà, passe la plus grande partie de son temps en captivité.

Au cours des dernières années de l'insurrection de Boko Haram et en particulier après l'enlèvement des 276 filles de Chibok, des récits de recrutement forcé accompagnés de violences atroces étaient courants. Toutefois, dans un rapport récent, Mercy Corps (2016) suggère que la plupart des recrutements se situent quelque part entre une adhésion complètement volontaire et entièrement forcée. C'est un point de départ analytique important pour comprendre l'influence de la coercition dans le recrutement non pas comme une variable binaire, mais comme une échelle allant de l'adhésion complètement libre à celle entièrement contrainte. L'histoire de Maryam, sur cette échelle, est probablement plus coercitive que la plupart; mais nul ne sait ce qui lui est arrivé dans les mois qui ont suivi son enlèvement. Le fait qu'elle soit revenue pour tenter de convertir sa grand-mère suggère qu'elle a intériorisé l'idéologie de Boko Haram; mais nous savons peu de choses sur le processus qui a entraîné cette internalisation.

Ce que nous savons, c'est que la violence et la coercition faisaient partie intégrante de la décision prise par beaucoup de rejoindre Boko Haram (ou de lui résister), et que cette coercition pouvait prendre différentes formes. L'histoire de Shehu, ci-dessus, est une illustration parfaite de la façon dont les agents de sécurité ont pu pousser les gens dans les bras de Boko Haram. De même, d'autres personnes ont probablement été effrayées par l'intervention violente de l'État nigérian ou des groupes de surveillance mis en place par les jeunes au sein de la Force Civile conjointe. Comme le montre l'expérience de Maryam, Boko Haram lui-même s'est livré à des enlèvements, y compris de femmes et d'enfants, et à la coercition pour grossir ses rangs. La coercition peut parfois prendre une forme financière, à travers par exemple des usuriers qui séduisent les jeunes entrepreneurs en difficulté avec des prêts faciles, en obligeant ceux d'entre eux qui n'arrivent pas à rembourser à temps à rejoindre Boko Haram (Mercy Corps 2016).

Opportunisme

Au-delà de ces formes de recrutements forcés, Boko Haram offrait également des motivations opportunistes plus positives : en donnant accès à la richesse, aux armes ou à l'influence, ou en promettant l'éducation, le statut social, le respect et la peur. Boko Haram n'était donc pas seulement une source d'inspiration religieuse ou de liens sociaux, mais aussi d'opportunités. Des opportunités de gagner de l'argent et de s'épanouir économiquement, mais aussi d'avoir accès à de nouveaux réseaux et de vivre des aventures. Comme Verkaaik (2004) l'a soutenu dans le cas du Pakistan, beaucoup au nord du Nigeria nous ont affirmé que rejoindre des mouvements de protestation radicaux et même participer à la violence peut parfois, en particulier avant l'acte, paraître amusant et aventureux. Avec le recul, un tel argument semble bizarre étant donné l'extrême violence et la destruction provoquées par l'insurrection de Boko Haram. Mais le fait est que les choix vers la radicalisation ne sont pas faits avec le recul, et sont souvent basés sur des informations peu fiables et biaisées et un niveau élevé d'incertitude. Les choix qui peuvent paraître bons sur le coup ont parfois de terribles conséquences imprévisibles; mais doivent être évalués et compris dans le contexte dans lequel ils ont été faits, et non en relation avec les conséquences qu'ils ont produites. L'histoire de Musa peut être une bonne illustration de ce point.

Etude de cas 6 : Musa, homme de 25 ans environ

Musa n'a reçu aucune éducation formelle et vient d'une famille pauvre comparativement au reste de la population locale. Il n'est connu que pour les petits boulots qu'il faisait pour joindre les deux bouts. Il refusa de se joindre à la tradition agricole de sa famille. Le père de Musa est un paysan bien connu en ville. Il a aussi plusieurs femmes qui vivent avec lui dans la même maison. Sa mère vient d'un des villages environnants, et est fille d'un professeur de tsangaya (ulama). Selon les témoignages, le père de Musa n'a envoyé aucun de ses enfants à l'école parce qu'il ne pouvait pas se le permettre. Mais il était un très bon paysan. Les autres frères et sœurs de Musa sont également actifs dans l'agriculture et d'autres types de commerce. Musa s'est marié récemment.

Musa était très populaire parmi ses pairs dans le voisinage. N'étant inscrit à aucune école, il a pratiquement grandi dans la rue, ce qui l'a rendu célèbre. Comme d'autres jeunes du quartier, beaucoup de ses camarades d'âge étaient au chômage et ont refusé d'apprendre un métier. Ainsi, ils passaient tout leur temps dans le quartier assis du matin au soir, à ne rien faire. Lorsque la secte Boko Haram ouvrit un nouveau centre très près de l'endroit où ils trainaient, beaucoup parmi eux commencèrent à s'y rendre, par curiosité. En outre, tout ce que la secte faisait était dirigé contre le gouvernement, ce qui amena aussi beaucoup de ces jeunes à la rejoindre.

Musa devint membre de Boko Haram après la crise de 2009, lorsque la secte est revenue de son exil forcé. Après sa sortie de la clandestinité et son retour en ville, la secte a commencé à convaincre des jeunes comme Musa à rejoindre ses rangs. Il a été un informateur au début, et mena d'autres activités plus tard, y compris le meurtre. Beaucoup de gens l'ont vu portant une arme à feu.

Pourquoi Musa a-t-il rejoint Boko Haram? Parce qu'il a été influencé par ses amis? Parce que certains de ces amis sont revenus de leur exil et sont restés en ville ? Moussa voyait comment ses amis étaient respectés dans la région, et quand ils l'ont invité à se joindre à eux, il n'a pas tardé à le faire. Parmi eux, il y avait beaucoup de membres de leur 'gang' qui jouaient avec lui avant l'arrivée de Boko Haram. Ce sont ces mêmes amis qui sont revenus et ont aidé à recruter des gens comme Musa. Une chose qui l'a convaincu était la façon dont ses amis de Boko Haram dépensaient l'argent. Cela était particulièrement intéressant car il savait qu'ils étaient très pauvres avant de rejoindre la secte.

Chaque fois qu'un incident violent survient au nord du Nigeria, les experts s'empressent de souligner que l'importante population de jeunes sans emploi est probablement l'un des facteurs pouvant aider à expliquer cet incident (Onuoha 2014). Différents analystes appliquent des mécanismes légèrement différents pour expliquer cette relation hypothétique, mais il s'agit souvent d'une variante de l'idée que les jeunes chômeurs sont peu coûteux à recruter, ont peu à faire et ont peu à perdre (et sont donc peu motivés à éviter le risque). À certains égards, Musa pourrait être considéré comme un exemple de cet type, même si je dois dire que les cinq autres histoires ne le sont pas, et que la majorité des histoires que je n'ai pas exposées ici ne le sont pas non plus. Il était au chômage et on croit qu'il a rejoint la secte à cause des avantages (respect et argent) qu'apportait à ses amis leur adhésion; et après son adhésion, il fut non seulement un indicateur, mais fut également aperçu portant une arme à feu. Il se peut donc que Musa ait choisi la violence et la radicalisation parce que c'était la meilleure option qui s'offrait à lui.

Pourtant, cela nous oblige à formuler des hypothèses assez solides sur les intentions et les motivations de Musa, ainsi que sur le contexte qui a prévalu à ses prises de décision. La première hypothèse est que Musa savait exactement dans quoi il s'engageait lorsqu'il a choisi de rejoindre ses amis en tant qu'informateur. Peut-être qu'il le savait, et peut-être qu'il ne le savait pas - mais ce qu'il ne pouvait certainement pas anticiper, c'est comment le mouvement allait s'intensifier et devenir de plus en plus violent au fil des années qui ont suivi son adhésion. Deuxièmement, le moment et le contexte sont par conséquent importants : l'après crise 2009 et «le retour des membres de la secte de leur exil forcé», vraisemblablement vers 2011. Boko Haram n'était pas encore devenue une insurrection connue pour ses enlèvements, ses violences sexuelles et ses tueries à grande échelle. C'était certainement une organisation violente, en partie clandestine, mais qui s'attaquait principalement au gouvernement nigérian (ainsi qu'à ses ennemis locaux, tels que les chefs traditionnels et les prédicateurs islamiques qui avaient pris position contre elle) pour se venger des assassinats de 2009. Le soutien du public à l'organisation était probablement déjà en baisse, mais beaucoup se reconnaissaient encore dans leur position antigouvernementale - même s'ils n'approuvaient peut-être pas les méthodes utilisées. Musa a choisi de rejoindre cette organisation; pas l'organisation qu'elle deviendrait des années plus tard. De plus, il a d'abord rejoint l'organisation en tant qu'informateur; pour le reste, nous ne savons pas comment s'est déroulé le mouvement progressif vers l'action violente, et à quel point il était libre de choisir cette voie, ou de quitter l'organisation s'il l'avait voulu. Enfin, nous ne savons pas jusqu'où Musa était au courant des activités de Boko Haram à l'époque. Les informations sur Boko Haram, depuis 2009, étaient notoirement peu fiables, y compris pour les populations locales qui devaient se fier aux rumeurs. Musa savait peut-être dans quoi il s'engageait, mais il a tout aussi bien pu se fier à des rumeurs non fondées.

Réflexion

Comment les gens finissent-ils par combattre pour des organisations comme Boko Haram? Une intuition persistante suggère qu'un tel choix nécessite une « radicalisation », c'est-à-dire un processus de conversion idéologique vers l'acceptation de la légitimité de la violence comme outil politique. Mais que signifie «radicaliser» dans le contexte du nord du Nigeria? Certaines des histoires de ce chapitre pourraient trouver un écho avec des conceptions de la radicalisation à la mode «tapis roulant», selon lesquelles l'endoctrinement amène les individus à des positions de plus en plus extrémistes, aboutissant à une acceptation de la violence. En particulier, Abdul et Aisha, qui ont rejoint l'organisation de bonne heure et pour qui la foi était considérée comme une motivation importante, ont peut-être suivi un processus d'«apprentissage» de la légitimité et de la violence avant de s'y engager. Bien sûr, nous aurions besoin de plus d'informations pour évaluer la validité de cette interprétation; mais ce que nous savons, c'est que dans les autres histoires, la « radicalisation » semble avoir pris une toute autre tournure.

Khadiya, Shehu et Musa ont probablement rejoint Boko Haram pour des raisons autres qu'une conviction idéologique profonde (amis, famille, argent), ce qui signifie que l'appartenance au groupe dans ces cas a précédé - et peut-être précipité- la conviction idéologique pour le groupe, et probablement aussi leur croyance à la justification de la violence (si jamais ils ont atteint ce point). Quant à Maryam, il semble probable qu'elle ait été forcée de rejoindre l'organisation avant d'être convaincue de ses principes idéologiques; elle a probablement été également forcée de se livrer à des actes violents avant de croire que c'était la bonne chose à faire. Ici, l'appartenance à un groupe et peut-être même la participation à des actions violentes peuvent avoir précédé toute croyance «radicalisée» selon laquelle ces actions étaient souhaitables ou justifiées.

Dans leur ensemble, les preuves limitées présentées dans ces histoires suggèrent que la radicalisation peut impliquer différentes trajectoires, dans lesquelles le séquencement de l'appartenance à un groupe, la conviction idéologique et l'action violente peuvent prendre toutes sortes de formes. De plus, les histoires présentées indiquent que la radicalisation peut être un processus lent et progressif dans lequel les connexions causales sont variées et complexes. Elles sont profondément dépendantes de circonstances changeantes et caractérisées par l'incertitude, des informations peu fiables et de fortes irréversibilités. Musa, par exemple, a peut-être été mal informé des conséquences de l'appartenance à Boko Haram, d'autant plus que le mouvement s'est transformé et est devenu de plus en plus violent. Toutefois, après l'avoir rejoint, il n'y avait pas de retour en arrière : quitter Boko Haram était toujours un choix incroyablement dangereux, étant donné que ni le groupe ni l'armée nigériane n'étaient connues pour l'accueil et la protection des déserteurs. Son choix, même imparfaitement informé, était devenu irréversible.

Ces complications inhérentes aux décisions prises dans les processus d'adhésion ou de retrait des organisations violentes suggèrent une prudence dans l'analyse des processus de radicalisation : l'idée simple que les choix de rejoindre, d'éviter ou de résister aux organisations violentes doivent être évalués dans le *contexte spécifique* dans lequel ils ont été faits. Au cours des presque trois décennies d'existence de Boko Haram, le mouvement s'est fondamentalement transformé. Ceux qui l'ont rejoint pendant les premières années l'ont probablement fait pour des raisons très différentes de ceux qui l'ont fait à la pointe de l'insurrection, ou de ceux qui peuvent encore rejoindre la secte aujourd'hui. En fait, toute la signification et les exigences de « l'adhésion » à Boko Haram ont probablement changé au cours de cette période. Pourtant, compte tenu de la quasi-irréversibilité de l'adhésion, et le groupe devenant de plus en plus violent, les premiers membres sont aujourd'hui capables de commettre les mêmes actions violentes que les derniers venus. La radicalisation dans les groupes violents tels que Boko Haram implique donc non seulement des motivations diverses à un moment donné, mais aussi des variations dans le temps ainsi que des interactions complexes entre les motivations et les actions de ceux qui sont à l'intérieur du groupe.

Ce chapitre a interprété six histoires de radicalisation au sein de Boko Haram, et a souligné l'importance de la foi, de la famille et des amis, de la coercition et de l'opportunisme pour les expliquer. Mais compte tenu de la longue vie du mouvement, de ses transformations, des énormes changements contextuels qui ont marqué ses opérations et de la diversité de ses membres, ce n'est probablement que la pointe de l'iceberg. La collecte de nouvelles informations empiriques est la stratégie la plus mieux indiquée pour améliorer notre compréhension du mouvement. Depuis sa création au début des années 2000, Boko Haram a été enveloppée de mystère et, aujourd'hui encore, la quantité de documents empiriques fiables sur l'histoire de l'organisation reste limitée. En conséquence, les chercheurs peut-être trouvé difficile d'identifier les mécanismes causaux derrière la montée du mouvement, et presque impossible d'évaluer, et de choisir, la gamme des théories structurelles et historiques qui ont été suggérées pour l'expliquer. De nouvelles données empiriques sont donc absolument nécessaires pour faire avancer le débat sur les origines de Boko Haram, ses impacts et les moyens d'empêcher son retour.

Bibliographie

Adesoji, Abimbola. 2010. "The Boko Haram Uprising and Islamic Revivalism in Nigeria/Die Boko-Haram-Unruhen Und Die Wiederbelebung Des Islam in Nigeria." *Africa Spectrum*, 95–108.

Agbiboa, Daniel Egiegba. 2013. "Why Boko Haram Exists: The Relative Deprivation Perspective." *African Conflict & Peacebuilding Review* 3 (1): 144–57.Amnesty International. 2015. *"Our Job Is to Shoot, Slaughter and Kill": Boko Haram's Reign of Terror in North-East Nigeria.* London: Amnesty International.

Comolli, Virginia. 2015. *Boko Haram: Nigeria's Islamist Insurgency.* Oxford University Press.Higazi, Adam, and Florence Brisset-Foucault. 2013. "Les Origines et La Transformation de L'insurrection de Boko Haram Dans Le Nord Du Nigeria." *Politique Africaine*, no. 2: 137–64.

International Crisis Group. 2016. *Nigeria: Women and the Boko Haram insurgency.* Report 242, 5 December 2016.

Kalyvas, Stathis N., and Matthew Adam Kocher. 2007. "How 'Free' Is Free Riding in Civil Wars? Violence, Insurgency, and the Collective Action Problem." *World Politics* 59 (2): 177–216.

Kane, Ousmane. 2003. *Muslim Modernity in Postcolonial Nigeria: A Study of the Society for the Removal of Innovation and Reinstatement of Traditon.* Boston, MA: Brill.

Last, Murray. 2014. "From Dissent to Dissidence: The Genesis & Development Reformist Islamic Groups in Northern Nigeria." In *Sects & Social Disorder: Muslim Identities & Conflict in Northern Nigeria*, edited by Abdul Raufu Mustapha, 18–53. Woodbridge: James Currey.

Loimeier, Roman. 1997. *Islamic Reform and Political Change in Northern Nigeria.* Evanston: Northwestern University Press.

———. 2012. "Boko Haram: The Development of a Militant Religious Movement in Nigeria." *Africa Spectrum*, 137–55.

Mercy Corps. 2016. "'Motivations and Empty Promises' Voices of Former Boko Haram Combatants and Nigerian Youth." Mercy Corps.

Montclos, Marc-Antoine Pérouse de, ed. 2014. *Boko Haram: Islamism, Politics, Security and the State in Nigeria.* Leiden: African Studies Centre.

Muhammed, Abdulkareem. 2010. *The Paradox of Boko Haram.* Kano.

Mustapha, Abdul Raufu, ed. 2014. *Sects & Social Disorder: Muslim Identities & Conflict in Northern Nigeria.* Woodbridge: James Currey.

Ostien, Philip. forthcoming. "The Muslim Majority in Northern Nigeria: Sects and Trends." In *Creed and Grievance: Muslims, Christians and Society in Northern Nigeria*, edited by Abdul Raufu Mustapha and David Ehrhardt. Oxford: James Currey.

Onuoha, Freedom C. 2010. "The Islamist Challenge: Nigeria's Boko Haram Crisis Explained." *African Security Review* 19 (2): 54–67.

———. 2014. *Why Do Youth Join Boko Haram?* US Institute of Peace.

Smith, Mike. 2015. *Boko Haram: Inside Nigeria's Unholy War.* IB Tauris.

Tilly, Charles. 2003. The Politics of Collective Violence. Cambridge: Cambridge University Press.

Varin, Caroline. 2016. *Boko Haram and the War on Terror.* ABC-CLIO.

Verkaaik, Oskar. 2004. *Migrants and Militants: Fun and Urban Violence in Pakistan.* Princeton: Princeton University Press.

UNOCHA, "Nigeria | OCHA." 2017. Accessed August 13. http://www.unocha.org/nigeria.

Umar, Mohammed Sani and David Ehrhardt (2014) "Life Histories of Boko Haram Members", Working Paper for the NSRP workshop on Radicalisation and Counter-Radicalisation in Abuja, September 2014

10. Jeunesse Rebelle? Médias sociaux, leadership charismatique, et jeunes « radicalisés » lors des manifestations de 2015 au Biafra

Inge Ligtvoet et Loes Oudenhuijsen

Par des observations ethnographiques en ligne et hors ligne, nous nous concentrons sur les nouvelles manifestations du Biafra entre 2014 et 2016. Cette période marque un pic dans la quête de la renaissance de la République autonome du Biafra, qui a vécu parmi une partie de la population Igbo depuis la fin de la guerre civile nigériane en 1970, lorsque le Biafra a été perdu. En 2015, une série d'événements, y compris l'arrestation de Nnamdi Kanu, activiste du Biafra, a conduit à une mobilisation en ligne massive des jeunes Igbo, frustrés par leur position marginale au sein de la société nigériane. Les manifestations numériques se sont transformées en rencontres régionales et en manifestations dans le monde entier. Au cours des mois qui ont suivi, des affrontements sanglants entre l'armée nigériane et les jeunes Igbo ont laissé derrière eux au moins 150 manifestants tués dans le sud-est du Nigéria (Amnesty International, 2016). Ce chapitre s'appuie sur les observations personnelles et les conversations des deux auteurs qui étaient présents à Enugu en 2014 et à la fin de 2015 respectivement. Il présente les histoires des personnes qu'ils ont rencontrées et met en évidence le discours et la position changeant rapidement sur le Biafra à Enugu, nourris par les médias sociaux et agités par plusieurs activistes clés. Ces changements ont formé le contexte de la montée soudaine et du soutien des mouvements pro-Biafra radicaux (MASSOB, IPOB) qui existaient bien avant l'heure des manifestations.

'La culture Igbo dit qu'aucune condition n'est permanente. Le monde change continuellement.' Chinua Achebe, *There Was a Country*

Introduction

'Depuis quand êtes-vous sur le *territoire du Biafra?*' me demanda un conducteur de pousse-pousse à Enugu, en référence à l'État sécessionniste qui provoqua la guerre civile nigériane entre 1967 et 1970. En octobre 2015, les conversations sur le Biafra étaient devenues si courantes que nous n'avions souvent plus besoin de soulever le sujet nous-mêmes, contrairement à ce que nous avions constaté lors de nos travaux de terrain dans la même ville une année auparavant.[1] A notre retour au Nigéria le 19 octobre 2015, nous sommes tombées sur un moment particulièrement important de la vie du mouvement 'Biafrais'. Un jour plus tôt, Nnamdi Kanu, le directeur de Radio Biafra, une station de radio émettant depuis Londres, et leader du Peuple Indigène du Biafra (PIDB), avait été arrêté et jeté en prison par les Services de Sécurité de l'Etat nigérian à Lagos à son arrivée au Nigéria[2]. Son arrestation provoqua une vague de manifestations (violentes) qui doivent être comprises dans le contexte de l'agitation qui persistait déjà au Nigéria du sud-est en faveur de la (ré-) souveraineté du Biafra (voir Onuaha 2013). Beaucoup virent dans l'arrestation de Kanu la preuve de ce qu'ils croyaient être la répression du peuple Igbo par le gouvernement nigérian et le Président Buhari en particulier, qui venait d'être élu la même année. Les deux mois de travaux de terrain qui ont suivi furent pleins de références au Biafra, contrairement à l'année précédente, où les gens parlaient à peine du Biafra, à moins d'avoir été spécifiquement invités à le faire. Cependant, l'agitation autour du Biafra et les manifestations ne nous ont pas surprises. Des mouvements luttant (violemment) pour le Biafra ont toujours existé depuis que le Nigéria a reconquis l'Etat en 1970 (voir Adekson 2004; Onuoho 2013). En 2014, deux incidents majeurs se sont produits dans la ville d'Enugu – le drapeau du Biafra hissé sur le siège du gouvernement et l'occupation d'une radio locale[3] - qui n'ont cependant pas suscité beaucoup de débat à l'époque. A l'époque, les conversations en ville tournaient surtout autour des futures élections présidentielles de 2015, avec peu de référence au Biafra. Toutefois,

---

[1] Cette recherche a été menée par deux auteurs à des périodes différentes. Pour des raisons de lisibilité, nous avons choisi d'utiliser 'nous' chaque fois que nous parlons des observations et des entretiens, même lorsqu'un seul auteur était sur le terrain. Nous ferons explicitement référence aux données de chacun des auteurs dans les notes de bas de page le cas échéant.
[2] Le Directeur de Radio Biafra, Nnamdi Kanu, arrêté selon certaines sources, Vanguard 18-10-2015: http://www.vanguardngr.com/2015/10/breaking-radio-biafra-director-nnamdi-kanu-reportedly-arrested/. Consulté le 8 février 2017.
[3] Nous avons saisi pendant 4 heures le siège du gouvernement de l'état d'Enugu, affirme Onwuka, leader du BZM, Vanguard 13-03-2014:http://www.vanguardngr.com/2014/03/seized-enugu-govt-house-4-hours-says-onwuka-bzm-leader. Consulté le 2 février 2017.

les gens exprimaient un fort sentiment de marginalisation des (Igbo). Après l'arrestation de Nnamdi Kanu, les discussions autour du Biafra devinrent courantes pour ceux qui s'agitaient pour et contre une nouvelle République du Biafra, et les deux camps étaient impatients d'engager le débat aussi bien en ligne et qu'hors ligne.

Les discussions sur la marginalisation et l'aspiration à la souveraineté du Biafra ont toujours existé dans la société Igbo depuis la fin de la guerre civile (Smith 2004), mais le discours particulier de résistance de 2015 et l'ampleur des manifestations qui ont suivi furent exceptionnels dans l'histoire du Nigéria d'après-guerre civile. Des années de terrorisme et d'enlèvement de Boko Haram, l'élection d'un Président musulman du Nord, et l'arrestation de Nnamdi Kanu ont provoqué une grande colère au sein de la population Igbo à prédominance chrétienne, colère ancrée dans le souvenir de la guerre civile au Biafra (Onuaha 2013: 435). En outre, les différents mouvements pro-Biafra ont cette fois-ci exploité à outrance les médias sociaux, alimentant davantage le discours déjà existant et généralisant l'agitation en faveur de la souveraineté. Les souvenirs de la guerre civile, les sentiments de marginalisation des Igbo au Nigéria et l'effet incitateur des médias sociaux ont créé un moment particulier de positionnement sociopolitique et de prise de décision, une conjoncture vitale (Johnson-Hanks 2002) pour toute la jeunesse du Nigéria du sud-est (de Bruijn 2017: introduction). L'activisme en ligne de 2014 et 2015, animé principalement par Radio Biafra Londres, l'organisation de la diaspora dirigée par Nnamdi Kanu, se transforma en manifestations de rue en octobre 2015 et en affrontements sanglants avec l'armée nigériane dans les mois qui suivirent. Beaucoup de jeunes Igbo, la plupart de sexe masculin, semblaient s'être rapidement radicalisés au cours de cette période dans leur mission de restauration du Biafra, à tel point que le gouvernement nigérian se résolut à utiliser une force (militaire) extrême. Les jeunes manifestants furent taxés d'agitateurs ou de rebelles par le gouvernement et les médias (inter)nationaux; leur mission fut qualifiée « d'agitation pour la souveraineté » ou de « rébellion séparatiste ». Cependant, la question qui se pose est de savoir à quel point ces jeunes[4] se sont réellement radicalisés ou s'ils ont adopté une position temporairement 'radicale', sous l'incitation

---

[4] La plupart des manifestants était de sexe masculin

de leaders charismatiques d'organisations radicales telles que le PIDB de Kanu. Dans ce chapitre, nous analyserons les manifestations pro-Biafra de 2015 et le moment particulier de positionnement sociopolitique de ces jeunes, avec un accent particulier sur le rôle des médias sociaux, principalement Facebook et WhatsApp. Nous tenterons de comprendre pourquoi l'activisme apparent des jeunes Igbo en ligne ne s'est pas reflété sur la réalité hors ligne des manifestations urbaines qui eurent lieu. Pourquoi tant de jeunes furent si actifs sur les réseaux sociaux mais ne participèrent pas aux manifestations dans les villes du sud-est nigérian? Pourquoi ne sont-ils pas allés au-delà du virtuel, et que nous dit cet état de fait sur la radicalisation supposée de la jeunesse Igbo au cours de cette période?

Réflexions méthodologiques

Ce chapitre est basé sur les travaux de terrain ethnographiques menés à Enugu et dans les communautés en ligne par les deux auteurs à des périodes différentes, avant, à et après l'apogée des manifestations de 2015. Loes Oudenhuijsen s'est rendu à Enugu d'octobre à décembre 2015 pour mener une enquête sur les médias sociaux et l'engagement politique, et en a profité pour recueillir des données ethnographiques sur les manifestations pro-Biafra qui s'y déroulaient. Inge Ligtvoet mena des recherches de terrain à Enugu en 2014 pour son projet de doctorat[5], et aborda le sujet du Biafra et de la guerre civile chaque fois que l'opportunité se présentait au cours des conversations ou entretiens informels. Les deux auteurs ont rejoint, sur Facebook et WhatsApp, les groupes de discussion des antennes régionales et locales du PIDB et ont ainsi pu recueillir des récits et des points de vue, des images sordides et des sentiments qu'on ne pouvait trouver souvent qu'en ligne. Bien que cette recherche fût menée par deux auteurs différents à deux périodes différentes, toutes deux se lièrent d'amitié avec Azu, un jeune Igbo vivant à Enugu, qui est au cœur de ce chapitre. Cette amitié nous a permis de mettre ensemble nos données individuelles et d'analyser le soulèvement de 2015 dans un contexte plus vaste. A travers l'analyse biographique de la vie d'Azu et sa (non) implication dans

---

[5] Les deux recherches furent menées dans le contexte du projet Connexion en Périodes Difficiles, www.connecting-in-times-of-duress.nl

« l'agitation » (en ligne) en faveur du Biafra, nous cherchons à mieux comprendre les jeunes derrière les manifestations, leurs motivations et leurs pratiques, et à quel point ils ont été ou n'ont pas été « radicalisés ». En parlant des résultats de nos travaux de recherche et de nos rencontres avec les interlocuteurs, nous avons choisi d'utiliser « nous » bien que la plupart des données fût collectée séparément par l'une de nous deux. Nous avons fait référence le cas échéant aux conversations sur WhatsApp, aux entretiens et notes individuels.

Brève biographie d'Azu

Azu (1984) est un jeune entrepreneur concepteur de chaussures et de sacs, et un étudiant en génie civil à Enugu. Agé d'une vingtaine d'années, il vivait avec sa mère et ses sœurs dans l'Etat du Delta lorsqu'un révérend de son église, qui devait rejoindre avec sa famille son nouveau poste à Enugu, lui a offert un boulot comme blanchisseur dans cette ville. Azu n'a pas connu une jeunesse facile. Après le divorce de ses parents tôt dans sa vie, il fut envoyé à son oncle à Ikom (Etat de Cross River) pour y travailler. Son oncle lui paya l'éducation que sa mère n'avait pas su lui offrir, mais il fut soumis à des conditions de travail pénibles et ne put terminer ses études. A son retour dans l'Etat du Delta, il ouvrit une laverie qui lui procura assez d'argent pour soutenir sa mère et payer ses propres frais d'étude secondaire. Quelques années plus tard, il rejoignit donc la famille du révérend à Enugu, où il croyait trouver plus d'opportunités d'affaires. Alors qu'il travaillait comme blanchisseur, il apprit par lui-même à concevoir et à fabriquer des chaussures. Avec l'argent qu'il gagna en tant que garçon de lessive et des premières ventes de ses produits, il loua une chambre sur le campus de l'université d'Enugu. Il commença aussi des études de génie civil à l'Institut de Gestion et de Technologie. En 2014, il ouvrit un atelier dans les locaux de son école, où il concevait et vendait ses produits parallèlement à ses études en génie civil (« Car les Nigérians croient au diplôme, et non au […] talent »[6]).

Bien qu'Azu gagne assez d'argent pour se subvenir à ses besoins et à ceux de sa famille, il est très frustré par le Nigéria dans lequel il vit. Sa confrontation quotidienne avec la corruption, le manque

---

[6] Entretien avec Azu, 11 Décembre 2014, *Inge Ligtvoet*

d'électricité et d'infrastructures de base, et le sentiment général de ne pas être pris en charge par le gouvernement ont fait de lui un homme cynique et en colère. Mais quel que fut le niveau de frustration d'Azu en 2014, il parlait à peine du Biafra dans les conversations ou entretiens informels. La seule fois qu'il en parla fut lors d'un petit déjeuner que nous avons partagé avec lui et son cousin, un étudiant en sciences politiques et activiste Biafrais, qui l'amena à dire en substance : « nous [les jeunes] devons terminer ce que nos pères ont commencé »[78]. Le Biafra est au cœur de l'histoire familiale d'Azu dont le père fut un combattant pendant la guerre civile, et qui revint du champ de bataille auréolé du titre de héros de la guerre biafraise. On affirmait que son père était retourné à la maison après plus de 30 kilomètres de marche portant sur son épaule le corps d'un soldat Biafrais mort sur le champ de bataille, alors que lui-même était grièvement blessé. La frustration d'Azu vis-à-vis du Nigéria est étroitement liée à sa relation précaire avec son père qui, en raison de ses blessures et - il ne s'agit là que d'une interprétation - du traumatisme provoqué par sa participation à la guerre, ne prit jamais soin de sa famille et finit par l'abandonner dans la pauvreté.

La discussion en ligne que suscita l'arrestation de Nnamdi Kanu en 2015 attisa la frustration d'Azu et l'amena à parler plus ouvertement du Biafra et de ses espoirs apparents de restauration de la république souveraine. Au départ, Azu mettait l'étiquette « Fabriqué à Enugu » sur ses chaussures et ses sacs pour montrer avec fierté l'origine nigériane de ses produits par opposition à tous ces produits chinois qui inondaient le marché. Mais désormais, il a commencé à fabriquer des produits sur le thème du Biafra, comme cette carte de la forme du drapeau biafrais dont il envoya un exemplaire à l'une des auteurs de ce chapitre. Il rejoignit aussi le groupe de discussion local du PIDB sur WhatsApp et en adopta le discours, appelant le Nigéria « le zoo » et les non Biafrais les « babouins ». Mais comme beaucoup de jeunes Igbo, Azu n'a jamais participé aux meetings ou aux manifestations. Trop occupé à

---

[7] Conversation informelle avec Azu et son cousin, 19 juin 2014, *Inge Ligtvoet*

[8] Ce fut la seule fois où Inge entendit Azu parler du Biafra avec des mots aussi forts pendant ses travaux de terrain en 2014. Alors que sa colère envers le gouvernement nigérian apparaissait souvent dans nos conversations, il n'avait jamais mentionné le Biafra comme la (seule) solution à ce qu'il percevait comme la marginalisation des Igbo.

satisfaire ses propres besoins et ceux de sa famille, il ne pouvait se permettre d'aller manifester dans la rue pour la souveraineté et la libération de Nnamdi Kanu. Un an après les manifestations, le matin qui suivit l'élection présidentielle américaine de 2016, la passion d'Azu pour un Biafra indépendant fut remplacée par une critique plus générale du gouvernement nigérian et de l'occident, et par un soupir de foi.

Azu: Bonjour, s'il te plaît, si tu suis l'élection présidentielle américaine, dis-moi qui est en tête en ce moment?

Inge: Ils disent que Trump est le vainqueur probable.

Azu: Un très grand AMEN, mes prières sont sur le point d'être exaucées.

Azu: Il est temps de mettre fin à l'histoire d'amour entre la Maison Blanche et le Président Nigérian, les injustices commises au Nigéria aujourd'hui le sont avec le soutien de la Maison Blanche, si vous viviez au Nigéria, vous auriez mieux compris.

Inge: Penses-tu que la victoire de Trump donnera une nouvelle chance au Biafra?

Azu: Pour le Biafra, la volonté de Dieu sera faite[9]

Plusieurs mouvements, un même discours de marginalisation

Pour comprendre la position d'Azu et des jeunes comme lui qui ont participé aux manifestations en 2015 en ligne et hors ligne, il faut comprendre le mouvement biafrais dans des termes plus généraux. L'agitation pour le Biafra n'est pas organisée au sein d'un seul mouvement, mais s'étale sur une multitude de mouvements, et tous ne sont pas explicitement ou avant tout biafrais. Le MASSOB est un des groupes explicitement pro-Biafra. Créé en 1999 à Lagos, le Mouvement pour la Réalisation de l'Etat Souverain du Biafra se bat pour les intérêts du peuple Igbo (Onuoha 2011). Ayant perdu foi en la capacité de l'Etat nigérian de trouver une place pour les Igbo dans la sphère politique, le MASSOB se bat pour l'auto-détermination des Igbo dans un Biafra indépendant (ibid). Son chef, Ralph Uwazuruike, affirme que son mouvement est non violent et inspiré par Gandhi.[10]

[9] WhatsApp Conversation with Azu, 9 November 2016, 08:03 AM, *Inge Ligtvoet* (speller ng slightly adjusted for legibility)
[10] Entretien avec Ralph Uwazuruike, 9 décembre 2015, *Loes Oudenhuijsen.*

Fait intéressant, le MASSOB avait été déclaré en 2013 groupe extrémiste par le Président d'alors, Goodluck Jonathan, et une des trois premières menaces sécuritaires pour le Nigéria avec Boko Haram et le Congrès Populaire O'odua (ICG 2015). Uwazuruike lui-même affirme cependant que le MASSOB est pour la non-violence absolue et que le groupe mènera le Biafra à l'indépendance par le dialogue politique. A ses yeux, les vrais fauteurs de trouble sont le PIDB (ibid).[11]

Le Peuple Indigène du Biafra (PIDB) est le deuxième groupe explicitement pro-Biafra et présentement le plus actif sur les médias sociaux et à travers les manifestations. Créé en 2012 par Nnamdi Kanu, il est beaucoup plus jeune que le MASSOB de Ralph Uwazuruike, mais est devenu en peu de temps le mouvement le plus actif dans l'agitation en faveur du Biafra, utilisant Radio Biafra[12] comme moyen de dissémination de ses messages auprès de la diaspora et au Nigéria du sud-est. Avec des groupes de discussion locaux sur WhatsApp et des antennes locales actives dans l'organisation de manifestations de rue depuis l'arrestation de Nnamdi Kanu, l'activisme du PIDB a accaparé dernièrement la une de l'actualité sur l'agitation en faveur du Biafra.[13] Son émergence et sa croissance étant récentes, il existe à ce jour peu de document sur le mouvement. Cependant, les informations tirées de nos rencontres avec la famille de Nnamdi Kanu en 2015,[14] de même que les différentes manifestations du PIDB en ligne et ses meetings hors ligne, nous permettent de décrire sommairement l'organisation comme un mouvement fortement associé à Radio Biafra, la chaîne de radio émettant depuis Londres sous la direction de Nnamdi Kanu. L'émergence soudaine du mouvement peut être attribuée au fait que Nnamdi Kanu, qui a acquis une certaine notoriété grâce à son travail à Radio Biafra, est aussi le leader du PIDB. Le message de Radio Biafra à partir de Londres vers le Nigéria sur la marginalisation des

---

[11] Interview with Ralph Uwazuruike, 9 December 2015, *Loes Oudenhuijsen*.

[12] Nnamdi Kanu est le directeur de Radio Biafra, une radio (de la diaspora) émettant dans le monde à partir de son siège à Londres depuis 2009.

[13] Voir par exemple https://www.naij.com/tag/biafra-news.html or http://www.vanguardngr.com/?s=biafra or https://www.today.ng/tag/biafra pour les informations sur l'agitation au Biafra.

[14]Loes rencontra la famille de Nnamdi Kanu peu de temps après son arrestation en 2015.

Igbo et la nécessité d'un Etat indépendant du Biafra pour résoudre le problème de la marginalisation et de la sous-représentation, bénéficie de l'adhésion des Igbo du Nigéria et de la diaspora, qui se sont alignés sur le PIDB. Le PIDB a donc répandu ce message sur différentes chaînes de médias sociaux et l'a traduit en actes concrets d'activisme biafrais sous forme de manifestations de rue, de meetings régionaux par ses membres, et d'établissement de liens avec les organisations de droits de l'homme telles qu'Amnesty International, en vue de l'obtention de la reconnaissance de sa lutte.

Le MASSOB et le PIDB, ainsi que les autres organisations biafraises de moindre envergure, ont leurs propres leaders charismatiques et ont adopté des stratégies spécifiques visant à obtenir le soutien des Igbo du Nigéria et de la diaspora. Bien qu'elles puissent différer dans leur utilisation des mots, toutes ces organisations ont adopté le même message de marginalisation des Igbo qui sert de sous-bassement à leurs arguments et à leurs activités. Les conversations sur la marginalisation des Igbo sont très courantes au Nigéria du sud-est : c'est un discours porté à la fois par les tenants de la sécession du Biafra et les sceptiques de la sécession, que par ceux qui ont adhéré aux mouvements pour le Biafra et ceux qui ne l'ont pas fait. La marginalisation des Igbo au Nigéria est une croyance largement répandue au sud-est du pays car les Biafrais ont historiquement occupé moins de postes politiques et sont généralement sous-représentés dans le gouvernement et dans la sphère publique nigériane. Beaucoup d'Igbo croient que leur représentation politique et leur pouvoir sont réduits à dessein à travers un système de recensement conçu pour sous-compter les citoyens Igbo, et des règles de nomination aux postes dans la fonction publique pesant contre les Igbo, dont l'une des manifestations est l'absence de cadres Igbo aux postes les plus importants de l'Etat (Smith 2014). Ainsi, qu'ils soient ou non en faveur d'une deuxième République du Biafra, le sentiment de marginalisation des Igbo est largement répandu parmi les Biafrais. Nous avons vécu cette situation au cours d'un voyage dans un bus de Lagos à Enugu en octobre 2015. Lorsque notre bus s'embourba, un voisin fit le commentaire suivant: 'Vous voyez? C'est pour des choses comme ça que nous avons déclenché toute cette guerre civile à titre principal : la négligence'. Les plaintes contre les nids de poule sur les routes dans la partie sud-est du pays étaient courantes. Azu aussi exprimait des frustrations similaires par rapport à l'infrastructure, par exemple lorsqu'il y avait coupure d'électricité alors qu'il s'apprêtait à poncer électroniquement les chaussures qu'il venait de fabriquer ou lorsqu'il regardait la télé. Bien que cette confrontation quotidienne avec les dysfonctionnements de l'état soient une réalité dans tout le pays, pour les Igbo au sud-est, ces expériences sont souvent le déclencheur de conversations sur leur marginalisation. Un fait particulier que les gens pointent du doigt pour 'prouver' la marginalisation des Igbo est le système de quota d'admission à l'éducation secondaire et supérieure qui, de l'avis de beaucoup d'Igbo, favorise injustement les Haoussa.

Ce discours courant de la marginalisation s'est consolidé dans les mouvements politiques pro-Biafra. Selon le Dr. Elliot Uko, un des meneurs du Mouvement des Jeunes du Biafra[15], les groupes tels que le PIDB et le MASSOB ont exploité avec succès les frustrations des jeunes Igbo au profit de la cause biafraise[16]. Ces groupes ont utilisé les médias sociaux pour faire passer leur discours auprès du grand public au Nigéria du sud-est, qui était disposé à les écouter à cause du sentiment de déception qu'il éprouvait à l'égard du nouveau Président, et du contexte de tension croissante dans le pays. Grâce aux médias sociaux et aux opportunités de connexion à l'échelle mondiale qu'ils offrent, Nnamdi Kanu a réussi à propager l'idéologie du PIDB sur Radio Biafra et ses plateformes de médias sociaux. Beaucoup d'auditeurs purent ainsi partager leur idéologie et d'autres informations, de même qu'un langage incitatif (comme appeler par exemple le Nigéria le « zoo ») avec leurs amis et leurs suiveurs. Ce qui permit au mouvement de décoller rapidement. A travers Radio Biafra et sa plateforme de médias sociaux, le PIDB offrait aux jeunes un langage politique qui leur permettait de canaliser leurs griefs et leurs frustrations. Les jeunes commencèrent à adhérer aux groupes de discussion locaux du PIDB, et beaucoup considérèrent Kanu comme leur leader dans la lutte contre l'oppresseur nigérian. Après son arrestation, ces jeunes exprimèrent leur loyauté à travers une vague

---

[15] Le Mouvement des Jeunes Igbo est un mouvement dont le but déclaré n'est pas une nouvelle sécession du Biafra, mais la restauration de la culture et de l'identité Igbo et la sensibilisation des jeunes Igbo sur l'importance de l'éducation. Toutefois, la plupart des jeunes qui en sont membres sont pro-Biafra et impliqués dans d'autres mouvements biafrais. (Entretien avec Elliot Uko, 25 novembre 2015, *Loes Oudenhuijsen*).

[16]Entretien avec Elliot Uko, 25 novembre 2015, *Loes Oudenhuijsen*

de manifestations sur les médias sociaux et dans plusieurs villes du sud-est nigérian. En 2015, Azu était un des jeunes Igbo qui avaient adopté le discours de Radio Biafra et du PIDB à cause de ses frustrations quotidiennes à l'égard du gouvernement, et avait lui aussi rejoint les groupes de discussion en ligne du PIDB, contrairement à son ancienne habitude, en 2014, de (ne) pas parler du Biafra. *« A moins que n'émerge un chef de la carrure d'Ojukwu, plus personne ne se battra pour le Biafra »*.

Un matin de juin 2014, Azu nous demanda de lui apporter de l'okpa pour le petit déjeuner. *L'okpa* est un gâteau fait avec du haricot et un produit local d'Enugu, et constitue une fierté pour la région. La nourriture est très importante dans la culture Igbo et notre conversation sur l'okpa et sa signification pour la population d'Enugu prit rapidement une tournure politique sur la fierté Igbo et la marginalisation des Igbo par l'Etat Nigérian. Les échanges prirent une autre allure lorsque le cousin d'Azu, un étudiant en sciences politiques et qui vivait à titre provisoire chez lui, prit la parole. Il brossa avec éloquence la situation des jeunes au Nigéria, en particulier dans le sud-est, et développa l'argumentaire que le Biafra devait être restauré pour mettre fin aux souffrances des Igbo. Azu écoutait attentivement son cousin, approuvant souvent ce qu'il disait et visiblement séduit par ce qu'il entendait. Au fil des minutes, la conversation devint de plus en plus animée, les mots utilisés par le cousin d'Azu de plus en plus durs. Il évoqua la nécessité de manifester et alla jusqu'à dire qu'une nouvelle guerre serait peut-être nécessaire pour se libérer de l'oppresseur nigérian. Azu, que nous ne connaissions que depuis quelques mois à l'époque, et qui n'avait jusqu'alors jamais exprimé de sentiment pro-Biafra devant nous, s'écria soudain : 's'ils décident de repartir en guerre, je me joindrai à eux!' Lorsque son cousin continua de le provoquer, il s'exclama : 'nous terminerons ce que nos pères ont commencé!' Il apparut d'un seul coup prêt à se battre pour la cause biafraise, alors qu'il semblait s'être résigné à son sort avant, malgré les frustrations à l'égard du système nigérian qu'il exprimait souvent sur le ton de la plaisanterie. Le rôle de son cousin dans la conversation de ce jour ne doit pas être sous-estimé. Son éloquence et les arguments très élaborés qu'il développa en faveur du Biafra, et même d'une nouvelle guerre, furent bien reçus par le jeune plutôt naïf déçu par son incapacité à aller de l'avant à cause de l'insécurité dans l'état qu'était Azu. Ce qui se passa devant nous ce matin-là dans la maison d'Azu à Enugu se répliqua à l'échelle régionale et même globale plus d'un an après : un leader éloquent, Kanu, fut suivi par un groupe important de jeunes Igbo frustrés (la plupart de sexe masculin), qui parlaient de plus en plus ouvertement et se montrait déterminé à se battre pour la cause biafraise.

Ce qui attisa largement le mouvement biafrais, au-delà de la dissémination en ligne du nouveau discours sur la marginalisation des Igbo, fut la naissance d'un leader. Nnamdi Kanu, en sa qualité de chef du PIDB, proposait une deuxième République du Biafra comme solution aux griefs accumulés pendant longtemps par les populations du Biafra à cause de la perte de leur Etat en 1970 et la continuation de la répression des Igbo au Nigéria. Son arrestation en octobre 2015 pour terrorisme fut la preuve que le gouvernement nigérian prenait au sérieux son projet et son leadership, mais sous-estimait le nombre de ses partisans qui occupèrent les rues immédiatement après son arrestation. Un an plus tôt, Eze, un chauffeur de taxi à Enugu, qui n'était qu'un enfant à l'époque de la guerre civile, nous affirma qu'il était très peu probable que le Biafra redevienne une réalité un jour. Selon lui : « A moins qu'un nouveau chef de la carrure d'Ojukwe [charismatique et ayant l'adhésion populaire] n'émerge, plus personne ne se battra pour le Biafra ».[17]

Un an plus tard, probablement à la surprise d'Eze, Nnamdi Kanu émergea comme le chef du mouvement global en faveur du Biafra et transforma l'agitation pour la souveraineté du Biafra en manifestations de rue et en affrontements violents avec les autorités nigérianes, qui provoquèrent la mort de près de 150 manifestants (Amnesty International 2016).

Prince Emmanuel Kanu, le frère de Nnamdi Kanu, prit la direction exécutive du PIDB après l'arrestation de Kanu et continua le discours rendu populaire par son frère. Lui n'a aucun doute que le Biafra redeviendra une réalité : « Nous sommes un peuple très capable et à travers le dialogue et tous les moyens légaux possibles, nous ferons du Biafra une réalité. Mais si le dialogue ne suffit pas, il ne nous reste aucun choix ».[18] Prince Emmanuel Kanu joue le rôle

---

[17] Conversation informelle avec Eze, Octobre 2014, *Inge Ligtvoet*

[18] Entretien avec Prince Emmanuel Kanu, 26 Novembre 2015, Loes Oudenhuijsen

d'ambassadeur pour le Biafra. Il prêche dans les églises et fait, sur invitation, des interventions en faveur du Biafra. S'agissant du leadership de son frère Nnamdi Kanu, Prince Emmanuel Kanu dit ceci : « Chaque promesse faite par le chef du Peuple Indigène du Biafra a été tenue [...] Le Biafra est un mouvement de l'intelligence. « Ceux qui entendront l'évangile se joindront au mouvement ».[19] Pour Azu et beaucoup d'autres, en particulier les jeunes, ces propos sonnent vrai dans une certaine mesure. L'émergence de Nnamdi Kanu en tant que nouveau chef du Biafra a créé un élan qui les a amenés à s'aligner, quoique provisoirement ou principalement en ligne, sur la lutte pour la souveraineté du Biafra. L'arrestation de Nnamdi Kanu, qui s'était rapidement révélé nouveau leader du Biafra, amplifia l'appel pour un Biafra indépendant. Ce que nous avons observé au Nigéria du sud-est en octobre 2015 fut un moment crucial pour les jeunes, une conjoncture vitale qui les a obligés à se (ré) positionner politiquement. Azu, à l'instar des autres sympathisants du Biafra, a été captivé par la vigueur du mouvement dans l'environnement sociopolitique particulier du Nigéria d'alors, et a adopté une position (politique) radicale sur le Nigéria et le Biafra.

Les médias sociaux et le PIDB

L'utilisation des médias sociaux a été un élément crucial de la consolidation du mouvement biafrais. Ces mouvements sont redevables aux médias sociaux pour le rôle qu'ils ont joué dans l'organisation des rassemblements. Le groupe de discussion « IPOB ENUGU GENERAL » sur WhatsApp fut créé le 19 août 2015. Azu rejoignit le groupe et y a ajouté Loes en novembre 2015. Son nom suggère un focus régional du mouvement PIDB à Enugu et le groupe entendait jouer un rôle important dans la mobilisation des sympathisants locaux du PIDB pour les manifestations et les autres activités se déroulant spécifiquement à Enugu. Toutefois, le groupe semble avoir pris une tout autre tournure, disséminant auprès des sympathisants du Biafra toutes les informations sur le procès de Nnamdi Kanu, sur le comportement de Buhari par rapport à l'agitation au Biafra, et sur l'appui étranger au Biafra, en particulier les efforts des sympathisants biafrais au sein de la diaspora et auprès des

---

[19] Idem

ONG (des droits de l'homme) comme Amnesty International. En plus de servir de plateforme de propagande, le groupe de discussion agissait largement comme un espace où l'argument en faveur d'une République indépendante du Biafra trouvait un écho dans le langage de Radio Biafra et du mouvement global du PIDB : le Nigéria y est appelé le 'Zoo' et les Nigérians les 'babouins'; le musulman y est synonyme de terroriste, contrairement au chrétien, présenté comme pacifique (Figure 3).

En plus de WhatsApp, Facebook a été une source importante d'information. Il sert de plateforme de grande portée où est disséminé le discours (violent) de la marginalisation des Igbo. Les groupes Facebook tels que « LES BIAFRAIS AVEC LES VENGEURS SOUS NNAMDI KANU (IPOB) »[20], « LE FRONT DE LIBERATION DU BIAFRA' (B.L.F => Liberté!!!) sous MASSOB »[21], et la page Facebook de Radio Biafra[22] portent le même discours agressif envers le Nigéria et son gouvernement qu'on rencontre sur WhatsApp. Entre les messages de haine et les dernières informations sur le procès de Nnamdi Kanu, ces groupes et pages Facebook semblent alimentés par la diaspora qui y publie les images de manifestations des Biafrais au Royaume Uni principalement. Des photos de Nigérians et des ressortissants d'autres pays avec des t-shirts et des foulards à l'effigie du Biafra, ainsi que le drapeau biafrais y sont publiés. Des photos d'événements sont partagées. Tout cela montre que le rôle de la diaspora fut très important dans les mouvements biafrais. Et ce n'est pas tout. Cela montre également comment les mouvements cherchent à passer le message que le monde entier suit leur cause, et tentent de refléter les autres mouvements politiques luttant pour l'auto-détermination ailleurs. Certaines publications sur Facebook faisaient référence aux groupes indigènes luttant pour leur auto-détermination, partageant les mises à jour sur les meetings tenus par ces groupes avec les parlements de leurs pays, ou aux Nations-Unies. Fait intéressant, les groupes Facebook semblent aborder des sujets qui dépassent le seul cadre politique de l'auto-détermination des Igbo et du Biafra.

---

[20]https://www.facebook.com/groups/532221920317849/
[21]https://www.facebook.com/groups/1496094427301447/
[22]https://www.facebook.com/radiobiafra/?fref=ts

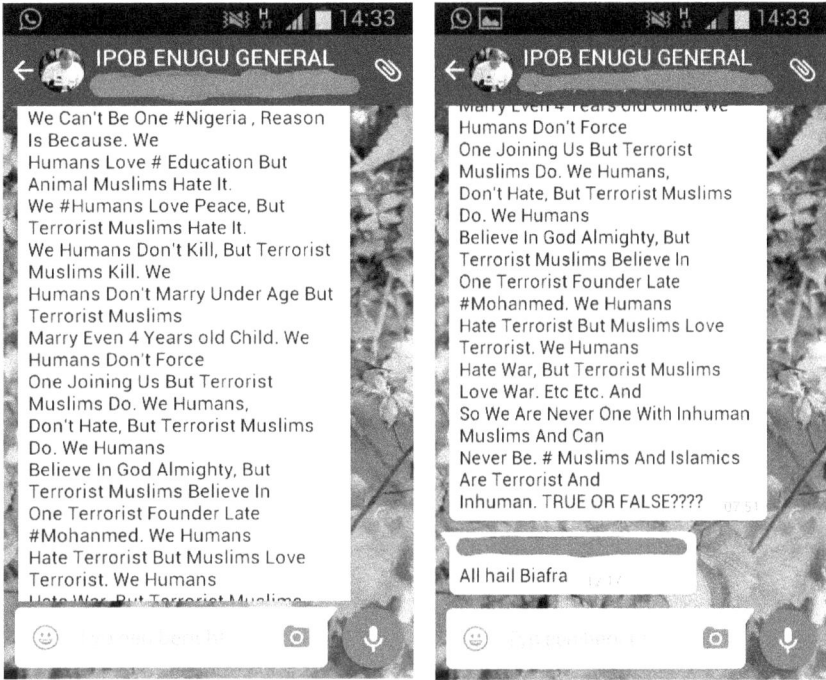

Figure 3: Capture d'écran 1 & 2

Une part assez importante des publications sur Facebook traitent des rencontres romantiques et du sexe, et sont parfois accompagnées de photos sexuellement explicites. Ces images mentionnent très souvent de manière explicite et avec fierté que la femme ou l'homme sur la photo est Igbo. De telles publications suggèrent que les groupes Facebook fonctionnent comme des communautés où les gens trouvent à la fois l'engagement politique et le divertissement, ainsi qu'un espace d'appartenance à la communauté Igbo. La variété des publications sur l'identité Igbo met l'accent sur son importance au-delà du domaine public.

Un aspect important de l'activité en ligne des groupes biafrais est leur caractère très international. Beaucoup d'Igbo Nigérians de la diaspora se sont exprimés ouvertement pour le Biafra et ont aidé à répercuter et à intensifier le discours.

Des rencontres en ligne aux meetings hors ligne

Bien qu'ils soient moins répandus que l'activisme en ligne, les meetings régionaux ont été un aspect important des mouvements biafrais. En plus des médias sociaux, les événements hors ligne ont joué un rôle central dans la création chez beaucoup d'Igbo d'un sentiment d'appartenance. Des meetings étaient régulièrement organisés depuis 2015 dans différents quartiers où le PIDB avait des sympathisants. Dans les mois de novembre et de décembre, nous avons assisté à deux de ces meetings de l'antenne du PIDB à Trans-Ekulu, un quartier de la ville d'Enugu. Ces deux meetings se sont déroulés à la Paroisse St. Theresa, une église catholique où officie en tant que catéchiste un des pères fondateurs de l'antenne du PIDB à Trans-Ekulu. Il s'agit d' « Old Soldier » (Vieux Soldat), connu aussi comme « BA4442 »- son numéro de soldat de la guerre du Biafra dans les années 60.

Old Soldier avait pris la tête du groupe. Le nom sous lequel il est connu, « Old Soldier » (Vieux Soldat), en dit assez long sur la façon dont il est perçu par les populations. Il est considéré comme l'expert absolu sur le Biafra, étant donné qu'il s'est battu très jeune pendant la guerre dans les années 60. Avec ses histoires sur le champ de bataille, il inculque chez les jeunes l'idée que le Biafra mérite littéralement qu'on se batte pour lui. En outre, sa persévérance dans la lutte pour le Biafra lui a permis de gagner le respect du groupe. Les meetings qu'il présidait semblent avoir servi deux buts. Premièrement, ils étaient organisés pour discuter des problèmes pratiques liés à l'organisation de manifestations contre la détention de Nnamdi Kanu et pour la sécession du Biafra en général. Le premier meeting auquel assista Loes se tint le 29 novembre, deux jours avant une audience du procès de Nnamdi Kanu. Les sous-groupes du PIDB tels que celui de Trans-Ekulu se préparaient à manifester devant le tribunal d'Abuja. La réunion briefa donc les membres sur la situation devant le tribunal d'Abuja pendant le jour des manifestations. Certaines mesures de sécurité que la police nigériane ne manquerait pas de prendre furent expliquées, et une alerte sur les points de blocage érigés par la police, sur la base des expériences précédentes, fut publiée.

Deuxièmement, ces meetings véhiculaient un fort sentiment d'appartenance et de confiance à l'avenir brillant qu'offre un Biafra indépendant. Les deux meetings ont commencé par une prière : « Nous nous battons pour l'humanité, car Dieu dit qu'être esclave est la pire chose qui puisse arriver à un être humain ».[23] A la suite de cette prière, tout le monde se mit debout, enleva ses chaussures et ses chapeaux, et professa, une main sur la poitrine et l'autre pointée en l'air, le serment de « ne jamais se subordonner […] ni mettre en danger […] la lutte du PIDB ».[24] Pendant tout le meeting, tous ceux qui se levèrent pour prendre la parole commencèrent par crier « PIDB ». L'audience répondait par « Grand Biafra ». La répétition, encore et encore, de la cause du meeting crée un fort sentiment de but commun et de future partagé. La prestation de serment est une caractéristique de première heure du PIDB. Avant d'adhérer au PIDB, toute personne doit professer le serment de loyauté à tout moment envers le PIDB.[25] En tout, une soixantaine de personnes (dont une seule femme) étaient présentes au meeting. Une faible participation, nous dît on, des chiffres de 200 participants n'étant pas rares. Le deuxième meeting du PIDB auquel nous avons assisté le 6 décembre mobilisa aussi une soixantaine de personnes. Au nombre de 3, le chiffre de participation des femmes avait triplé, mais nous pensons que pour ces meetings, 200 est un chiffre de participation exagéré.

Les manifestations de masse dans les rues ont été aussi un moment important dans l'expression de l'idéologie biafraise. Si en 2014 nous avons appris que le drapeau Biafrais avait été hissé pour la première fois[26], en 2015 nous avons été témoins de cet événement lors d'une série de manifestations organisées par des mouvements tels que le PIDB. Le 1er décembre 2015, nous avons tenté de nous rendre à Aba pour un meeting qui n'avait rien à voir avec les manifestations au Biafra, ignorant qu'une audience du procès de Nnamdi Kanu était prévue à Abuja ce même jour. Des manifestations, qui avaient donc été organisées dans plusieurs villes

---

[23] Observation au meeting du PIDB à Trans-Ekulu, 29 novembre 2015, *Loes Oudenhuijsen*

[24] Ibid

[25] Entretien avec *Old Soldier*, le 2 décembre 2015, *Loes Oudenhuijsen*

[26] Nous avons occupé le Siège du Gouvernement à Enugu pendant 4 heures, nous dit Onwuka, chef du BZM, Vanguard 13-03-2014: http://www.vanguardngr.com/2014/03/seized-enugu-govt-house-4-hours-says-onwuka-bzm-leader. Consulté le 2 Février 2017.

du sud-est, nous ont empêchés d'arriver à destination à Aba. Nous n'étions d'ailleurs pas les seuls à avoir été empêchés dans nos activités ce jour-là. Nous nous joignîmes donc à un groupe d'hommes regardant à une certaine distance les manifestants passer. Certains étaient des conducteurs de pousse-pousse dont la route avait été bloquée par les manifestants, d'autres des boutiquiers qui avaient décidé de fermer boutique, craignant de se faire piller par les manifestants. Dans l'attente que ces derniers libèrent le grand carrefour menant à Aba, nous fûmes témoins d'une atmosphère festive. Tout se passait comme si la foule était une bande de supporters d'une équipe après un match qui s'était soldé par une victoire. Pour nous, l'atmosphère pendant cette manifestation ressemblait à cette effervescence générale que nous observions chaque fois qu'on échangeait avec des sympathisants du Biafra. Beaucoup étaient, à l'époque, très optimistes par rapport à la taille et à la force du mouvement. A Aba, quelqu'un nous affirma que « des millions, peut-être 100 millions de personnes avaient participé aux manifestations de rue aujourd'hui ».[27] Cela nous a paru exagéré, en particulier au regard du fait que la population totale du Nigéria de 180 millions n'est qu'une estimation non-officielle de 2016 du Bureau Américain du Recensement (CIA 2016). Néanmoins, l'idée d'un mouvement populaire de masse qui apporterait bientôt le changement était partagée par beaucoup. Nous ne nous sommes pas vraiment intéressés aux vrais chiffres, mais plutôt au message contenu dans ce genre d'expressions, car le fait d'exagérer le nombre de sympathisants du PIDB et des manifestants reflètent l'optimisme que Nnamdi Kanu et sa Radio Biafra ont réussi à répandre. Les messages provocateurs des chefs de mouvements ciblant la population Igbo en général et adoptés par la diaspora, ont encouragé les gens à croire que la cause avait le soutien unanime de tous les Igbo.

---

[27]Conversation informelle avec un manifestant à Aba, le 1er décembre 2015, *Loes Oudenhuijsen*

Figure 4: Manifestants à Aba

La Figure 4 montre les manifestants à Aba avec la Livre biafraise, la monnaie de la République de Biafra entre 1967 et 1970, qui avait été réintroduite en 2006 par MASSOB. Owen (2009) soutient que la Livre de Biafra est «socialement nourrissante» et qu'elle crée une «communauté morale, par opposition à la situation corrompue, violente et dépravée de la sphère publique comme c'est le cas actuellement » (2009 : 580-581). La Livre du Biafra, en plus de la présence du soleil levant et des couleurs sur les drapeaux, les chapeaux, les t-shirts, les châles et les autocollants, a consolidé le mouvement politique du Biafra et était, pour toute personne se présentant avec de tels attributs, preuve d'appartenance au mouvement. Les objets matériels sont devenus des porteurs importants de la fierté et de l'identité du Biafra pour une sécession de la région. Azu était attiré par ces représentations matérielles du Biafra mais, plutôt que de se joindre aux manifestations de rue, a décidé d'appliquer le symbolisme dans ses propres créations comme sa contribution personnelle aux rassemblements. La carte postale sur la photo (Figure 4) qui a été envoyée à Inge en décembre 2015 semblait être le tournant. C'était une occasion claire de montrer à quelqu'un son engagement envers le Biafra. La façon dont il a travaillé sur la carte postale ressemblait à la façon dont il travaille de façon méticuleuse sur ses chaussures et ses sacs. Loin de se limiter à cette carte postale, il a commencé à utiliser son magasin comme un lieu d'où il pouvait faire valoir ses idées politiques, à travers la fabrication artisanale de chaussures et de sacs portant le drapeau biafrais, au fur et à mesure qu'il était attiré par la lutte du Biafra. Son petit atelier est passé d'une entreprise pour subvenir à ses besoins financiers, à un endroit pour montrer sa fierté d'être un véritable Igbo et montrer sa loyauté aux groupes pro-biafrais comme le PIDB. La description des Igbo comme un peuple travailleur a été mentionnée à plusieurs reprises par Azu et était devenue son moyen de s'identifier dans le cadre de la lutte pour le Biafra.

Mais à l'heure où nous rédigions ce document, Azu ne faisait plus partie d'aucun groupe de discussion sur les médias sociaux et avait cessé d'utiliser son atelier pour fabriquer des produits sur le thème du Biafra. Il s'était retiré du groupe de discussion du PIDB sur WhatsApp à Enugu, et n'était pas le seul à

Figure 5: Le drapeau Biafra

l'avoir fait. Le groupe ne compte de nos jours que 26 hommes, tous d'Enugu[28]. Alors qu'Azu avait introduit avec enthousiasme Loes dans le groupe en novembre 2015, lui-même le quitta un an plus tard. Pendant tout le temps qu'il fut membre, il posa seulement deux petites questions de clarification sur des articles de presse qui avaient été publiés dans le groupe, mais suivait les messages et les informations venant d'autres sources. Son appartenance au groupe était plutôt passive, même si le groupe eut de l'influence sur lui et

---

[28] Sont devenus membres en Juin 2016.

l'amena à parler plus ouvertement du Biafra dans sa vie de tous les jours. Bien qu'il rejoignît le groupe sur les médias sociaux et utilisât le thème du Biafra dans ses produits, Azu ne fut jamais un radical de la cause. Il ne s'est jamais joint aux manifestations de rue. Et bien qu'il ait affirmé une fois que les jeunes devaient terminer ce que leurs pères avaient commencé pendant la guerre civile, il n'a jamais traduit ces propos en acte. Beaucoup de jeunes qui prirent part aux débats pro-Biafra (en ligne) étaient comme Azu. Même s'il est vrai qu'ils étaient encouragés par un leader charismatique et par les opportunités offertes par les médias sociaux de se joindre à la lutte pour la cause en ligne, seuls quelques-uns (dans un sens relatif) traduisirent effectivement leurs activités en ligne en actes sur le terrain. Ils étaient des rebelles numériques (en ligne), mais pas hors ligne. Pour Azu, quitter le groupe WhatsApp et ses autres 'activités' (en ligne) pour le Biafra était devenu une évidence. Son désir initial de se joindre au mouvement disparut avec le remplacement de son rêve d'un Biafra indépendant par la réalité de la gestion (financière) de sa boutique et la préparation (financière) de ses études futures en coupe et couture.

Conclusion

Les jeunes comme Azu ont été sensibles à la répétition du discours dur en faveur du Biafra sur les différents médias sociaux et en particulier sur les chaînes de Radio Biafra.[29] La forte campagne (médiatique) de Radio Biafra et du PIDB, et son discours spécifique sur la marginalisation des Igbo et son leadership charismatique, ont amené beaucoup de jeunes (Igbo) à s'aligner sur la lutte pour le Biafra.[30] Cependant, après plusieurs mois de manifestations coûteuses en temps et qui obligèrent beaucoup de commerçants détaillants à fermer leurs boutiques pendant des jours, voire des semaines, les populations semblent revenues à leurs quotidiens. Azu en est un exemple éloquent. Bien qu'il parlât avec intransigeance de la nécessité d'un Biafra indépendant chaque fois qu'on lui rendait visite dans sa boutique à Enugu en 2015, sa dernière évocation du

---

[29] 593 020 environ à la date du 16 juin 2017.
[30] 593 020 environ à la date du 16 juin 2017.

Biafra fut qu'il se fera au moment voulu par Dieu[31]. Pour les jeunes comme Azu, dont la vie est une lutte permanente, ce qui compte au bout du compte, c'est toutes ces bouches qu'il faut nourrir. Beaucoup de jeunes réalisèrent que les manifestations ne les aideraient pas (dans l'immédiat) à satisfaire leurs besoins individuels. Face à une conjoncture vitale et à un discours sur la marginalisation, et obligés de prendre position, beaucoup d'hommes Igbo choisirent radicalement de participer à la lutte dans l'environnement sans risque de Facebook et de WhatsApp. Ils étaient rebelles en ligne, mais dans l'intérêt de leurs moyens d'existence, demeurèrent de bons citoyens dans leur interaction quotidienne avec l'Etat. Pour beaucoup dans la diaspora, il est très facile de répandre l'agitation en faveur du Biafra, car protester en ligne ne met absolument pas en danger leur revenu quotidien. Ceux-là continuent donc de nourrir en ligne l'activisme biafrais et de faire comme si le mouvement était plus que jamais vivant. Mais si vous posez la question aux Nigérians du sud-est, ils admettront que les choses se sont calmées : « Non, ça n'a pas chauffé ici depuis que le leader du PIDB est allé en prison [...] pas plus que lorsque vous étiez ici ».[32] En un mot, le discours sur la marginalisation des Igbo et l'appel à l'indépendance du Biafra n'ont pas disparu, mais ils ne continuent que de façon marginale dans les rues. En ligne toutefois, à cause de l'influence majeure de la diaspora, l'activisme demeure dynamique.

Bibliographie

Adekson, Adedayo O. 2004. The 'Civil Society' Problematique: deconstructing civility and southern Nigeria's ethnic radicalisation. London and New York: Routledge.

Braun, Bruce, and Susan Whatmore, eds. 2010. Political Matter: Technoscience, Democracy, and Public Life. Minneapolis: University of Minnesota Press.

CIA. 2016. 'The World Factbook'. Non-official estimate based on calculations from the US Census Bureau, July 2016. Retrieved in 13

---

[31]Conversation sur WhatsApp avec Azu le 9 novembre 2016, 08:03, *Inge Ligtvoet* (propos légèrement ajustés pour des raisons de lisibilité).

[32]Conversations sur WhatsApp avec Divine, 16 janvier 2017, *Loes Oudenhuijsen*

January 2017,   https://www.cia.gov/library/publications/the-world-factbook/fields/2119.html

ICG (International Crisis Group). 2015. "Nigeria's Biafran Separatist Upsurge." 4 December 2015
http://blog.crisisgroup.org/africa/nigeria/2015/12/04/nigerias-biafran-separatist-upsurge/

Johnson-Hanks, Jennifer. 2002. "On the Limits of Life Stages in Ethnograhpy: Toward a Theory of Vital Conjunctures. American Anthropologist 104(3), p. 865-880.

Onuoha.

Godwin. 2011. "Contesting the space: The "new Biafra" and ethno-territorial separatism in south-eastern Nigeria." Nationalism and Ethnic Politics 17, p. 402-422,

Onuoha, Godwin. 2013. "Cultural interfaces of self-determination and the rise of the neo-Biafran movement in Nigeria." Review of African Political Economy 40(137).

Owen, Olly. 2009. "Biafran pound notes." Africa 79(4), p. 570-594Smith, Daniel Jordan. 2014. "Corruption complaints, inequality and ethnic grievances in post-Biafra Nigeria." Third World Quarterly 35(5), p. 787-902

Mali : une introduction au conflit 2012

Ces dernières années, le Mali est le théâtre d'énormes crises sociopolitiques. Considéré longtemps par les observateurs comme un modèle de démocratie et un havre de paix, le pays fut ébranlé concomitamment par le Coup d'Etat militaire du 22 mars 2012 et l'occupation totale du septentrion (les trois quarts du pays) par des groupes irrédentistes armés en complicité avec des groupes extrémistes violents. La mobilisation internationale au chevet du pays a permis d'instaurer le retour à l'ordre constitutionnel et la signature des accords pour la paix en Mai et juin 2015.

Cependant, la crise partie des régions du nord du Mali, s'est propagée au Sud et surtout au centre du pays. Dans ces zones, seuls les chasseurs (Donso) bambaras, bozos et dogons disposaient d'armes dans cette région. Ce sont généralement des fusils de chasse destinés à abattre le plus souvent du gibier (chacal, porc, sanglier, écureuil, lièvre etc.) et parfois des carabines pour chasser les oiseaux. La crise de 2012 a eu comme conséquence l'embrigadement des communautés jusque là épargnées par l'engagement arme comme ce fut le cas des peuls. Ces derniers avaient abandonné les armes depuis la fin de la conquête coloniale. A la faveur de ladite crise, les peuls virent des dynamiques se jouer au sein de leurs communautés. On assista à la naissance dans le centre du pays des mouvements dits jihadistes, des milices et des groupes d'autodéfense. Ainsi en deux ans (2014-2016), il y a eu d'abord dans le monde peul l'Association Dewral Pulaaku d'Ibrahim Diallo, du Mouvement pour la Libération du Macina de Hamadoun Koufa dont l'existence est d'ailleurs remise en cause par des spécialistes de la région, de l'éphémère Alliance Nationale pour la Sauvegarde de l'Identité Peule et la Restauration de la Justice (ANSIRPJ) d'Oumar Aldjana, et enfin du Mouvement pour la Défense de la Patrie (MDP) de Hamma Founé Diallo. Les autres communautés ne restèrent pas en marge comme l'atteste la création en 2016 de la milice Donso dans le milieu bambara du Karéri, du Kiguiri et du Tounaari et du groupe d'autodéfense dogon qui sèment à leur tour la terreur à la communauté accusée à tort ou à raison de complicité avec les djihadistes et les voleurs de bétail. Ces groupes d'autodéfense opèrent sous les ordres de l'armée avec la bénédiction du pouvoir central selon plusieurs observateurs avertis.

11. Hamadoun Koufa, fer de lance du radicalisme dans le Mali central

Modibo Galy Cisse

La communauté peule du centre du Mali est depuis la fin du jahilaaku partagée entre l'élevage extensif et l'enseignement coranique. Nonobstant l'introduction de l'école occidentale, l'éducation islamique reste encore la plus prisée. Ainsi de l'hégémonie peule au 19ème siècle à nos jours, la mémoire collective retient pour chaque génération des hommes qui ont marqué l'histoire par leur maîtrise du coran et de leur connaissance des hadiths. Hamadoun Koufa est un de ces hommes. Né au début des années 1960 dans le Guimbala, il fut un talibé brillant et apprécié de ses maîtres. Santarou, il était le poète-chanteur qui animait les kirnel en compagnie des jeunes filles qu'il tenait en haleine et épatait par ces chants pleins d'amour, de romance, de flatterie. Après s'être fait oublier pendant une décennie, il revint sous une autre casquette, celle du prêcheur. Avec une interprétation textuelle du coran, il s'attaquait à tous (du petit maître coranique aux grandes familles d'érudits). Son engagement pour le rejet du code de la famille le conduit à la Dawa puis Iyad Ag Ghali, le tout couronné par un séjour au Markaz de Bamako. Retourné au Delta, il commença la Dawa suivi par une cohorte d'adeptes de diverses origines.

Introduction

C'est au tout début de l'année 2015 en l'occurrence le 8er janvier 2015 que les jihadistes qui se réclament de Hamadoun Koufa à tort ou à raison avaient fait une entrée fracassante à Tenenkou (un des huit cercles de la région de Mopti dans le centre du pays). Après avoir attaqué le quartier administratif, ils ont poursuivi leur chemin à l'intérieur de ladite ville en tirant à l'air et en criant « Hamadoun Koufa mayali » « Hamadoun Koufa n'est pas mort », « Hamadoun Koufa ana wuuri », « Hamadoun Koufa est en vie », « djoonika massina, mo wari wourtindè diina Sékou », « maintenant, populations du Massina, il est venu pour restaurer la Dîna de Sékou Amadou ». Après quelques heures d'occupation, ils quittèrent la ville laissant circuler les rumeurs les plus folles et les interprétations des plus invraisemblables. Un seul sujet revenait à chaque fois qu'on discutait de cet assaut éclair sur Tenenkou d'un groupe armé dont on avait jusque là ignoré l'existence : c'était l'effectivité ou non de « la résurrection » de Hamadoun Koufa. Pour la petite histoire, ce dernier avait été donné pour mort lors de l'attaque de Konna par les forces françaises en janvier 2011.[1]

Les uns et les autres n'avaient encore digéré la première attaque que survint une seconde, une semaine plus tard. C'est précisément, le 15 janvier 2015, que les hommes de Hamadoun Koufa revinrent à la charge en commençant toujours par le quartier administratif où se trouve le camp des FAMAs.[2] Ils étaient sur des motos et avaient assailli la petite ville de Tenenkou pendant quelques heures et scandaient le nom de leur héro Hamadoun Koufa tout en incitant les uns et les autres à les soutenir car la vérité qu'ils défendent triomphera sur le mensonge de l'Etat et de ses alliés croisés. Ces deux évènements leur permirent de réussir à la fois une démonstration de force et un coup médiatique sans précédent. C'est à partir de là qu'ils s'implantèrent dans le Delta central du fleuve Niger, une région qui connaît une grande concentration de la communauté peule.

Dans ce papier, la méthodologie adoptée était de type qualitatif. Nous avions conduit une série d'entretiens auprès des populations cibles dans diverses communes de la région de Mopti et même au delà. Tout au long de l'enquête, nous avions au maximum usé des entretiens individuels, des focus-groupes et des causeries-débats et surtout des enregistrements des djihadistes dont le leader Hamadoun Koufa et certains de ses acolytes comme Boukari Petal et autres que nous avons reçu non pas sans réticence.[3]

Ainsi dans cet article, nous ferons le récit de vie de Hamadoun Kouffa (du talibé qu'il était, au jihadiste qu'il est devenu); un aperçu sur les adeptes de son mouvement, et tenterons de comprendre précisément le contexte dans lequel, les différentes trajectoires de radicalisation se sont opérées dans le Mali central.

---

[1] La progression moudjahidines du Nord vers le centre et le sud du pays avait été stoppée par les forces françaises grâce à « l'opération Serval » en janvier 2011

[2] Forces Armées Maliennes

[3] Dans les villages, vous avez un Petit groupe de sympathisants qui disposent des enregistrements qu'ils écoutent et font écouter à des personnes auxquelles ils font confiance. Ainsi, les prêches sont écoutés par beaucoup mais ne sont disponibles qu'avec une toute petite minorité.

Le pulaaku et l'islam

Depuis la fin du jahilaaku,[4] la communauté peule (le pulaaku) était partagée entre l'élevage extensif et l'école coranique jusqu'à l'avènement du colonisateur. Ce dernier a amené l'école qui fut systématiquement rejetée par la grande majorité pour la simple raison qu'elle était celle des impurs. Jadis, à l'exception de quelques grands villages aujourd'hui « petites villes » comme Diafarabé et Tenenkou, dans le Massina, Djenné et Sofara dans le Djennéri, Boni et Douentza dans le Hairé, les peuls avaient presque en bloc rechigné à envoyer leurs enfants à l'école. Cette situation prévaut encore dans le Massina profond comme Sossobé, chef lieu de la commune de Togoro Kotya où la plupart des élèves sont déscolarisés après le primaire. D'après le directeur du second cycle dudit village interrogé en octobre 2014, « les élèves en grand nombre désertent les classes une fois en classe de 7ième Année. Ainsi l'effectif diminue considérablement par rapport à la classe précédente. Et en 8ième Année, on se retrouve avec un effectif total de quatre ou cinq élèves au début de l'année mais on finit toujours l'année avec moins que l'effectif de départ pour ne revoir personne en 9ième Année ».

C'est dans cette situation que se trouve beaucoup d'écoles de cette partie du monde avec des hommes qui ne jurent que par la vache pour les uns et la maîtrise du livre saint (le coran) pour les autres. Ainsi de l'hégémonie peule au 19ème siècle à nos jours, le pulaaku a toujours connu pour chaque génération des hommes de grande renommée par leur maîtrise du coran, leur connaissance des hadiths etc. De grands érudits comme Sékou Ahmadou[5] du Massina, Hamadoun Abdoulaye Souwadou[6] et son arrière petit fils Sidi Modibo de Dily et Sékou Sala[7] de Wouro Boubou (Massina) ont marqué le monde peul d'une empreinte indélébile par leur connaissance, leur sagesse, leur probité et leur don de soi pour la cause divine. Dans ce milieu maraboutique, il existe plusieurs niveaux d'apprentissage. Dès l'âge de sept ans et souvent même moins, l'enfant est remis par les parents à un *moobo*, contraction de *moodibo*

---

[4] Période d'avant Dîna ou de la domination de l'Ardo
[5] Fondateur de l'empire peul du Massina en 1818
[6] Saint de Dily, peul du Bakounou (cercle de Nara) et compagnon de lutte de Sékou Ahmadou
[7] Saint de Ouro Boubou dans le Massina, de l'ethnie dogon

(marabout). A ce stade, il est appelé *foussounnarou* (élève) et son apprentissage se limite à la maîtrise de l'alphabet arabe et à ânonner les sourates, dont l'intonation est plus souvent "foulanisée" (avec un accent peul). Entre 15 et 21 ans, devenu jeune homme ayant maîtrisé la mémorisation du livre saint, il passe au stade d'étudiant appelé *falakaarou* et/ou *santaarou* au singulier et *falkaadji* et/ou *santaadji* au pluriel. A partir de ce moment, ces soirées sont plus occupées à la récitation du saint coran qui est divisé en *hizib* (dixième partie) et les journées consacrées à la lecture des livres traitant de la grammaire *(naahnou)*, de la transcription, de la traduction, de la justice, des hadiths du prophète et de la jurisprudence auprès des marabouts plus instruits. Ces deux étapes passées avec succès, l'apprenant est appelé *hafizou-alimè* (spécialiste du coran, des hadiths et tout ce qui susmentionné).

Cette pratique qui avait existé sous la Dîna se poursuit encore. Ainsi, il y a toujours eu des *santaadji* spécialisés dans la mémorisation du coran dans son entièreté. Ils sont appelés *sourakoobé* quand ils réussissent cette mission de mémorisation du livre saint. Ils sont très respectés par les marabouts et adulés par les jeunes apprenants. La mémoire collective retient encore des grands noms comme Amadou Samba Kolado Doursi[8] sous la Dîna et Bâ Botto[9] au 20ième siècle pour ne citer que ces deux. Hamadoun Koufa dont il est question dans ce papier est passé par toutes ces étapes avant d'être un « hafizou-alimè » qui a marqué son temps à différents niveaux.

L'itinéraire de Hamadoun Koufa

Sa vie de talibé

Tout comme les philosophes grecs de l'antiquité qui avaient le nom de leur ville natale à la place de leur nom de famille [10]; *les foussounaadji et santaadji* du centre du pays continuent d'en faire autant et cela même de nos jours. C'est ainsi que Hamadoun Hassana Cissé se fait appeler Hamadoun Koufa du nom de son village natal. Il serait né au tout début des années 1960 dans le Fittouga (cercle de

---

[8] Le plus grand maîtrisard du coran sous la Dîna

[9] Le plus grand connaisseur du coran de la première moitié du 20ième siècle dans le monde peul du centre

[10] Comme exemples, nous pouvons citer entre autres Thalès de Milet ; Socrate d'Athènes ; Epicure de Samos, Héraclite d'Ephèse etc.

Niafunké). Originaire de Koufa (village du Guimbala, dans la commune du Fittouga) où il ne passa qu'une petite partie de son enfance avant d'entamer sa vie de *foussounaarou* (élève). D'après un de ses anciens compagnons rencontré à Tenenkou « Hamadoun n'est de Koufa que de nom en ce sens qu'il ne connait que la région de Mopti précisément le Massina et le Kunaari où il passa l'essentiel de sa vie. Après un séjour à Koubaye (cercle de Mopti) où il passa une bonne partie de sa vie de talibé, il rejoignit Ouro N'Guiya (cercle de Tenenkou) avant de poursuivre ses pérégrinations vers Banamba puis la Mauritanie.»

Foussounaarou et *santaarou*, Hamadoun Koufa était un surdoué d'après plusieurs sources concordantes. "Crédité d'une mémoire et d'une intelligence exceptionnelles, il est tres vite admis dans le cercle restreint des Hafiz al Quran, c'est-à-dire connaisseur assermenté du Coran"[11]. Bien auparavant, le journal malien « L'Indépendant » dans sa parution du 21 Août 2015 le décrit comme « intelligent et turbulent » pendant son enfance. Les auteurs de l'article en question mentionnent que « très jeune, il a eu la maîtrise totale du Coran ». Les données recueillies sur le terrain corroborent leurs propos. Ainsi un ancien compagnon de *duddè* (l'équivalent de l'université) avec lequel il avait étudié dans les cercles de Banamba et de Nara dans la première moitié des années 1980 nous disait qu'«il fut un brillant étudiant apprécié de son maître. Au début des années 2000, le marabout lui avait juré en ces termes « mi dianguidaali, mi dianguinaali hônô Hamadoun Koufa peeral » « je n'ai ni étudié, ni enseigné quelqu'un d'aussi doué que Hamadoun Koufa. » Un autre témoignage d'un de ces aînés dans le *duddè* allait dans le même sens. S. Dicko est un marabout qui depuis 1990 fait des va et vient entre Bamako et son village natal dans le Delta central du fleuve Niger dans le cadre de son *kourdia* (mission maraboutique). En tant que *santaarou*, il avait connu Hamadoun Koufa. Interrogé à Bamako en Août 2015, il nous avait parlé en ces termes: « quand Hamadoun Koufa était arrivé dans la foire de Dougouwolo (cercle de Bla) dans la première moitié des années 1980 après son séjour au Sahel, il était redouté par tous les *falkaadji* grâce à sa parfaite maîtrise du coran et chacun cherchait à le voir. Il y avait aussi ceux qui voulaient se mesurer à lui. Il était

---

[11] Adam, mars 2017, page 32

redoutable lors du *missi* ou du *diarwa* (récitation concurrentielle du coran).» Il était convoité par beaucoup de *waldé* (associations).

Du talibé au poète-chanteur

Les jeunes étudiants *santaadji* se sont toujours ligués en associations *waldé* regroupant le plus souvent des jeunes issus du même terroir voire de la même communauté d'origine. Dirigé par un meneur d'hommes appelé *souldaani* (chef du groupe), l'association compte parmi ses membres un compétiteur *missowo*, un auteur, un compositeur (poète-chanteur) *djimowo siruudji*, un griot, et/ou dimadio. Hamadoun Koufa était à la fois le compétiteur, l'auteur et le compositeur (poète-chanteur) de son association appelée *mardjaanou* « le diamant » en arabe. C'est à l'occasion des *kirnel* (soirées) que le poète-chanteur se mettait à l'épreuve. Ces fameuses *kirnel*, de *hiiro* soirée regroupant des jeunes hommes et femmes de même génération (il est le correspondant de *hirdé* sous d'autres cieux peuls). Le *kirnel* soirée spécifique des étudiants coraniques signifiant le petit *hiiro*, le suffixe "el" exprimant le diminutif en foulfouldé (langue peule).

Comme poète-chanteur, c'était Hamadoun Koufa lui-même qui animait les soirées *kirnel* du *waldé mardjaanou*. Il faut tout de même noter la différence rythmique entre la poésie des *santaadji*, et la poésie pastorale peule. Celle des *santaadji* est mélodique, et les rimes sont plates ou suivies comme dans le coran dont ils imitent la rime. Par contre la poésie pastorale peule est vivace, et le rythme saccadé, et la rime se retrouve partout dans les phrases, au début, au milieu, et à la fin, et n'a pas d'intonation mélodique. Dans ces chansons poétiques, Hamadoun Koufa magnifiait la beauté féminine précisément celle des jeunes filles nubiles peules et diawando du Kunaari et du Guimbala. Ainsi, le poète-chanteur tenait en haleine les jeunes filles qu'il épatait par ces chants pleins d'amour, de romance et de flatterie. Par exemple, des expressions comme « yimmandè anta et yaadè kaaba be ndjedodiri ko mbouri hein jawaaba » « chanter pour Anta ou aller se recueillir à la kaaba (faire le pèlerinage) équivaut à la même chose » ou encore « yiidima yô n'gourè » « ta vue fait vivre » autrement dit tellement elle est belle, la voir est source de vie, voilà ce que contenaient les poèmes.

Dans les mêmes poèmes, il parlait du respect de la parole donnée, de la dignité, de la probité et de l'assiduité des étudiants. Il faut savoir que « ces chansons décrivent le parcours, les conditions des enfants talibés, la beauté de la femme peule et de la culture peule ».

Cependant, dans les poèmes *siruudji santaadji*, il n'y a pas que de flatterie à l'endroit des jeunes filles ou du courage des apprenants. Par exemple, Hamadoun Koufa encourageait les jeunes à la consommation du tabac notamment la marque « Liberté » de la SONATAM[12]. Il entonnait ceci sans embage « liberté na m'bouri gniri » « liberté vaut mieux qu'un repas copieux » ou encore « wagni Liberté yô hirsè » « égorgez celui qui n'aime pas Liberté.» Ces poèmes étaient écoutés partout par le pulaaku du centre du pays de la moitié des années 1980 à la première moitié des années 1990 et même au delà.

A cela, il faut ajouter que les jeunes filles dont les *waldé* n'ont pas les faveurs ou qui ne viennent pas à leur *kirnel* sont sujettes à toutes sortes de calomnie et de malédiction. Elles sont insultées, maudites tout comme leurs parents dans lesdits poèmes. « Composés en peul et en arabe, ces chansons comportent … et des injures à l'égard de certains chefs de familles qui leur refusent l'hospitalité et des jeunes filles qui déclinent leurs avances. »[13] Les *kirnel* sont des occasions de débauche s'il faut parler franc et le mot n'est pas osé. Ainsi, ces *santaadji* bien qu'adulés par leurs camarades d'âge et les jeunes apprenants, restent mal aimés par la communauté peule de par leur effronterie et leur « manque d'éducation ». Par exemple, les *santaadji* d'un *waldé* de Nampala avaient été chassés du village de Guilé (cercle de Tenenkou) dans les années 1980 à cause de leur conduite malveillante. Ces associations *waldé* qui sont le plus souvent rivales peuvent s'affronter à tout moment. Ainsi, l'on se souvient de la violente rixe qui avait eu lieu à Gnimitongo, village situé sur le Niger, en aval de Mopti, au milieu des années 1980, entre le *waldé marjaanu* de Hammadoun Koufa et une autre association. A Diafarabé, une confrontation a été évitée de justesse entre le *waldé la amrouka* de Diafarabé et le *waldé Haaza* de la commune de Ouro Guiré (cercle de Tenenkou) en 1996.

En plus de leurs comportements néfastes vis-à-vis des populations locales, ces jeunes étudiants membres des *waldé* qui ne prient pas passent paradoxalement des nuits blanches dans la

---

12 Société Malienne des Tabacs et Allumettes
13 Cf. le journal malien « L'indépendant » du 21 Août 2015

récitation du coran. Hamadoun Koufa disait ceci à leur égard : « nous avons constaté que ce sont surtout les ennemis de Dieu qui apprennent le coran, ce sont ceux qui détestent Dieu qui cherchent le plus à le connaître. Par exemple, dans notre monde d'aujourd'hui, « wala fou kô mbouri falkaadji gouraana ndi souièdè Allah » « il n'y a pas plus ennemis de Dieu que les étudiants coraniques ». Kambè mbouri fou wawdè ngouraana, kambè mbouri fou souièdè Allah ». « Ils sont les plus grands connaisseurs de Dieu. Ils maîtrisent le coran mieux que quiconque mais ils ne craignent aucunement Dieu » (cf. enregistrement du 2 décembre 2016).

C'est après cette étape que le santaarou s'adonne cette fois-ci entièrement à la lecture des hadiths, de la jurisprudence comme susmentionné. Hamadoun Koufa a consacré toute la décennie 1990 à ladite formation (apprentissage du Fikh) d'après nos interlocuteurs de Mopti. C'est cette formation reçue qui fit de lui le Hafizou-Alimè[14] et le prêcheur adulé qu'il avait été jusqu'à son engagement aux côtés du touareg Iyad Ag Ghali à travers la dawa tabligh.[15]

De la poésie aux prêches

Au début des années 2000, Hamadoun Koufa signe son retour sur la scène radiophonique du pulaaku, pas comme poète-chanteur mais cette fois-ci en tant que prêcheur. A ses débuts, il expliquait dans un langage clair, précis et concis les bé abas de l'islam, les règles de la prière et autres. Il était ainsi très apprécié par la masse ignorante qui ne cessait de s'interroger sur cette rapide reconversion de Hamadoun Koufa qui est passé « de la poésie aux prêches ». Avec une interprétation textuelle du coran, il n'épargnait personne, du petit maître coranique aux grandes familles d'érudits et de Cheicks en passant par les paysans. Il appelait les uns et les autres à ne pas faire le parasite, à travailler afin de vivre de la sueur de leur front.

A l'égard des maîtres coraniques, il disait qu'au lieu d'aller chaque année demander la zakat aux pauvres mais braves paysans pourquoi ne pas faire comme eux autrement travailler la terre comme ces

---

[14] Dans cette région, c'est le Hafizou ne peut prêcher sans l'apprentissage du Fikh (apprentissage de la jurisprudence et du tafsir) contrairement à ce que écrit Mathieu Pellerin, 2017, Page 7

[15] La dawa tabligh apparaît au Pakistan et envahit les pays musulmans dont ceux de l'Afrique subsaharienne. Ces membres dédient leur vie au voyage et à la transmission du message de l'islam à travers le monde.

derniers. Ainsi, il était contre la mendicité des talibés. Pour lui, la cupidité qui conduit les maîtres coraniques à faire travailler les enfants est la même qui fait que les marabouts sont devenus des escrocs voire des imposteurs. Selon lui, « vivre du travail des enfants (talibés) est plus grave que boire l'alcool » disait-il dans une cassette audio écoutée en juin 2009 à Koa (cercle de Djenné) sur les ondes d'une radio locale.

A l'endroit des familles des descendants des Cheiks, il les reprochait leur oisiveté, leur parasitisme. Il critiquait également les regroupements mixtes (hommes/femmes) qu'ils organisent annuellement au nom d'un défunt cheick appelé zyara. Il était contre cette pratique à la fois dans le fond et dans la forme.

Dans le fond, un cadavre ne pourrait bénir les vivants c'est-à-dire la baraka d'un mort ne peut sauver les vivants qui n'avaient pas reçu sa bénédiction avant qu'il ne trépasse. D'ailleurs, c'est le défunt cheick lui-même qui a besoin des prières des vivants afin que la terre lui soit légère.

Dans la forme, regrouper les hommes et les femmes de tous âges et de toutes origines dans des lieux ne pouvant même pas les accueillir voire les contenir n'est pas indiqué en islam. Des hommes et des femmes qui s'entassent dans un petit village d'une manière plutôt festive que spirituelle est inacceptable et même condamnable.

Ces cérémonies étaient juste organisées pour se faire de l'argent car chaque participant vient avec un cadeau soit en nature, soit en argent ou avec les deux à la fois.

Les éleveurs étaient encouragés à abandonner l'élevage extensif au profit de l'élevage intensif. Pour lui, c'est la pratique actuelle de l'élevage qui est à la base des conflits entre les différentes communautés de la région. Il disait ainsi qu'au lieu d'avoir un cheptel indénombrable qui dévaste les champs et les filets des voisins (agriculteurs et pêcheurs), il faudrait au mieux avoir un petit nombre de bovidés, bien les nourrir et profiter beaucoup du lait et de la viande comme on le fait au pays du blanc. De nos jours, les éleveurs n'ont rien de tout cela à l'exception des trois ou quatre mois de saison pluvieuse.

Ainsi, en bon connaisseur du milieu, il traitait les questions relatives aux faits et pratiques courantes dans la région. « Avant de basculer dans la dawa tabligh, Hamadoun critiquait sérieusement les pratiques injustes du monde peul » soutenait un chef de village qui depuis le début de la crise du centre ne vit plus sur place. « Il était ainsi très écouté. Pour une bonne partie de son auditoire, en tant que prêcheur, il était pour le monde peul ce que Chérif Ousmane Madane Haidara[16] représente pour le sud du Mali. « Il est sans doute le meilleur prêcheur que le monde peul n'a jamais connu depuis la mort de Sékou Salah en 1980 » pour ses sympathisants modérés. Car pour une bonne partie d'entre eux « depuis la fin de l'empire peul du Massina en 1862, il n'y a point eu de prêcheur de son envergure dans le centre du pays » nous avait dit la même source.

C'est pourquoi, ces personnes qu'il a réussi convaincre qui sont sans doute de tous âges et issues de toutes les communautés deltaïques et même au delà l'ont suivi et continuent encore de le suivre nonobstant son engagement aux côtés des mouvements salafistes.

Des prêches plus ou moins modérés au salafisme

Pendant presqu'une décennie, Hamadoun Koufa prêchait avec véhémence mais le mouvement qu'il avait commencé avec ferveur avait commencé à s'essouffler, à cause de prêches enflammés qui ne cadraient pas avec l'islam pacifique local, de sa précarité[17] (manque de moyens) et de l'opposition farouche des grandes familles maraboutiques à son discours radical. Ayant constaté avec amertume ses limites, l'homme bascula dans la Dawa tabligh, d'origine pakistanaise, qui avait commencé à prendre pied au Mali au tout début des années 2000.[18] Pour un responsable islamique interrogé dans le centre du pays en Mars 2017, « Hamadoun Koufa a rejoint la Dawa tabligh parce que dans ce mouvement, il y a beaucoup d'argent qui circule. Ceci le permettrait de sortir de sa misère et d'atteindre ses objectifs en matière de justice sociale et de l'instauration de la charia dont il n'a jamais cessé de clamer.» Il participa à la grande rencontre

---

[16] Guide spirituel et leader du mouvement Ançardine International à ne pas confondre avec le groupe d'Iyad Ag Ghali

[17] L'homme était pauvre et vivait de la vente du bois séché et surtout de la vente ces enregistrements audio (cassettes) qui se vendaient tout de même comme des petits pains.

[18] Les premiers missionnaires de la Dawa au Mali (prédicateurs pakistanais) se sont fait connaitre du grand public comme de véritables mécènes investissant dans la réalisation des mosquées et des medersas. Et c'est à partir des années 2000 que la prédication pakistanaise a véritablement pris corps au Mali à travers l'envoi d'émissaires dans toutes les villes de l'intérieur principalement celles du nord. (cf. le journal malien « L'Indépendant du 21 Août 2015)

nationale du mouvement organisé en 2009 à Sévaré qui consacre son adhésion effective à cette secte. Dans sa quatrième cassette (enregistrement) depuis son engagement dans le jihad (daté du 2 Décembre 2016), il évoque son adhésion à ce mouvement salafiste pakistanais. Il rappelle son discours d'adhésion et les clauses qui le déterminent et clame avec fierté sa fidélité à la parole divine « vous de la dawa tabligh, rappelez-vous de ce dont on était convenu le jour de mon adhésion à votre organisation. Car, c'est suite à cette adhésion que je suis devenu le jihadiste que je suis aujourd'hui. Après mon engagement, la communauté peule m'a beaucoup critiqué et même insulté. Le pulaaku a tout dit sur ma personne « dina fou ka moyihi mo naata » « il adhère à toute dîna (secte) qui arrive ». Lors de mon engagement, aux responsables de ladite organisation, j'avais dit ceci : « je vous suivrais tant que vous travaillerez avec le coran et les hadiths du prophète que vous ne maîtrisez pas mieux que moi, même si je reconnais avoir des insuffisances à d'autres niveaux. Si je vous vois sur une autre voie, je vous dénoncerais et informerais les autres adeptes et je ferais tout ce qui est demandé aux jihadistes même si vous ne le faites pas ».

Avec le vote du code de la famille[19] par l'Assemblée Nationale du Mali, les prêcheurs du Mali de tous bords se sont fait entendre d'une manière ou d'une autre. Hamadoun Koufa n'a pas fait exception à la règle. En 2010, lors d'une de ces rares visites à Bamako, on entendît parler de lui à Banankabougou nous dixit un sympathisant qui ne s'interroge encore sur les raisons de son engagement dans le jihad. Il séjourna au Markaz de Banankabougou en commune VI du District de Bamako et apprécia beaucoup leur organisation. Des hommes qui vivent de leurs propres cotisations et prêchent la parole sacrée. Ce séjour a été l'occasion pour lui de rencontrer Iyad Ag Ghali, « le bras financier de la Dawa au Mali »[20] et de connaître davantage cette organisation. D'après un de nos enquêtés, un fervent adepte du « koufisme » : « c'est au nez et à la barbe de l'Etat que cette relation est née et a poussé des ailes ».

---

[19] Une loi portant sur le code de la famille et de la personne avait été votée par le Parlement malien. L'opposition de la communauté musulmane majoritaire à 95% dans le pays à travers le Haut Conseil Islamique avait permis de stopper la promulgation de ladite loi par le président de la République.

[20] Cf. le journal malien « L'Indépendant »du 21 Août 2015

Il est sorti de cette rencontre réconforté dans ces convictions. Une fois au bercail, il amorça la Dawa à partir de 2010 en invitant les deltaïques à se joindre à lui pour prêcher la sainte parole. Ainsi il sillonna le Delta (le Djenneri, le Fakalaari, le Kunaari, le Mourari, le Massinaari, le Sanaari, le Farimakéri etc.) Dans chaque village visité, il passait deux nuits et deux jours dans chacune des mosquées que compte ledit village en compagnie d'une cohorte de jeunes éleveurs, agriculteurs, aventuriers, anciens *santaadji*, quelques personnes âgées et des curieux. Tous cotisaient 250F/jour pour les trois repas préparés dans l'enceinte de la mosquée par les participants eux-mêmes. Après le coup d'Etat et la crise sécuritaire, Hamadoun Koufa intensifie ses prêches depuis Ganguel où il s'était établi depuis 2010. C'est dans ce village de Rimaibé dans la commune de Wouro Guiré (cercle de Tenenkou) qu'il fut adopté dès l'amorce de la Dawa. Il prédisait dans une vidéo datée de 2011 que la dawa pacifique serait reléguée à l'arrière plan avec l'arrivée des vrais jihadistes qui sont déjà à nos portes. Ces derniers à l'entendre useraient de la manière forte pour faire abdiquer tout le monde.

A la fin de l'année 2012, le moment prédit arriva et il rejoignit Iyad Ag Ghali, son mentor dans le septentrion malien. Les échos de son adhésion à Ançar Dîne retentirent dans tout le Massina. Nous assistâmes ainsi à un bouleversement socio-politique sans commune mesure favorisé par l'engagement du populaire prédicateur Hamadoun Koufa et ses hommes. La présence notoire de combattants peuls dans les attaques de Konna et de Diabaly (cf. ORTM[21], Janvier 2013) en est la preuve. Les jihadistes « peuls » avaient ainsi combattu les français, les tchadiens et les maliens sur tous les fronts jusque dans les montagnes de Tigaragar, et partout ailleurs. « Après la défaite de Konna suite à l'intervention de la force Serval, il partit pour le Burkina Faso via Douentza » nous avait dit Issouf[22] en septembre 2015 à Douentza.

Après deux ans de silence, il rejoignit la Mauritanie puis le Delta central au Mali. Depuis lors, une partie du pulaaku n'a jamais cessé de prendre les armes et de répondre à l'appel du moudjahidine qu'il est devenu d'où la radicalisation d'une partie de la communauté peule.

---

[21] Office de Radiodiffusion Télévision du Mali

[22] Il est venu saluer mon oncle en famille en janvier 2013 et lui a dit qu'il partait pour Tombouctou. Mon oncle n'était pas dupe et savait qu'il était prêt pour aller au Burkina Faso parce que Tombouctou était déjà sous les bombes des français.

Vers la radicalisation d'une frange du pulaaku

La radicalisation d'une partie de la communauté d'éleveurs peuls ne s'est pas faite tout d'un coup. Il ressort de nos enquêtes que beaucoup de facteurs ont conduit à la radicalisation du pulaaku. Nous présenterons les principaux facteurs qui permettent de comprendre l'embrigadement de la communauté peule. Ces facteurs sont politiques, socio-historiques et religieux. Ce dernier facteur est surtout alimenté par l'appel au jihad de Hamadoun Koufa à travers ces prêches.

Les prêches de Hamadoun Koufa

Placer ces prêches en dernière position des causes ou en première position comme c'est le cas ici n'aurait rien changé en ce sens que tous les ingrédients étaient là pour un éventuel embrasement du centre. C'est pourquoi, il n'a eu aucun mal à faire adhérer une partie du pulaaku au discours salafiste. Les prêches de Hamadoun Koufa[23] ont concouru à l'engagement de certains peuls aux côtés des acteurs de la crise du centre parce qu'ils dénonçaient les tares sociales résultantes de certaines pratiques non orthodoxes des différents responsables. Ainsi dans le centre du Mali, nous pouvons distinguer plusieurs causes qui ont facilité l'embrigadement des communautés.

L'Etat à travers ses représentants

De prime abord, nous avons les frustrations issues des exactions de l'armée, les abus des juges et autres services répressifs de l'état (gendarmerie, agents des eaux et forêts etc.) en complicité avec des leaders peuls « diowro » et « amirou » comme pour confirmer le rapport de l'ICG[24] de juillet 2016. Les différentes autorités sont décriées et les pasteurs nomades sont à bout de souffle à cause d'extorsions dont ils sont victimes de la part des uns et des autres. D'après un cadre d'une préfecture du centre, « la situation actuelle est due à un manque de moralisation de la vie publique. Le douanier, le policier, le garde, le gendarme, le militaire en mission, le juge, le sous-

---

[23] Il critique la communauté peule pour avoir accepté autant d'injustices de la part des agents de l'Etat qui s'enrichissent sur leur dos. En même temps, il dénonce la complicité des leaders peuls qui dépouillent leurs parents éleveurs au profit d'un porteur d'uniforme ou juge dont il ne connait même pas la provenance.

[24] Rapport de International Crisis Group, N : 238 du 6 juillet 2016

préfet, le préfet, tout le monde prend avec cette population d'éleveurs. Cette dernière qui ne fait que donner pendant que personne ne leur donne se révoltera dès qu'elle aura la force de se défendre. Et c'est arrivé et c'est ce qui nous vivons aujourd'hui.»

La rébellion

En deuxième lieu, l'on peut ajouter les conséquences des razzias de la rébellion des années 1990 et les vols d'animaux par la rébellion de 2012 cette fois-ci seulement dans le Méma. Il faut de passage souligner que la rébellion des années 1990 a frappé de plein les pasteurs peuls du centre du pays. D'abord par l'occupation des sites d'abreuvage et ensuite par les enlèvements d'animaux et les assassinats. « En 1992, les mares surcreusées par l'ODEM[25] afin de créer des conditions idoines pour un long séjour dans le Méma et dans le Sahel avaient été occupées par des éleveurs touaregs qui avaient érigé tout autour des tentes. Ces dernières étaient gardées par des hommes armés issus de la rébellion touarègue empêchant ainsi aux autres éleveurs (peuls) de faire abreuver leurs troupeaux » nous avait-on dit au service d'agriculture de Tenenkou.

En outre, « c'est plus de dix mille têtes de bovins et presque autant en ovins et en caprins qui furent enlevés par les touaregs dans la première moitié des années 1990 » d'après Samba Yéro Dicko, président de l'association des victimes d'enlèvements de bétail par la rébellion des années 1990. « Cette rébellion, en plus de l'Etat cause singulièrement du tort à deux communautés du pays : les arabes, riches de leur trafic dans le Sahel et les peuls, riches de leur bétail » au nord et au centre » nous avait dit un notable d'Ansongo (région de Gao) en Novembre 2016.

La Dîna

Troisièmement, il y a un autre fait très important qu'il ne faut pas occulter : « la nostalgie de l'hégémonie peule du 19ième siècle ». Notons que le delta intérieur du Niger et ses franges ont été du début jusqu''à la moitié du 19ième siècle sous la domination des classes maraboutiques peules, à travers la Dîna, fondé par le célèbre

---

[25] Office de Développement de l'Elevage de Mopti

marabout Sékou Amadou[26]. C'est à son apogée que la Dîna fut détruite par El Hadj Oumar Tall, un autre jihadiste peul. Cette hégémonie abrégée, fut ressentie par les générations comme une nostalgie d'une grandeur passée, encouragée par les griots qui rappellent à travers des enregistrements sur des cassettes (en vogue dans les années 1970 et 1980) ou en d'autres occasions de manifestations socio culturelles, la belle époque de cette hégémonie où les peuls étaient les maîtres. Aussi entend-on souvent dire dans le delta « diina wartan », « la dîna reviendra ». Ce facteur psychologique et historique explique aussi largement l'engagement d'une partie de la communauté peule dans le jihadisme.

La rencontre de Doungoura

La situation sécuritaire du pays a également contribué à l'embrigadement des pasteurs peuls. Avec l'intervention de la communauté internationale, on avait pensé à une fin rapide de la crise malienne. Cependant avec la diversité des agendas, le problème malien ne fait qu'empirer et de nouveaux acteurs ne cessent de s'inviter dans la danse dont souvent dans des zones où on les attend moins parce que le centre étant abandonné, le spectre des enlèvements planait sur la tête des éleveurs comme l'épée de Damoclès. D'après un agent du service d'agriculture de Tenenkou, interrogé en janvier 2017, « en 2012, pendant la transhumance dans le Méma qui va du Karéri à Niafunké, les peuls furent persécutés par les hommes du MNLA. Ils subissent la loi de ces derniers avec des vols souvent accompagnés de tueries.» Les victimes de ces situations cherchèrent en vain auprès des autorités de transition l'autorisation de s'armer ne serait-ce que pour se défendre. C'est suite à cet échec que fut organisée la rencontre de Doungoura (cercle de Tenenkou). D'après un conseiller communal de Tenenkou, interrogé en février 2017 « c'est à l'occasion de cette rencontre en 2013 que les responsables peuls présents avaient demandé aux pasteurs nomades de prendre les armes pour se prémunir contre les éventuels razzias des touaregs.» S. Koita, interrogé dans le cercle de Tenenkou en Mars 2017 abondait dans le même sens « ce sont les maires et les chefs de villages présents à la rencontre de Doungoura qui avaient encouragé

---

[26] Sékou Amadou n'a pas effectué le pèlerinage et n'est donc pas Elhadj comme l'a écrit Mathieu Pellerin, 2017, p 27

les pasteurs peuls à s'armer car la situation était incontrôlée. Pour les organisateurs de ladite rencontre, face aux irrédentistes rebelles, les peuls doivent s'armer afin d'éviter le scénario des années 1990 ».

Immédiatement, après ladite rencontre, les éleveurs surtout *badiyankoobé* (nomades) s'armèrent et dissuadèrent plus d'une fois les touaregs lors de la transhumance de la même année dans le Méma. Les Touaregs qui avaient tenté d'enlever les troupeaux se sont heurtés à une résistance farouche des pasteurs peuls et on assista depuis à un équilibre des forces et plus rien. « Certains *badiyankoobé* qui avaient acheté les armes ont ainsi rejoint les troupes de Hamadoun Koufa dès leur arrivée dans le Delta en janvier 2015 » signalait un agent d'ONG. Contrairement aux rebelles, le slogan des jihadistes est très simple « konè gooto mbouri konnè un hewbè » « il vaut mieux avoir un seul ennemi que plusieurs ». Ainsi, ils ne s'attaquaient qu'à l'Etat à travers certaines de ces représentations qui sont mal aimées par les pasteurs nomades en l'occurrence la justice et tous les corps de l'armée à travers les comportements néfastes des agents des eaux et forêts et des gendarmes » disait en Août 2016 D. Coulibaly, un conseiller d'un village de la commune de Karéri.

Les peuls, acteurs de la crise du centre : « des gourdins aux kalachnikovs »

Depuis un peu plus de deux ans, la présence des jihadistes dans le centre du Mali ne cesse de faire couler beaucoup d'encre. La presse tant nationale qu'internationale, les analystes, les consultants et les chercheurs s'adonnent à cœur joie dans des interprétations des plus simplistes voire farfelues car obtenues à la va vite peut être même inventées de toutes pièces. Le FLM, Ançardine centre et/ou sud, Katiba Macina pour désigner les groupes dits radicaux qui opèrent dans le centre ne sont que pures inventions pour les populations locales. Car sur le terrain, les repentis ou ex-engagés, les sympathisants et même les citoyens lambdas interrogés ne connaissent nullement ce que c'est le F.L.M (Front de Libération du Massina). Certains ont entendu cette expression pour la première fois à travers les questions que nous leur avions posées. D'abord, ils sont tous des analphabètes[27] et la seule écriture qu'ils maîtrisent, c'est

---

[27] Ceux qui ne sont pas initiés à l'écriture latine

l'arabe et qu'ils parlent peu. Dans aucune discussion, dans aucun entretien que ce soit avec les pasteurs, les ex-engagés ou même dans les causeries avec les nombreux sympathisants, le nom du F.L.M n'a été prononcé. Les enquêtés ignorent complètement l'existence d'un tel mouvement. Ils connaissent Hamadoun Koufa (mais pas comme chef d'un mouvement organisé comme on le prétend avec des velléités sécessionnistes). Ces hommes qui opèrent dans la zone s'appellent *yimbè laddè* « personnes ou hommes de brousse » et sont désignés comme tels par les populations locales ou exceptionnellement par l'expression *ançarou ein* (les défenseurs) en rapport avec Ançardine, le mouvement d'Iyad Ag Ghali.

Dans certains de ces enregistrements, l'idéologue présumé du groupe parle de *al-qaida ein* pour désigner ces hommes autrement dit « les jihadistes ou islamistes » qui sévissent dans la zone. Les touaregs de la commune de Karéri qui magnifient leur habileté dans le maniement des armes les désignent par l'expression *garibou laddè* « mendiants de brousse ». Nos enquêtés à l'exception des lettrés ne connaissent que l'existence d'Al-Qaida et Ançarou (Ançardine) dans une moindre mesure. Ils ignorent tout du reste : Front de Libération du Massina, Katiba Massina, du MUJAO, de Boko Haram et encore moins de Daesh.

Il ressort tout de même de nos entretiens que les moudjahiddines sont de toutes les ethnies même s'ils sont pour la plupart locuteurs de la langue ou tout simplement des peuls. Parmi ces peuls engagés, nous avons primo, les pasteurs nomades allogènes, secundo, les anciens *santaadji* et tertio les *téréré* (voleurs de bétail). Ce sont des frustrés pour la plupart victimes des différentes injustices et exactions commises par les agents de l'Etat (administration et justice, des gendarmes, des agents des eaux et forêts) et aussi des maîtres des terres et des eaux du Delta (Diowro) nous avait-dit un administrateur civil en poste dans le cercle de Tenenkou.

Les Badiyankoobé (les pasteurs nomades allogènes)
La communauté est très diversifiée et les divergences vont au delà des noms de famille dont veulent nous faire croire certains écrits. Dans son article de février 2017, Mathieu Pellerin écrit ceci « les familles Diallo, statuairement de moindre importance sont

historiquement victimes des familles nobles Dicko ».[28] De telles allégations ne réflètent pas la réalité et ne concernent que le Hairé dans une certaine mesure. Ce qui se joue réellement dans le centre, c'est une opposition entre peuls nomades et sédentaires. Les premiers sont séduits par le discours islamiste « la terre et tout ce qu'elle contient appartiennent à Dieu ». Car c'est « Dieu qui envoie la pluie, donc l'eau qui fait pousser le bourgou sur une terre qui appartient au même Dieu ». Dans le Delta, le pouvoir des autorités coutumières est tel qu'il n'est pas possible de pêcher une mare, de cultiver un lopin de terre ou de faire paître dans une bourgoutière sans au préalable donner quelque chose au propriétaire ou au gérant (qui agit au nom du propriétaire). Les allochtones frustrés de la maltraitance qu'ils avaient subie jusque là, exploitent à bon escient les terres et les eaux dont les autochtones leur refusaient l'accès sans paiement de la préséance. Exploités par les *diowro* (propriétaires des bourgoutières) et les *jom n'diyam* (propriétaires des eaux) en complicité avec les autorités administrative, militaire, judiciaire, les éleveurs allogènes ont trouvé dans ce discours un moyen de se faire valoir. Les gens de la Dawa tabligh et acolytes « sont parvenus à armer ces analphabètes et à les endoctriner. Depuis qu'ils sont là, les injustices et les ponctions ont diminué voire cessé » avait dit un préfet en poste dans le centre du Mali lors de notre entretien du début de l'année 2017. Selon lui, « c'est un idéal islamo-révolutionnaire qui est voie de concrétisation dans le Delta. On a pris les faibles en leur donnant des Kalachnikovs transformant ainsi leur faiblesse en force et on a pris les pauvres en leur donnant des petro dollars, transformant ainsi leur pauvreté en richesse. On a ainsi créé un nouvel homme qui n'a peur de rien ».

Les santaadji

Le deuxième groupe est composé comme susmentionné de *santaadji* (anciens étudiants coraniques). Contrairement aux sortants de l'enseignement classique, l'Etat ne prévoit rien pour les jeunes sortants des écoles coraniques pour autant plus nombreux dans le milieu peul du centre du pays. L'engagement dans le jihadisme et combattre l'Etat est une manière pour ces derniers de « rejeter le système qui les a rejetés » comme l'avait écrit Samb (2015) dans son livre « Boko Haram ». Plus démunis que les éleveurs et les

---

[28] Idem, page 21

fonctionnaires, les *santaadji* sont le dernier choix même des filles en matière d'alliance. Ce propos d'un notable de Diafarabé nous est rapporté par un de nos interlocuteurs « mbamanan faa mi djoguènè » « marier sa fille à un *santaarou* revient à supporter à vie les dépenses de son couple ». La précarité et le chômage sont sans doute la principale raison de leur engagement. Ceci est illustré par la note d'analyse de l'ISS d'Août 2016 sur la radicalisation des jeunes du Mali comme cause d'embrigadement de la jeunesse auprès des groupes terroristes. (cf. www.issafrica.org, Août 2016).

Les téréré

En troisième et dernier lieu, nous avons les *téréré* (voleurs de bétail). Ils sont le plus souvent de peuls, de rimaibé et exceptionnellement de diawando. Bons athlètes, les téréré peuvent être des *bourgoukoobé* (peuls du bourgou) comme des *senonkoobé* (peuls du Séno) ou encore des *wuwarbé* (peuls nomades originaires de Nampala). Certains d'entre eux sont issus de familles démunies qui veulent s'enrichir par tous les moyens en utilisant des raccourcis. D'autres ont décimé leur propre cheptel ou celui de leur famille avant de se transformer en *téréré*. Certains d'entre eux qui sont cités être parmi les acteurs de la crise du centre sont des évadés de prison à la faveur de l'attaque de Tenenkou en février 2012 par le MNLA (Mouvement National de Libération de l'Azawad).

Cependant, tous les acteurs de la crise du centre ne sont pas que des peuls. D'après une femme bozo[29] (présidente d'association), « aw ka jihadistes nounou, chiiya bé dé boula » « parmi les jihadistes d'ici, toutes les ethnies sont représentées ». Elle confirme « la présence des bozos du Kotya[30] parmi ceux qui ont prêché à Diafarabé en novembre 2016 ». Voilà donc ceux qui sont à la base de la non quiétude du centre du Mali semant partout la terreur et la désolation au nom de la charia de Dieu.

Les manifestations du jihad

C'est un jihad qui se caractérise par des enregistrements qui parlent du jihad, qui magnifient l'accueil des moudjahidines dans l'au-delà des morts. Ainsi, Hamadoun Koufa dit dans son premier

---

[29]Interview du 11 janvier 2017 à Diafarabé
[30] Commune de Togora Kotya dans le cercle de Tenenkou

enregistrement depuis son engagement en janvier 2013 daté du second semestre 2015 : « désormais nous commencerons toutes nos cassettes (enregistrements) par les versets évoquant le jihad, par ce que le prophète (PSL) avait dit sur le jihad, par ce que nous nous sommes rappelés sur le jihad afin d'orienter les uns et les autres vers le jihad.» « Mi yeti Allah, mi laati kè jihadiste » « je remercie Dieu d'avoir fait de moi un jihadiste » dit-il dans un autre enregistrement de 2016.

De l'implantation des hommes de Hamadoun Koufa dans le Delta central et alentours à nos jours, la région est presque coupée du monde car abandonnée par l'Etat, son administration et même les soldats de la MINUSMA et de la force Barkhane. Cette absence réconforte les jihadistes, leurs sympathisants et crée un sentiment d'abandon avéré chez les populations. Dans un enregistrement de 2016, « Hamadoun Koufa demandait à la population même si elle est contre lui et ses hommes de reconnaître qu'elle ne paye plus les impôts, les vignettes et autres taxes. Et elle n'est plus punie pour n'avoir pas payé ceci ou cela à un quelconque agent de l'Etat. Cette liberté est acquise grâce aux moudjahidines qu'ils sont ». Nonobstant cela, les populations sont victimes de harcèlements, d'intimidations, d'interdictions. Dans la commune de Ouro Ardo, ils ont dissuadé les femmes de se laver au fleuve ; de se coucher en plein air dans la commune de Karéri. Des soirées dansantes interdites à Diafarabé, des joueurs de flûte bastonnés à Mopti Kéba, profanation des lieux de culte à Hamdallaye. Les trente (30) points de traversée de Diafarabé en Novembre à Walado en Mars sont boycottés.

Il y a aussi des attaques contre les forces armées maliennes, les soldats de la mission des Nations Unies, d'assassinats ciblés comme ce fut le cas de l'agent des eaux et forêts à Diafarabé en Avril 2015, de l'indicateur peul à Tougou en septembre 2015, des règlements de compte comme celui d'un maire peul à Ouro Modi en 2016, d'un chef de village peul à Dogo en 2015, d'un conseiller municipal bambara dans le Karéri en avril 2015 pour ne citer que ceux-ci.

Conclusion

En définitive, nous pouvons dire que Hamadoun Koufa est un homme avec un double visage. D'abord en tant que brillant apprenant, il avait été une idole de plusieurs jeunes de son temps par la précocité de sa maîtrise parfaite du coran. Comme poète-chanteur, il a su donner de la joie à son auditoire (filles, jeunes santaadji) et le pulaaku dans une large mesure. Ces cassettes étaient vendues pendant une décennie comme des petits pains grâce à l'indépendance d'esprit qui caractérisait le message véhiculé. La seconde partie de sa vie est celle qui suscite beaucoup d'interrogations. Il a cessé de faire l'unanimité dès l'amorce de sa carrière de prêcheur. Son interprétation textuelle du coran, son discours cru, ses propos malsains à l'endroit des descendants des familles de cheikhs, des paroles inappropriées à l'égard des marabouts et santaadji.

Comme pour ne rien arranger, son adhésion à la Dawa tabligh a créé un divorce entre lui et les familles maraboutiques et une bonne partie de la population d'obédience malékite. Les uns et les autres ne parvenaient à comprendre sa brève reconversion et la justification de son discours violent et son appel au jihad. Hébétés, beaucoup l'avaient demandé directement ou indirectement qu'au lieu d'inciter les autres au soulèvement, pourquoi lui-même ne commence pas comme l'avait fait Sékou en son temps. On lui rappelait que ce dernier n'a pas eu besoin de faire des tournées (dawa) pour déclencher son jihad en 1818.

Force est de reconnaître que son discours a convaincu tous ceux qui souffraient des attitudes et comportements des forces de l'ordre, de l'administration, de la justice et de ses acolytes en l'occurrence les élites locales (diowros, amirou, et autres cadres et hauts gradés etc.) Ces derniers se sont engagés et continuent encore de le faire surtout avec la récente collision des FAMAs avec les chasseurs de la milice donso bambara sont accusés de commettre d'exactions sur des éléments peuls partout à travers le centre du pays.

Bibliographie

Ouvrages généraux :
Ba Amadou Hampaté et Jacques Daget 1984. : *L'Empire Peul du Massina*, préf de Th. Monod, Abidjan: NEA, Paris : Edition de l'E.H.E.S.S.
Catherine et Olivier De Barriere 2002. *Un Droit à inventer: Foncier et Environnement dans le Delta Intérieur du Niger (Mali)*, Paris, I.R.D.
Laurent Samuel, Sahelistan, 2013. *De la Libye au Mali, au cœur du nouveau jihad*, Seuil, Paris.

Pellerin, Mathieu 2017. "les trajectoires de radicalisation religieuse au Sahel", *Notes de l'Ifri*, février 2017

Samba Bakary. 2015. *Boko Haram : du problème nigérian à la menace régionale*, Editions Timbuktu, Dakar-Le Caire.

Sanankoua, Bintou 1990. *Un Empire Peul au XIXè siècle*, Edition Karthala et ACCT, Paris.

Sangaré, Boukary 2016. "Le Mali central, épicentre du djihadisme" GRIPP, Bruxelles.

Thiam Adam, 2017, *Centre du Mali: enjeux et dangers d'une crise négligée*, Institut du Macina et le centre H.D pour le dialogue humanitaire.

Rapports:
Rapport Conférence des Bourgoutières, Mopti, les 19, 20 Novembre2000
ICG (Juillet 2016)
ISS (Août 2016)
Interviews
Prêches
Enregistrements audio

Articles dans les journaux
Ibrahim Keita, Mali-actu, du 9 juillet 2015

Abdoulaye Diarra, Moussa SIidibe, le journal « l'Indépendant » du 21 Août 2015

Remi Carayol, "Si les peuls basculent", *Jeune Afrique*, numéro 2892, du 12 au 18 juin 2016

Attaque dans le sud du Mali: la piste de la secte Dawa privilégiée ; par RFI Publié le 13-09-2012 Modifié le 14-09-2012 à 05:50

Mali : Le djihadiste Bamoussa Diarra etabli son QG dans la forêt Wagadou, dans la région de Ségou, par *Nord-Sud Journal* - Date: 02 Mai 2017

Bakary Sambe: Le Mali demeure l'épicentre du djihadisme au Sahel, *Le Monde*, Par Le Pays - Date: 27 Mars 2017

Le Mali, sous le choc, rend hommage aux soldats tués à Nampala

Par Anthony Fouchard (Ségou, Mali, envoyé spécial), *Le Monde* 22.07.2016 à 10h54

Processus de sortie de crise : L'Association Tabital Pulaaku exige la dislocation de toutes les milices, par Le Démocrate, du 22 Fév 2017

Yvan Guichaoura (maître de conférences sur les conflits internationaux, University of Kent) et Dougoukolo Alpha Oumar Ba-Konaré (chargé de cours), Le Monde 14.10.2016 à 11h22 • Mis à jour le 16.10.2016 à 16h08.

12. Le Centre du Mali : Vers une question peule ?

Boukary Sangaré

Le présent article traite de la problématique de l'extrémisme violent et de la radicalisation dans un contexte de naissance d'une question peule au Centre du Mali à l'instar de la question touarègue au nord du pays. Se basant sur nos données empiriques[1], nous y analysons, dans un premier temps, les facteurs de radicalisation communautaire. Nous analysons cette radicalisation communautaire sous le prisme d'une opportunité ratée pour consolider la résilience communautaire initiée, dans une approche bottom-up, par les pasteurs nomades peuls du Centre du Mali à travers la création de Dewral Pulaaku, une organisation des Peuls nomades. Dans un second temps, nous y abordons l'expansion de la violence extrême par le biais des groupes armés (milices et groupes djihadistes). Cette partie analyse les motivations ayant favorisé l'allégeance des pasteurs nomades peuls de la région de Mopti aux mouvements djihadistes. La radicalisation au niveau individuel y est étudiée dans un troisième temps. Nous nous focalisons sur le récit d'un jeune radicalisé pour démontrer comment les jeunes se radicalisent au confluent des deux premiers types de radicalisation. La radicalisation à l'échelle individuelle est fonction de la trajectoire de l'individu. Enfin, la quatrième et dernière section de l'article est purement analytique et s'interroge sur le lien entre les pasteurs peuls du Centre et le djihad. Ce chapitre est une réponse à la tendance courante qui consiste à faire de l'amalgame entre les peuls et les djihadistes dans cette zone. Aussi, à l'instar de la question touarègue au nord, nous nous interrogeons sur la probable existence d'une question peule au Centre du Mali.

---

[1] Notre intérêt académique pour le Centre du Mali ne date pas de l'avènement de la crise dans cette région. La région de Mopti et plus précisément le Cercle de Douentza a été au cœur de nos recherches antérieures. Depuis 2009, nous sillonnons le Centre du Mali et y avons investigué sur les questions de mobilité sociale, de téléphonie mobile, d'organisation politique et sociale etc. Cet énième article sur le Centre se base donc non seulement sur nos récentes enquêtes mais aussi notre connaissance de la zone avant la crise.

Introduction

Les conflits armés sont indissociables de l'histoire contemporaine du Mali. De l'indépendance en 1960 à nos jours, le Mali a traversé quatre rebellions touarègues, déclenchées toutes au nord et contestant le pouvoir central de Bamako. Dès la fin de 1962, la première rébellion touarègue mît en cause la gestion du pouvoir par les autorités de la première république, un régime socialiste en majorité constituée de communautés sédentaires. La crise récente déclenchée en 2012 par les rebelles Touaregs au nord du Mali donne l'impression, depuis la signature de l'accord pour la paix et la réconciliation en mai et juin 2015, de s'être « déplacée »[2] au centre du Mali. En effet la région centre du Mali demeure depuis la moitié de2015 l'épicentre de la crise malienne[3]. Elle est, depuis lors, le théâtre d'affrontements communautaires, d'attaques terroristes, de règlements de comptes et de banditisme. Les causes profondes de cette crise sont essentiellement d'ordre politique, social et économique. La région du Centre, à l'instar des autres régions du Nord, subit depuis quelques décennies des mutations sociales, politiques, environnementales etc. Les communautés semi-nomades du Centre du Mali peinent à s'adapter à ces changements brusques. Les actions de développement soutenues par l'Etat et ses partenaires ont longtemps favorisé les sédentaires au détriment des nomades.

La crise de 2012 est venue exacerber les conflits communautaires dans la zone.[4] Elle a fait émerger de nouveaux acteurs mettant en cause l'Etat et ses institutions. Avant l'avènement de cette crise, la légitimité et l'intégrité des représentants locaux de l'Etat étaient déjà mises en question par certaines communautés au Centre du Mali. Ces représentants au niveau local brillaient par la corruption et le rançonnage. Pendant l'occupation, le rôle de l'Etat en tant que seul pourvoyeur de justice et de sécurité aux populations a été remplacé par les groupes armés djihadistes. Les Pasteurs (Seedoobe ou Ega

---

[2] Nous relativisons l'usage de ce mot puisque malgré la signature de l'accord, le nord demeure toujours le champ de bataille entre Coalitions signataires (CMA et Plateforme) et entre forces armées maliennes et groupes terroristes ou djihadistes.

[3] B. Sangaré, « *Le centre du Mali : épicentre du djihadisme ?* », Grip, Bruxelles, 20 mai 2015.

[4] B. Sangaré, Opt. cit, 20 mai 2015.

Hoodabe)[5] du Cercle de Douentza ont fait allégeance au MUJAO[6] pour bénéficier de la protection de ce dernier. L'accès à une justice « équitable », sans avoir à débourser de l'argent pour avoir les faveurs du juge[7], délivrée par le MUJAO a été un facteur important de la connexion entre les peuls et le djihad. La présence de groupes armés non étatiques pouvant se substituer en partie à l'Etat a favorisé le ralliement des communautés pastorales à ces groupes. Toutefois, malgré l'intervention militaire internationale et les récents « efforts »[8] du gouvernement malien en matière de défense du territoire et de sécurisation des populations et de leurs biens[9], la région Centre ayant préalablement été négligée[10] dans la stratégie globale de gestion de la crise de 2012 au profit des régions du nord, suscite, de nos jours, de

---

[5] Les saisonniers, les nomades ou les transhumants.

[6] Le Mouvement de l'Unicité du Djihad en Afrique de l'Ouest.

[7] Dans la perception de la plupart des communautés, le verdict rendu par un juge émane de la décision personnelle de ce dernier. Elle pense qu'en soudoyant un juge, lors d'un procès relatif à un conflit par exemple, on peut gagner le procès ou éviter de subir un emprisonnement ferme qui est très mal perçu par les peuls nobles. Les dignitaires peuls ont coutume de dire que tant qu'ils détiennent leur bétail, ils ne feront jamais la prison. Cela ayant été compris par la plupart des autorités administrative, sécuritaire et judiciaire, elles aussi coopèrent et profitent pour s'enrichir pendant leur séjour à Mopti. Certaines régions du Mali, dont la région de Mopti, sont qualifiées de vaches laitières par les fonctionnaires de l'administration.

[8] Ces efforts sont différemment appréhendés par les populations. Si les efforts de l'armée, en matière de lutte contre le terrorisme, sont loués au Sud ; au Centre du Mali, l'armée est décriée par les pasteurs nomades peuls. Puisque les opérations sont le plus souvent dirigées contre ces pasteurs nomades qui seraient les instigateurs du mouvement djihadiste au Centre. Nous pouvons également noter la dénonciation des violations des droits humains par la FIDH et l'AMDH dans leur rapport intitulé « Mali : Terrorisme et Impunité font chanceler un accord de paix fragile », Paris & Bamako, Mai 2017.

[9] Un plan de Sécurisation Intégré des régions Centre du Mali (PSIRC) a vu le jour au premier trimestre 2017 et vise à atténuer l'insécurité à travers la combinaison des actions de défense et sécurité et des actions de développement. Dans ce plan, il est prévu la création de plusieurs postes de sécurité, l'équipement des forces de défense et de sécurité. Le plan prévoit également la création de pôles de développement à travers l'accès aux services sociaux de base (écoles, centres de santé) et aux foires pour booster l'économie locale. Le PSIRC s'inscrit dans l'esprit de la fameuse phrase arguant qu'il ne peut y avoir de développement sans sécurité et vice-versa.

[10] Adam Thiam, « *Centre du Mali : Enjeux et Dangers d'une crise négligée* », Centre pour le Dialogue humanitaire, mars 2017.

l'intérêt pour la communauté internationale[11] et les pays du G5 Sahel. Les multiples conférences, colloques et rencontres politiques qui se tiennent actuellement dans les capitales européennes[12] et sahéliennes sur la problématique sécuritaire au Centre du Mali pour éclairer la lanterne des décideurs en sont la parfaite illustration. A noter également que la région Centre du Mali est névralgique pour le Sahel de par sa position géographique et la possible connexion entre les groupes armés du Centre et ceux évoluant dans les pays voisins du Sahel (singulièrement au Burkina Faso et au Niger). En plus, le Centre se trouve au cœur des stratégies militaires des pays du G5 Sahel. La ville de Sévaré-Mopti vient d'être choisie pour abriter le Poste de commandement central des forces des pays du G5 Sahel pour la lutte contre le terrorisme[13].

Au-delà de cette problématique territoriale, l'identité peule fait l'objet de multiples interrogations. La crise du pastoralisme à laquelle fait face le Sahel concerne directement cette ethnie qui est également en crise. La question devient aujourd'hui une préoccupation commune pour les pays du Sahel. Au Centre du Mali, la percée djihadiste est dirigée par un prédicateur peul, Hamadou Kouffa, chef de la Katibat Ansardine du Macina. A quelques encablures du Hayré (Cercle de Douentza), de l'autre côté de la frontière (Burkina Faso), un autre mouvement (Ansaroul Al Islam), dirigé par le prédicateur peul Malam Ibrahima Dicko, sème la terreur à travers plusieurs attaques contre les forces armées du Faso. Les forces armées maliennes et nigériennes ont fait l'objet, ces derniers temps, de plusieurs attaques terroristes attribuées à des peuls nigériens, anciens éléments du Mujao. Ce dernier cas est exacerbé par les rivalités entre communautés peules et Daoussahaqs dans la région de Ménaka. C'est pourquoi nous nous interrogeons sur l'existence d'une question peule dans cette région. Sommes-nous en train d'assister à l'émergence

---

[11] Interpeace/IMRAP, « Portraits croisés : Analyse locale des dynamiques de conflit et de résilience dans la zone de Koro-Bankass », juin 2017. Consulté le 1er juillet 2017 sur http://www.interpeace.org/wp-content/uploads/2017/06/2017-Interepeace-IMRAP-Portraits-Crois%C3%A9s-Koro-Bankass.pdf

[12] Récemment, plusieurs colloques, conférences et rencontres politiques de haut niveau ont eu lieu à Paris, Amsterdam et Bruxelles sur les Peuls et la crise au Centre du Mali.

[13] L'annonce a été faite lors de la rencontre des chefs d'Etat des pays du G5 Sahel et de la France à Bamako le 2 juillet 2017.

d'une question peule au Centre du Mali à l'instar de la question touareg au nord du pays ? Quels sont les facteurs ayant favorisé l'allégeance des peuls du centre et du nord Mali aux mouvements extrémistes violents ? De quoi se nourrit la radicalisation ethnique dans cette région ? Quel est l'impact des interventions militaires sur la sécurité et la réduction de la violence dans la région ? Pourquoi les conflits communautaires traditionnels deviennent-ils de plus en plus violents et difficiles à contenir ? Pourquoi les institutions de gouvernance locale sont-elles contestées ?

Le présent article se décline en quatre sections qui sont :
- La radicalisation communautaire suite à un manque d'opportunité de résilience, le cas de Dewral Pulaaku
- L'instauration d'une violence extrême par les groupes armés;
- La radicalisation individuelle, suivie de l'étude de cas de deux jeunes pasteurs du Centre ;
- Peuls et djihadisme au Centre du Mali

La radicalisation communautaire suite à un manque d'opportunité de résilience, le cas de Dewral Pulaaku

L'Association Dewral Pulaaku[14], initiée en 2014 par quelques influents leaders pasteurs Peuls du Hayré et du Seeno (région de Mopti) après la reconquête des régions occupées, visait à promouvoir le pastoralisme, prévenir les conflits inter et intracommunautaires, défendre et protéger les droits des pasteurs nomades. Dewral pulaaku pourrait être considérée comme une organisation de la société civile émergente dans la région de Mopti. Initialement, l'organisation avait pour but de réinstaurer la renaissance du Pulaaku et permettre aux pasteurs peuls de prendre leurs destins en mains dans le cadre de la gestion de la crise que la région traverse. Autrement dit, les pasteurs peuls étaient accusés à tort ou à raison d'avoir massivement rejoint les djihadistes et pendant les Opérations militaires, beaucoup d'entre eux ont été arrêtés, emprisonnés ou portés disparus. C'est dans ce cadre que Dewral a vu le jour pour tenter de gérer cette crise au sein de la communauté peule et pour donner une voix aux pasteurs

---

[14] Dewral Pulaaku veut dire « entente des peuls » en langue fulfulde.

nomades qui se trouvaient en marge de la gestion des affaires locales depuis plusieurs années.[15]

Malgré que Dewral soit officiellement une association à but apolitique, elle pourrait être considérée comme une organisation de défense des intérêts politiques, sociaux et économiques des Peuls du Hayré et du Seeno. Elle est essentiellement constituée de Peuls dont des Seedoobé (pasteurs nomades). Dès sa création, elle a été dénoncée par certaines élites politiques (Weheebe) comme une organisation djihadiste cherchant à se légaliser étant donné que son président lui-même avait rejoint le MUJAO en 2012. À la question de savoir pourquoi il avait fait cela, le président de Dewral Pulaaku et non moins chef de village de Boulekessi (situé à la frontière Burkinabè) soutient :

> *Au moment de l'occupation de la zone par le MNLA, les Touaregs nous ont fait souffrir. Ils nous ont interdit l'accès à des pâturages dans la brousse, de cultiver nos champs et ont tué un de mes cousins en violant également sa femme. J'avais été menacé de mort et il a fallu que je fuie de chez moi pour aller me réfugier au Burkina Faso puis à San (région de Ségou). C'est ce qui m'a motivé à identifier des bras valides dans ma zone pour les amener à s'entrainer dans les camps du MUJAO à Gao. Moi-même j'étais avec eux à Gao. C'est avec le déclenchement de Serval que nous avons été dispersés et on a même perdu un jeune lors des bombardements de l'opération française. Je tiens à préciser que nous n'avons pas pris les armes pour attaquer l'État malien mais pour nous défendre contre nos ennemis. C'était dans le but de l'autoprotection. ... C'est pourquoi avec la reconquête, nous avons créé Dewral Pulaaku pour défendre et protéger les intérêts des pasteurs nomades. Notre association est loin d'être une organisation terroriste.[16]*

La création de Dewral est stratégique et semble avoir a été mûrement réfléchie. Les nomades qui ont rejoint ou soutenu moralement le MUJAO se sentaient menacés par le retour à la «

---

[15] Voir M. De Bruijn, « Quest for citizenship of the Fulbe (semi)nomads in Central Mali, Counter Voices in Africa, Blog, June 2015, Available on www.connecting-in-times-of-duress.nl;counter voices: mirjamdebruijn.wordpress.com

[16] Entretien avec I. M. Dicko ; Chef de village de Boulikessi, Oct. 2014. Nous avons également utilisé ce discours dans notre article sur le centre publié par le GRIP.

normalité ».[17] Des menaces qui allaient de la discrimination aux arrestations, ce malgré les plaidoyers des cadres peuls et de la section Droits de l'homme de la MINUSMA pour innocenter les personnes ayant possédé des armes pendant la crise. La stratégie de Dewral a consisté à unifier les nomades afin d'éviter qu'ils soient confrontés individuellement aux défis qui les attendaient.

Entre temps, les tensions entre élites et pasteurs dans les communes de Boni (Haïré) et de Mondoro (Seeno) ne faiblissent pas. D'une part, les élites accusent les pasteurs d'être les auteurs des attaques et des assassinats ciblés dans la région. D'autre part, les pasteurs accusent les élites d'être leurs dénonciateurs auprès de l'armée. Les multiples arrestations des pasteurs nomades par l'armée malienne ont frustré beaucoup d'entre eux. Ces arrestations, tortures et parfois assassinats[18] commis, sont perçus comme des abus par les pasteurs peuls qui nourrissent désormais un ressentiment envers toute personne proche de l'État. Les opposants politiques locaux dans la commune du Haïré ont saisi l'opportunité que leur offrait cette association, à travers sa forte capacité de mobilisation de pasteurs nomades qui constituent un électorat important, en se faisant élire dans le bureau de ladite association pour pouvoir bénéficier de l'électorat des nomades pendant les prochaines futures échéances électorales.

L'existence de Dewral est très menacée par des enjeux de leadership. Ses leaders ont plusieurs fois été arrêtés, emprisonnés, puis libérés. Son Président, après avoir été arrêté par les Forces de défense et de sécurité du Burkina Faso dans la ville de Djibo, suite

---

[17] Après l'Opération Serval, l'armée malienne revient. Elle cible les Peuls, accusés d'être des Mujao. Amirou Boulikessi, Président de Dewral Pulaaku, qui sait qu'il a pactisé avec le diable et que des gens veulent le lui faire payer, se réfugie au Burkina. Puis il passe du temps à Bamako, où la sécurité d'État l'arrête à deux reprises (dont la dernière fois en mai 2016). Il effectue des allers-retours à Boulikessi, mais il ne reste jamais longtemps. Tout le monde le lâche, y compris les propriétaires de bétail qui l'avaient poussé à solliciter le Mujao et qui le décrivent maintenant comme un djihadiste.

[18] Human Rights Watch, « Mali : Les abus s'étendent dans le sud du pays, les atrocités commises par les groupes armés islamistes et les réponses de l'armée sèment la peur », Dakar, 19 février 2016. Consulté le 5 mars 2016. FIDH-AMDH, « Mali : la paix à l'épreuve de l'insécurité, de l'impunité et de la lutte contre le terrorisme », Paris & Bamako, note de situation, 19 février 2016, 7 p. Consulté le 27 février 2016.

aux attaques commises par Ansarul Al Islam du prédicateur Malam Ibrahim Dicko, a séjourné à la grande prison de Ouagadougou entre novembre et décembre 2016, puis a été relâché.[19] Les forces burkinabè soupçonneraient sa collaboration avec Ansarul et pour d'autres, on l'aurait confondu avec le prédicateur burkinabè Malam Ibrahim Dicko. Dewral n'existe aujourd'hui que par l'engagement de son Président qui s'investit pour la reconnaissance du droit des pasteurs ayant pris des armes pour s'auto-défendre. Son combat vise l'intégration des pasteurs du Centre dans le processus de DDR et permettre à ces derniers de bénéficier des dividendes de la paix au même titre que les autres communautés.

Une bonne partie des membres de l'organisation, suite à cette opportunité manquée, ont opté pour la violence comme moyen de résolution de leurs différends avec l'Etat et les communautés voisines. A propos, A. D. soutenait ceci : « *Le seul choix que nous avons pour résoudre nos différends avec l'Etat est l'usage de la violence. Dès la création de Dewral, j'avais soutenu qu'on n'allait pas nous prendre au sérieux. Vous voyez aujourd'hui le résultat ? La violence n'était pas notre choix mais elle nous a été imposée par le système.* »

Avec l'arrestation de ce leader peul, beaucoup de ses membres se sont radicalisés et ont rejoint les mouvements djihadistes présents dans la région (Katibat du Macina, Ansaroul Al Islam et Al-Mourabitoune). Les attaques terroristes se sont multipliées dans cette zone au dernier trimestre de 2016 et au début 2017, ce qui coïncide avec la période d'incarcération du Président de Dewral à Ouagadougou (Burkina Faso). C'est pourquoi nous sommes tentés de soutenir que le manque de soutien aux initiatives de Dewral a divisé davantage les pasteurs et approfondi le sentiment de marginalisation en leur sein. La résilience communautaire qui s'instituait avec Dewral est en perte de vitesse, voire en train de disparaître, et les communautés ont tendance à opter pour la violence comme moyen de gestion de leurs différends. En réponse aux violences extrêmes, d'autres communautés, victimes ou en recherche de mesures préventives, s'organisent en créant leurs propres milices.

---

[19] Voir Rémi Caryol, « Mali : l'histoire du chef de village de Boulikessi, contraint de négocier avec le MUJAO », consulté le 30 décembre 2016, disponible sur : http://www.jeuneafrique.com/mag/384784/politique/mali-lhistoire-chef-village-de-boulikessi-contraint-de-negocier-mujao/

Le point suivant traitera des groupes armés et de l'instauration de la violence dans la région.

L'instauration d'une violence extrême par les groupes armés

De nos jours, on dénombre deux catégories de groupes armés au Centre du Mali. Les groupes armés d'auto-défense ou milices politico-militaires et les mouvements se réclamant du djihad comme l'illustre bien le tableau ci-dessous.

Groupe	Nature	Zones d'intervention au Centre	Leader
ANSIPRJ	Milice	Tenenkou, Nampalari	Oumar Aljana
Ansaroul Islam	Djihad	Douentza	Ibrahim Malam Dicko
FLM ou Katiba Macina	Djihad	Delta Central (Ténenkou, Youwarou, Djenné, Mopti etc.)	Hamadou Kouffa
Ganda Izo de CMFPR 2	Milice	Douentza, Nampalari	Ibrahima Abba Kantao
MDP	Milice	Tenenkou	Hama Founé
MUJAO	Djihad	Douentza, Bankass	Abou Mansour

Les milices politico-militaires sont notamment identifiées de manière relativement claire : l'Alliance nationale pour la sauvegarde de l'identité peule et la restauration de la justice (ANSIPRJ), créée en juin 2015, après les affrontements entre peuls et bambaras dans le Kareri, qui serait dirigée par un jeune touaro-peul du nom de Oumar Al-djana.[20] L'ANSIPRJ, à sa création, déclara une guerre contre

---

[20] L'ANSIPRJ fait de la lutte armée son mode opératoire et a revendiqué (au même titre que certains groupes terroristes, notamment Ansar Dine) les attaques meurtrières contre un camp militaire dans la ville de Nampala le 19 juillet 2016. Oumar Al-djana se réclame peul de par sa maman qui est originaire du Delta Central. Son père serait un Touareg, c'est pourquoi nous le qualifions de Touaro-

l'armée malienne en fustigeant l'acharnement de cette dernière contre la communauté peule dans le cadre de ses missions de lutte contre le terrorisme[21]. En novembre 2016 déjà, soit cinq mois après sa création, l'alliance déclara avoir déposé les armes et faire la paix avec le gouvernement du Mali. Elle declare : « *On veut passer ce message, dire que pour le moment, l'Alliance nationale pour la sauvegarde de l'identité peule et la restauration de la justice a déposé les armes, et qu'elle s'inscrit dans la logique de la paix. Notre alliance est dans le processus d'Alger. Elle est pour la stabilité du Mali, elle est pour l'intégrité territoriale du Mali* ».[22]

Le Mouvement pour la Défense de la Patrie (MDP) du Delta Central, du Hayre et du Seeno, créé en 2015 pour manifester le désarroi des Peuls et défendre leurs intérêts, a rejoint la Plateforme.[23] L'histoire du MDP est indissociable de celle de son fondateur, Hama Founé Diallo. Ce dernier est reconnu comme un vaillant guerrier. Il a d'abord été N'téré (voleur de bétail) dans la zone de Ténenkou et du Farimanké (frontière avec la Mauritanie). Dans les années 2000, il se retrouve dans la guerre libérienne comme mercenaire. En 2012, Hama Founé rejoint la branche du Mouvement National de Libération de l'Azawad basée dans le secteur de Nianfunké. Il dit avoir rejoint ce mouvement touareg pour pouvoir protéger la communauté peule[24]. Dans le cadre de la recherche d'une solution durable à la crise au Centre, le gouvernement du Mali tend la main à ceux qui veulent rejoindre le processus de paix. C'est ainsi que Hama Founé, avec le soutien de certains notables et cadres peuls,

---

peul. Oumar Al-djana est reconnu d'avoir une position radicale vis-à-vis de l'Etat par rapport à la situation au Centre du Mali. Il a d'abord milité dans les associations de jeunes peuls à Bamako puis pris les armes. Selon plusieurs témoignages, il préconisait toujours dans ses interventions la prise d'armes par les jeunes peuls pour amener l'Etat à les écouter.

[21] ANSIPRJ a été créée pour mettre fin aux exactions contre les peuls.

[22] Studio Tamanani, « L'alliance peulh affirme-déposer les armes et adhérer au processus de paix », 18 novembre 2016, consulté le 20 juillet 2017, disponible sur : http://www.studiotamani.org/index.php/politique/9649-l-alliance-peuhl-affirme-deposer-les-armes-et-adherer-au-processus-de-paix

[23] Cependant, depuis juin 2016, ce mouvement a adhéré à la Plateforme. Cette adhésion pourrait permettre aux trois cents combattants actifs, majoritairement des peuls, revendiqués par le MPD de bénéficier des avantages accordés aux combattants démobilisés dans le cadre du processus « Désarmement, Démobilisation, Réintégration » (DDR).

[24] International Crisis Group, « Centre du Mali : la fabrique d'une insurrection ? », Bamako/Dakar/Bruxelles, Juillet 2016.

créa le MDP et rejoint la Plateforme (Coalition des mouvements armés soutenant le gouvernement du Mali). Toutefois, des anciens pasteurs peuls et alliés ayant rejoint le MUJAO en 2012 et reçu un entraînement militaire dans les camps des groupes djihadistes à Gao, sont toujours actifs dans le Hayré (Douentza) et le Seeno (Koro-Bankass). Certains éléments peuvent aussi inciter à considérer ce groupe plutôt comme faisant partie de la constellation des groupes d'autodéfense.

La catégorie des groupes menant un combat de type djihadiste inclut la Katiba Ansar Dine du Macina et/ou le Front de Libération du Macina[25]. Ce mouvement aux contours difficiles à cerner recrute essentiellement au sein de la communauté peule et est constitué en partie d'ex-membres du MUJAO et de disciples de Hamadou Kouffa[26], prêcheur radical de la région de Mopti soupçonné d'en être le chef. Il appelle à l'instauration d'un modèle d'Etat à l'image de ce que fut l'empire théocratique peul du Macina (1818-1862) sous Sékou Amadou et est allié d'Iyad Ag Ghali, qu'il a rencontré lorsque tous deux militaient au sein du Tablight e la Dawa.[27] Depuis la fin des années 1990, Hamadoun Kouffa a, en effet, axé ses prêches sur la dénonciation des élites, qu'il s'agisse des autorités locales, des marabouts, des nobles peuls, ou des représentants de l'Etat, complices dans la spoliation des éleveurs peuls et des familles

---

[25] Cependant, je considère qu'il existe bien deux mouvements : la Katibat Ansar Dine Macina serait à tort assimilée à un autre groupe actif dans la région et qui se présente sous le nom de Front de libération du Macina (FLM). Si les deux groupes opèrent dans les mêmes localités du centre, il semble qu'ils ne poursuivent pas les mêmes objectifs. Le Front aurait des revendications politiques. Ses membres seraient majoritairement des éleveurs peuls en révolte contre le vol de leur bétail et les abus des autorités administratives ou de certains chefs coutumiers. La cartographie des attaques renforce l'hypothèse de l'existence de deux mouvements distincts opérant dans la même aire géographique avec parfois des cibles et des intérêts convergents

[26] Pour plus d'informations sur cet homme, se référer dans cet ouvrage au chapitre intitulé « Hamadoun Kouffa, fer de lance du radicalisme dans le Mali central », traité par Modibo Galy Cissé.

[27] Au mois de mars 2017 a été consacrée la fusion de plusieurs groupes terroristes maliens (Katiba du Macina, Ansar Dine, Aqmi et Al Mourabitoune) au sein d'une nouvelle entité dénommée : Jamaat Nosrat al-Islam wal-Mouslimin, le «Groupe pour le soutien de l'islam et des musulmans», qui depuis cette date a revendiqué plusieurs attaques aussi bien contre les Forces armées maliennes que contre celles de la MINUSMA.

statutairement de moindre importante, par exemple les Diallo historiquement victimes des familles nobles Dicko. C'est la présence même de l'Etat et de sa justice dans sa forme actuelle, (corrompue, oppressive), qui est condamnée au profit d'une justice islamique reconnue comme équitable[28].Il est aujourd'hui membre de la Jamaat Nustrat Al Islam wal Muslimin (JNIM).[29] Le moteur de la radicalisation dans le Centre du Mali et des ralliements à la Katibat Macina relève de cette radicalisation objectivement motivée.

Ansaroul Al Islam, les fidèles de l'Islam, est un mouvement djihadiste créé par Ibrahim Malam Dicko dans la province du Soum (Burkina Faso) vers la fin de 2016. Il est l'auteur des attaques contre l'armée Burkinabé à la frontière avec le Mali. Début 2017, il a reçu à s'implanter dans le Hayré (Douentza) et le Seeno Bankass (Koro-Bankass) qu'il utilise comme zone de retranchement. C'est ainsi qu'il a pu recruter des jeunes au sein des Pasteurs peuls de cette région.

La radicalisation à l'échelle individuelle : violence extrême et reconfiguration sociale.

Il est encore difficile d'établir une sociologie des individus qui rejoignent les mouvements djihadistes. Il est ressorti dans plusieurs études (ICG, 2016, ISS, 2016, Sangaré, 2016, Thiam, 2017) menées ces deux dernières années au Mali, que les jeunes s'engagent dans les mouvements d'extrême violence pour des motivations diverses. Les facteurs de ralliement divergent d'un jeune à un autre, d'une communauté à une autre ou d'une région à une autre. Les facteurs économiques, sociaux, culturels, religieux, de protection, sont le plus souvent relevés.[30] Conformément à cette thèse, l'étude de l'ISS soutient dans ses principales conclusions : *« Des facteurs qui n'ont rien d'économique, de religieux ou d'idéologique expliquent la présence de jeunes dans les rangs des groupes armés djihadistes au Mali »*[31] . Un accent particulier est

---

[28] Mathieu Pellerin, « Les trajectoires de radicalisation religieuse au Sahel », Notes de l'Ifri, Ifri, février 2017, P.21.

[29] « Le Groupe de Soutien à l'Islam et aux Musulmans » a été lancé le 1er mars 2017 par cinq leaders d'AQMI, d'Al-Mourabitoune, d'An sardine et de la Katiba du Macina représentée par Hamadoun Kouffa.

[30] Mathieu Pellerin, Opt. Cit. février 2017.

[31] Institut d'études de sécurité, « Jeunes djihadistes au Mali : guidés par la foi ou par les circonstances ? », Note d'analyse n° 89, ISS, Août 2016.

mis sur la question de l'éducation des jeunes par Interpeace et ses partenaires dans l'étude sur les « *les trajectoires des jeunes vers les nouvelles formes de violences en Côte d'Ivoire et au Mali* ». Pour cette étude, l'école, la famille et la communauté ne s'accordent plus sur l'éducation des jeunes, raison pour laquelle beaucoup de jeunes sans références éducatives s'adonnent à la violence extrême.[32]

Par ailleurs, le discours égalitariste porté classiquement par les groupes djihadistes, caractérisé par une dilution des identités communautaires ou des différences statutaires, rencontre une certaine adhésion des jeunes qui aspirent au changement et à la libération du joug élitiste. Les pasteurs nomades du Gourma et du Hayré, ayant bénéficié de l'aide du MUJAO, semblent en particulier avoir vu en ce mouvement un moyen de se prémunir contre l'insécurité. En effet, en proie au déclassement, ils semblent avoir épousé en grand nombre la cause du MUJAO; tandis que les solidarités entre communautés peules Seedobe et Toleebe, partageant les mêmes difficultés en termes d'accès aux ressources foncières et pastorales, a pu motiver de nombreux jeunes peuls du Gourma à rejoindre la cause djihadiste.

L'analyse des relations de pouvoir dans la zone de Boni offre un éclairage intéressant en mettant en exergue la reconfiguration des relations de pouvoir dont la zone de Douentza est typique. Au début du mois de septembre 2016, la ville de Boni, qui borde le Seeno Mango, avec de larges étendues de pâturages, a été attaquée par des groupes armés djihadistes, provoquant le repli de l'armée dans la localité voisine de Douentza, puis le limogeage du Ministre de la Défense.[33] En effet, Boni est l'une des dernières chefferies puissantes de la zone. Même aux temps de la Diina (empire théocratique de Sékou Ahmadou), Boni a été une ville dont les communautés se sont toujours rebellées contre l'autorité. Sous la colonisation, le canton avait pour chef-lieu Boni[34]. Le chef de Boni est aussi important que

---

[32] Interpeace, IMRAP & Indigo, « Au-delà de l'idéologie et de l'appât du gain : Trajectoires des Jeunes vers les nouvelles formes de violence en Côte d'ivoire et au Mali, Rapport de recherche participative, avec le soutien financier de UNICEF, Octobre 2016,

[33] Le même Ministre revient dans le gouvernement d'Abdoulaye Idrissa Maïga, formé en Avril 2017, comme Ministre de l'Administration territoriale.

[34] Pour plus d'informations sur l'histoire et les relations de pouvoir entre les communautés du Hayré, se référer à la thèse de doctorat de M. De Bruijn et H.

l'Amenokal à Kidal : il s'agit du chef de la famille peule des Dicko. C'est Boni qui contrôle toute la zone car c'est là que tous les animaux du Delta se retrouvent à un moment de l'année. L'ODEM (Opération pour le Développement de l'Elevage dans la région de Mopti) a voulu y creuser des puits pastoraux pour garder les animaux pendant la saison sèche, mais les habitants de la ville s'y sont opposés. Historiquement, les Touaregs ont trouvé refuge à Boni et ont passé des alliances avec la ville grâce au chef de l'époque, récemment décédé : en 1991 notamment, ce chef de Boni avait protégé les Touaregs. Toutes les grandes familles des élites (Weheebe) du Hayré sont alliées avec l'Etat pour avoir accès à des postes de député ou de Ministre, en fonction des changements de majorité politique.[35] Par ailleurs, à l'échelle du Cercle de Douentza, il existe un conflit de hiérarchie (rivalité de noblesse) entre les familles de Boni et celles de Diona. Chaque famille possède en son sein un haut cadre de l'administration centrale[36]. La chefferie de Boni domine les pasteurs de la région. Les tensions entre les communautés seraient, de nos jours, exploitées par les mouvements djihadistes.[37]

En 2012, le MUJAO a cherché à remettre en cause les rapports sociaux et a forgé une alliance avec les Peuls sujets de la famille Dicko pour qu'ils attaquent cette famille et revendiquent leurs droits, notamment sur leurs espaces d'exploitation. En février 2016, le fils du chef de Boni a été assassiné. L'attaque de septembre 2016, qui s'est également soldée par l'enlèvement du maire adjoint appartenant aussi à la famille Dicko, peut aussi être lue comme visant à démystifier la famille Dicko. La situation qui caractérise Boni semble être est un

---

Van Dijk. M. De Bruijn & H. Van Dijk. Arid Ways : Cultural understandings of insecurity in fulbe society, central Mali, Amsterdam: Thela Publisers, 1995, 547p

[35] N. Bagayoko., B., Ba, B. Sangaré & al. « Gestion des ressources naturelles et configuration des relations de pouvoir dans le centre du Mali : entre ruptures et continuité », ASSN, 2017

[36] Le Ministre Moustaph Dicko est le haut cadre de la famille, chefferie de Boni et le Pr Ali Nouhoun Diallo, celui de Diona. Ils militent tous les deux dans le même Parti Politique, Adema PASJ (Parti Africain pour la Solidarité et la Justice).

[37] A en croire les multiples témoignages recueillis auprès de certains de nos interlocuteurs sur le terrain, les djihadistes seraient à la base des conflits entre différentes catégories sociales. Ils luttent pour l'équité et l'égalité des chances entre les communautés, ce qui est mal perçu par les élites locales qui pensent que certaines catégories sociales sont faites pour diriger et d'autres pour se soumettre aux décisions des premières.

exemple de la façon dont les djihadistes tentent de renverser les relations sociales.[38]

Il semble donc que la catégorie des nobles peuls qui estiment que les politiques actuelles de développement tendent à remettre en cause leur pouvoir ancestral est plutôt sensible à la rhétorique islamiste. Si les Peuls victimes des vols de bétail et des attaques des Touaregs sur la bande frontalière avec le Niger et dans le Gourma ont été les premiers à rallier la cause djihadiste pour pouvoir se procurer des armes et s'entrainer dans les camps du MUJAO en vue d'avoir des rapports de force équitables avec leurs adversaires Daoussahaqs et Touaregs, ce sont aussi les populations de confessions religieuses rigoristes qui ont rejoint le MUJAO parmi les communautés Sonrhaï et dogons.

Etude de cas d'un jeune radicalisé à travers son récit biographique

Il s'agit du récit de B.D. que nous avons côtoyé depuis 2009 puisqu'ayant été hébergé par sa famille pendant nos recherches dans le cercle de Douentza. Suite à l'occupation de sa région, B.D. a décidé de rallier le MUJAO puis la Katibat du Macina. Le présent récit retrace l'historique de sa vie et ses motivations à rejoindre les djihadistes pendant la crise au Centre du Mali.

Récit de B.D.

B.D. est issu d'une famille modeste des Seedoobe (Pasteurs nomades) du Hayré (Douentza). Son père est polygame et il est le premier garçon (Hamadi) de la deuxième femme de ce dernier. Très jeune (en 1999, quand il n'avait que 7 ans), son père l'envoie étudier le coran à Douentza. Une première expérience dans leur famille. B.D. fréquenta d'autres enfants venus d'autres horizons pendant son séjour à Douentza puis à Sévaré. A la différence de la vie qu'il menait dans sa propre famille, B.D. devrait mendier pour pouvoir se nourrir.

---

[38] Il est difficile de le présenter de façon affirmative faute d'avoir accès aux chefs djihadistes pour comprendre leur perspective par rapport à cette situation. Nous avons certes les points de vue des populations ayant fait allégeance aux djihadistes pour leurs propres intérêts (sécurité, protection, reconnaissance sociale etc.) mais cela n'est pas suffisant, à notre avis, pour donner une position tranchée des djihadistes.

Pendant plus de 6 ans, il a appris à internaliser la souffrance, à devenir endurant. Il a appris d'autres cultures et parle d'autres langues (bambara, Sonrhaï et une petite notion de français. Quand il retourna dans sa famille en 2007, il s'occupa des animaux de la famille paternelle jusqu'à l'éclatement de la crise de 2012. Il était considéré comme un marabout dans le clan. Il avait, certes, une certaine connaissance de l'Islam, mais elle n'était pas comparable avec celle des grands marabouts connus de la région. À l'âge de dix-huit ans (en février 2010), son père lui trouva une femme à marier.

Quand le Hayré fut occupé, B.D., comme d'autres jeunes de la région, a été proposé par sa famille pour rejoindre le MUJAO. Cette décision émanait de la communauté et B.D. n'avait pas trop le choix. C'est ainsi qu'il rejoignît le MUJAO à Gao en 2012 et suivit la formation militaire. En deux mois, il finalisa brillamment sa formation militaire et idéologique et fut affecté dans le Gourma puis à Ansongo (région de Gao). Contrairement à ce qui était envisagé, B.D. n'est plus revenu dans son campement après sa formation avec le MUJAO pour protéger sa communauté. Il avait d'autres motivations : rester plus longtemps avec le MUJAO pour acquérir plus d'expériences et retourner créer son propre groupe armé, bien entendu, afin de protéger sa communauté et leur bétail.

En janvier 2013, l'Opération Serval a été déclenchée et mit fin spontanément à ce rêve de B.D. Il en est tout de même sorti vivant. Avec plusieurs autres membres du MUJAO, ils traversèrent la région de Kidal pour se réfugier sur le territoire algérien. Il a aussi échappé aux mouvements armés Touaregs qui s'étaient lancés dans la lutte contre les djihadistes et qui avaient fait plusieurs d'entre eux des prisonniers de guerre. B.D. parvînt à avoir un emploi d'ouvrier dans un champ de datte en Algérie. Il y travailla pendant près d'un an en attendant que la situation se calme chez lui. Il était en contact téléphonique permanent avec son père.

B.D. a fait son grand retour en février 2015, après deux ans de migration forcée, et fait profil-bas pendant au moins six mois. Son temps était partagé entre la garde des animaux de la famille et la pratique de la religion (prière, lecture du coran et enseignement des Kitabs-livres islamiques- et du coran à d'autres personnes).

En septembre 2015, il s'engage de nouveau dans le djihad, mais cette fois-ci avec la Katibat Ansar Dine du Macina. Il est vite responsabilisé puisque maitrisant les enseignements basiques militaire et idéologique. Il devient, quelques mois plus tard, un des piliers de ce mouvement dans sa zone. Il rendait visite à sa famille une fois par mois. Vers l'été 2016, il apprît la formation d'un autre mouvement djihadiste dans la province du Soum (Burkina Faso), voisine du Hayré (Cercle de Douentza). En effet, le nouveau mouvement djihadiste est Ansaroul Al Islam créé par le prédicateur peul burkinabé Ibrahim Malam Dicko.[39]

B.D. décida de rejoindre Ansaroul pour deux raisons : sa connaissance personnelle du leader d'Ansaroul pendant son séjour à Gao en 2012 et le voisinage géographique du Hayré avec la province du Soum. Ansaroul intervient de part et d'autre des deux frontières malgré son origine burkinabè. La notion de frontière est moins importante pour ces mouvements. Début 2017, B.D. décida, avec d'autres jeunes de sa région, d'avoir leur propre Katibat dans le Hayré, héréditaire des valeurs du MUJAO, de la Katibat du Macina et d'Ansaroul. Cette brigade aurait reçu un soutien financier d'un touareg imghad ayant longtemps séjourné en Arabie. D'autres pensent qu'il est arabe. B.D. et ses compagnons conduisirent plusieurs opérations contre les FAMAs dans le Hayré, Seeno et Gourma. La dernière en date du 18 avril 2017 a été conduite contre les forces maliennes à Gourma Rharous où ils ont été appréhendés et arrêtés par les forces françaises de Barkhane. Conduit à Gao, B.D. a été transféré à Bamako où il a été présenté à la BIJ au Camp I de la Gendarmerie avant d'être transféré, pour des investigations judiciaires, à la SE où il se trouve actuellement.

---

[39] « A Djibo, chef-lieu de la province du Soum, Malam est connu depuis des années. C'est un enfant de la province, il est intégré. Il est né dans les environs de Soboulé, un village situé au nord de Djibo, à une poignée de kilomètres de la frontière malienne. Passé par l'école républicaine classique puis par l'école coranique, au Burkina Faso puis à l'étranger, il a épousé la fille d'un des grands imams de Djibo. Malam est considéré comme un homme *« pieux »* et *« discret »*. Alors quand il crée Al-Irchad, une association pour la promotion de l'islam, la population de Djibo approuve, le gouvernement aussi. En juillet 2012, l'Etat délivre à Al-Irchad un récépissé officiel. Malam crée son école coranique, donne des prêches dans sa mosquée et sur les ondes de la LRCD et de la Voix du Soum, deux radios locales », Morgane Le Cam, « Comment est né Ansaroul Islam, premier groupe djihadiste de l'histoire du Burkina », Contribution, Le Monde Afrique, Ouagadougou, Avril 2017.

A l'instar de B.D., beaucoup de jeunes peuls du Centre sont ainsi engagés dans le djihad. De tels récits, nous les avons beaucoup entendus. Le but de ce récit biographique était d'illustrer avec un exemple concret les motivations d'engagement des jeunes dans les mouvements extrémistes violents et de présenter une photo d'un jeune djihadiste.

Peuls et djihadisme au Centre du Mali

Tous les signaux sur la situation sécuritaire dans la région centre du Mali laissent à croire qu'une question peule[40] est en cours de gestation dans cette région. La communauté peule est au cœur de la crise que connaît le Centre du Mali.[41] Certains individus[42] ont parfois des arguments fallacieux et ont tendance à branler la formule suivante : Peul est égal à djihadiste. Pendant les opérations militaires de lutte contre le terrorisme, beaucoup de pasteurs nomades peuls ont été arrêtés, emprisonnés et parfois portés disparus pour des actes de terrorisme ou des complicités d'actes de terrorisme. A la grande prison de Bamako, les gardes pénitenciers les nomment les djihadistes. Il nous est parfois arrivé de nous rendre à cette Maison d'Arrêt et de Correction au centre de la capitale malienne pour nous enquérir des nouvelles de présumés djihadistes dans le cadre de nos recherches académiques. Le plus souvent, nous sommes surpris d'entendre des gardes pénitenciers dire ceci : « *vous ne pouvez voir vos djihadistes que pendant les vendredis entre 8h et 11h. Revenez le vendredi prochain !* ». Notre surprise n'est pas liée au refus d'accès à la prison, mais à la qualification « *djihadiste* » utilisée par les gardes. Sont-ils conscients que le terme approprié pour désigner cette catégorie de

---

[40] Cette question peule se présente sous la forme de redynamisation de la société peule. Les rapports des pasteurs peuls avec l'Etat et leurs propres élites connaissent de nos jours de profondes mutations. Ces dynamiques aboutiraient, selon notre analyse, à une société peule moins insoumise et plus exigeante vis-à-vis de ses droits.

[41] Adam Thiam, « opt. Cit. mars 2017.

[42] De plus en plus, nous lisons d'articles journalistiques tendant à confondre les peuls aux djihadistes. Sur le terrain, pendant les opérations militaires, les soldats soupçonnent souvent les peuls de djihadistes. Plusieurs personnes sont souvent arrêtées et remises à la disposition de la justice parce qu'elles ne parlent que la langue peule ou ont un accoutrement ressemblant à celui des djihadistes (boubou, babouche, barbe etc.).

personnes est « Présumé djihadiste ? ». Certains y sont sans être présentés à un juge. Toute la complexité de la question se situe à ce niveau. Il nous a été prouvé sur le terrain et d'ailleurs à Bamako que des dizaines de personnes sont arrêtées comme présumées djihadistes par des militaires, transférées aux juges et libérées par manque de preuves.

A leur libération, beaucoup de ces présumés djihadistes, même s'ils n'étaient pas djihadistes, le sont devenus à force de les qualifier comme tels. La tendance à chercher un bouc-émissaire[43] pour devenir la victime expiatoire de ce qui se passe dans la région de Mopti conduit au désastre. Les communautés sont dans une logique d'autodéfense, de protection, de lutte pour la survie etc. Les conflits communautaires se multiplient et font des dizaines de victimes parmi les Peuls, les bambaras et les dogons. La crise au Centre est la résultante de plusieurs années de rapports de tensions, de conflits entre communautés ; d'injustice et de mal gouvernance de la part de l'Etat. Le Centre est de nos jours devenu l'épicentre de la crise au Mali. Plusieurs analyses récentes sur le centre en témoignent. À la différence de la crise du nord du pays, celle du centre se trouve être « complexe » et différente, encore selon plusieurs analystes. Ses causes sont d'ordre politique, social, économique, sécuritaire, voire religieux.

La complexité de la crise malienne ne se démontre plus. Malgré la signature d'un Accord pour la paix en mai et juin 2015, la sortie de crise au Mali n'est toujours pas une réalité. Au contraire, elle s'empire.[44] La violence s'installe partout dans le pays. La violence

---

[43] La théorie du bouc émissaire est adossée à une autre théorie qui lui sert de support : à l'origine de toute violence, explique René Girard, il y a le « désir mimétique », c'est-à-dire le désir d'imiter ce que l'Autre désire, de posséder ce que possède autrui, non que cette chose soit précieuse en soi, ou intéressante, mais le fait même qu'elle soit possédée par un autre la rend désirable, irrésistible, au point de déclencher des pulsions violentes pour son appropriation. La théorie mimétique du désir postule en effet que tout désir est une imitation (mimésis) du désir de l'autre. Girard prend ici le contre-pied de la croyance romantique selon laquelle le désir serait singulier, unique, imitable. Le sujet désirant a l'illusion que son désir est motivé par l'objet de son désir (une belle femme, un objet rare). Mais en réalité, son désir est suscité, fondamentalement, par un modèle (présent ou absent) qu'il jalouse, envie.

[44] Après l'opération Serval ayant permis la libération des régions occupées, le Centre est redevenu le pilier de la crise au Mali. La crise s'est déplacée du nord au

extrême et la radicalisation des jeunes sont des concepts en vogue. Et ils se vendent aussi bien auprès de la communauté internationale. Combien de projets et programmes œuvrent-ils pour la lutte contre l'extrémisme violent et la radicalisation au Mali ? Pour quels résultats ? Loin de moi l'envie de vouloir dramatiser la situation ou d'être un adepte du pessimisme, mais la situation du Mali n'est pas reluisante. Les communautés semblent perdre espoir dans l'Etat. Le peu de confiance que les populations avaient en l'Etat semble s'envoler. Les groupes djihadistes (Ansar Dine du Macina ou FLM)[45] constituent, chez certaines communautés au Centre du Mali, l'alternative à l'Etat. Ils ne jurent que par le nom de Hamadou Kouffa et du djihad. Ils se réclament comme étant des Moudjahidines[46]. D'ailleurs, beaucoup d'entre elles n'ont jamais connu l'Etat-Providence. L'Etat est synonyme de contrainte pour beaucoup de ces pasteurs nomades du Centre du Mali que nous avons côtoyés depuis bientôt une décennie.

Conclusion

Le développement de ce chapitre nous démontre que la radicalisation est une réalité au Centre du Mali. Elle se manifeste sous deux formes : communautaire et individuelle. La mauvaise gestion de la crise du Centre a favorisé l'éclosion de mouvements extrémistes. Plusieurs motivations expliquent l'allégeance massive des pasteurs peuls aux mouvements « djihadistes ».

---

centre. Les remèdes développés pour trouver une solution à la crise, dite du nord, à savoir l'accord pour la paix et la réconciliation au Mali, a occulté la région du centre. Même si l'adhésion du Mouvement pour la défense de la patrie (MDP) de Hama Founé, un spécialiste du métier des armes, a eu un écho favorable des défenseurs de la cause du Centre.

[45] La Katibat Ansar Dine du Macina est la branche Ansar Dine (du djihadiste malien Iyad Aghaly) de la région du Macina (du nom de l'ancien empire du Macina). Ansar Dine du Macina est actif dans la région de Mopti et mène des opérations dans les régions frontalières de Mopti (Ségou, Tombouctou, Gao et région Sahel au Burkina Faso). Par ailleurs, un autre mouvement, Ansarul Islam du prédicateur peul burkinabé Malam Ibrahim Dicko, serait la branche burkinabè d'Ansar Dine. Ansar Dine du Macina collaborerait avec Ansarul Islam pour mener des opérations de grande envergure dans la zone. De plus, le prédicateur Malam Ibrahim Dicko fut membre du MUJAO et cotoie les anciens du MUJAO qui sont aujourd'hui dans le djihad dans la région de Mopti.

[46] Le pluriel de Moujahid, combattant de la foi qui s'engage dans le djihad.

En 2012, la recherche de protection et de reconnaissance sociale était la principale motivation. De nos jours, les motivations sont d'ordre idéologique et identitaire. La Katibat du Macina fait la propagation du djihad à travers les référents religieux et ethnique. Ses discours ont un fondement populiste. Elle appelle à la révolte pour libérer l'Islam et la communauté peule. L'analyse démontre qu'une question peule est en gestation au Centre du Mali, à l'image de la question touareg au nord.

Bibliographie

Bagayoko, N., Ba, B., B. Sangaré & al. 2017. « *Masters of the land: Competing customary and legal systems for resource management in the conflicting environment of the Mopti region, Central Mali* », The Broker article, June 2017, available on: http://www.thebrokeronline.eu/Blogs/Sahel-Watch-a-living-analysis-of-the-conflict-in-Mali/Masters-of-the-land

Bagayoko, N., Ba, B., Sangaré, B. & al. 2017. « Gestion des ressources naturelles et configuration des relations de pouvoir dans le centre du Mali : entre ruptures et continuité », ASSN.

Carayol, - R. 2016. « *Mali : l'histoire du chef de village de Boulikessi, contraint de négocier avec le MUJAO* », consulté le 30 décembre 2016, disponible sur : http://www.jeuneafrique.com/mag/384784/politique/mali-lhistoire-chef-village-de-boulikessi-contraint-de-negocier-mujao/

De Bruijn, M. Sangaré, B. & al. 2016. "Mobile pastoralists in Central and West Africa: between conflict, mobile telephony and (im)mobility", Rev. Sci. Tech. Off. Int. Epiz., 35 (2), 649–657 In : The future of pastoralism Edited by: J. Zinsstag, E. Schelling & B. Bonfoh Scientific and Technical Review, Vol. 35 (2), August 2016

De Bruijn, M., 2015. « Quest for citizenship of the Fulbe (semi)nomads in Central Mali, Counter Voices in Africa, Blog, June 2015, Available on www.connecting-in-times-of-duress.nl

De Bruijn, M.E. & Sangaré, B. 2012a. "La zone frontalière avec la supposée "République de l'Azawad" in :
http://www.tombouctoumanuscripts.org/db/entry/la_zone_frontaliere_avec_la_s upposee_republique_de_lazawad_/ (publié le 06 juin sur le site de Tombouctou manuscrits (UCT) Afrique du Sud)

De Bruijn, M. de, Pelckmans, L. & Sangaré, B. 2015. 'Communicating war in Mali, 2012: On offline networked political agency in times of conflict', Journal of African Media Studies, 7:2, pp. 109-128, doi: 10.1386/jams.7.2.109_1

De Bruijn, M. & H. Van Dijk 1995. Arid Ways: Cultural understandings of insecurity in fulbe society, central Mali, Amsterdam: Thela Publisers.

Human Rights Watch 2016. « *Mali : Les abus s'étendent dans le sud du pays, les atrocités commises par les groupes armés islamistes et les réponses de l'armée sèment la peur*», Dakar, 19 février 2016. Consulté le 5 mars 2016. FIDH-AMDH

Human Right Watch 2016. « *Mali : la paix à l'épreuve de l'insécurité, de l'impunité et de la lutte contre le terrorisme* », Paris & Bamako, note de situation, 19 février 2016

Interpeace, IMRAP & Indigo 2016. « *Au-delà de l'idéologie et de l'appât du gain : Trajectoires des Jeunes vers les nouvelles formes de violence en Côte d'ivoire et au Mali* », Rapport de recherche participative, avec le soutien financier de UNICEF, Octobre 2016

Interpeace/IMRAP 2017. « Portraits croisés : Analyse locale des dynamiques de conflit et de résilience dans la zone de Koro-Bankass », Juin 2017. Consulté le 1er juillet 2017 sur http://www.interpeace.org/wp-content/uploads/2017/06/2017-Interepeace-IMRAP-Portraits-Crois%C3%A9s-Koro-Bankass.pdf

Nievas, David & Sangaré, Boukary 2016. «Control social y territorial del norte de Mali por el Yihadismo en un contexto de crisis », Academia Nacional de Seguridad Pública, Revista Policia y Seguridad Publica, El Salvador,Ano 6, Vol &, Junio 2016, pp. 29-82

Pellerin, M. 2017. « *Les trajectoires de radicalisation religieuse au Sahel* », *Notes de l'IFRI*, IFRI, février 2017

Sangaré, Boukary 2015. Le Centre du Mali : épicentre djihadisme ? Note d'Analyse du GRIP, 20 mai 2015, Bruxelles. http://www.grip.org/fr/node/2008

Sangaré, Boukary 2014. « *Réseaux sociaux et communication en temps de crises au Mali : l'exemple des groupes de discussion sur Facebook* », In ECAS 2013, 5th European Conférence on African Studies "African Dynamics in Multipolar World". Lisboa: CEI, 2014. 978-989-732-364-5. p.1918-1942

Sangaré, Boukary 2010, « *Peuls et mobilité dans le cercle de Douentza : l'espace social et la téléphonie mobile en question* » (mémoire de maîtrise en Anthropologie), www.mobileafricarevisited.wordpress.com/publications/

Sangaré, Boukary 2012. « *Conflit au nord du Mali et dynamiques sociales chez les Peuls du Hayré*», Université Cheikh Anta Diop de Dakar, Sénégal, 2012-2013 (Mémoire de Master II en Sociologie), http://www.connecting-in-times-of-duress.nl/wp-content/uploads/m%C3%A9moire-Master-2-sociologie-UCAD-/Boukary-SANGARE-080314.pdf

Thiam, A. 2017. « *Centre du Mali : Enjeux et Dangers d'une crise négligée* », Centre pour le Dialogue humanitaire.

13. Les Mbororo refugiés centrafricains au Cameroun, des otages culturels ?

Adamou Amadou

Cet article traite des populations qui étaient jadis mobiles à la recherche de pâturage et qui se sont soudainement retrouvés (im) mobilisés dans des camps de réfugiés. Ces personnes sont connues sous le nom de Mbororo au Cameroun et en République centrafricaine. Dans les années 1980, ils migrèrent du Cameroun vers ce pays. Leurs activités pastorales étaient prospères et les relations avec les agriculteurs locaux (principalement, Gbaya) étaient également bonnes. Les conflits entre éleveurs et sédentaires ont été résolus et la cohabitation s'est poursuivie. Les Mbororo ont intégré la sphère politique lorsque l'Etat centrafricain a créé des communes pastorales. Certains réfugiés que nous avons rencontrés dans les camps de réfugiés étaient même devenus maires de ces communes. Malheureusement, la situation devait radicalement changer en 2003 lorsque François Bozizé, ex-chef de l'armée, est entré en rébellion contre son mentor, le président Ange Félix Patassé. Comme les rebelles vivaient dans la brousse, ils comptaient sur les nomades pour se nourrir et pour gagner de l'argent. Les Mbororo étaient obligés de vendre leur bétail pour satisfaire les rebelles. De plus, les buissons sont devenus des autoroutes d'armes. Quant aux bandits, connus sous le nom de zarguina, qui bloquaient les routes pour extorquer les biens et l'argent des passagers, ils ont changé leur modus operandi. Les enlèvements d'enfants, de femmes et de personnes âgées devenaient plus fréquents et entraînaient la perte de centaines de vies et de milliers de têtes de bétail. Les Mbororo ont résisté mais avec la détérioration de la situation politique en RCA, ils ont dû fuir au Cameroun. En 2013, les mêmes événements se sont répétés avec l'arrivée de SELEKA puis de deux groupes armés Antibalaka. De nomades et mobiles, ces groupes sont donc maintenant devenus (im) mobiles dans les camps de réfugiés. J'examine donc ces groupes mobiles-immobiles dans leur lutte pour préserver leur culture nomade, que ce soit à travers des associations ethniques, l'activisme, la résignation ou par tout autre moyen qui les conduit à la radicalisation.

Introduction

Comme tu le sais bien, nous, nous sommes des bouviers. S'occuper de nos bétails en toutes saisons, en tout lieu (co deye, co toye), c'est ce que nous savons faire de mieux. C'est notre façon de vivre! Tu vois ? Lorsque les conditions

225

*sont difficiles, nous supportons (*min mounya*), quand elles redeviennent normales, nous nous réadaptons (*min mbo'itina*), (…)*

*Mais ces exactions qui nous ont fait fuir la RCA ont dépassé tout entendement (*buri sembe*). Notre culture (*dabiya*) est complètement anéantie. Notre pulaaku est mis à nu (…)*

*Vivre dans ce confinement ici, nous ne l'avons jamais vécu. Nous sommes devenus des prisonniers culturels (*nder pursina*).*

*Mais nous essayons d'assurer le futur de nos progénitures. Ils ne doivent pas se perdre (*ta be majja*)[1]…*

L'extrait ci-dessus est l'un des premiers entretiens que nous avons effectué avec Alh Kalandi.[2] A travers ce témoignage, il met en exergue le mode de vie de ces pasteurs peuls nomades connus sous le nom de Mbororo,[3] leur interrelation avec l'environnement naturel impliquant les éléments culturels et même socioéconomiques, éléments qui pourraient déterminer leur interaction avec d'autres groupes ethniques (Galaty & Douglas, 1990). L'attachement au bétail auquel il fait allusion est le signe que pour eux, l'élevage n'est pas simplement un processus technique de production animale, mais aussi un savoir-faire culturel et socio-économique, un mode de vie (Djedjebi, 2009). Ce mode de vie est caractérisé par la mobilité et des représentations de l'espace basées sur la satisfaction de leur bétail en pâturage. Pour tout dire, ce sont des personnes qui sont habituées à mener, bon gré mal gré, leur vie mobile jusqu'à ce que les événements de 2003 en RCA rendent cette vie impossible. A présent, refugiés vivants sans bétail dans les campements, ils sont désormais privés de tous leurs repères culturels et aspireraient à les retrouver même au prix de la radicalisation.

Dès lors, nous élaguons la considération qui consiste à réduire la radicalisation à sa seule dimension stricte politico-religieuse et armée pour la concevoir aussi dans un aspect socio-culturel. Marx (1971) le soulignait déjà dans sa critique de la philosophie du droit de

---

[1] Ici, il fait allusion à l'inquiétude de déculturation que la descendance peule subirait dans le futur si la génération actuelle ne préserve pas la culture de cette ethnie.

[2] Ardo Kalandi est un Peul Mbororo nomade, Président des réfugiés de Tongo Gandima, un village situé non loin de Garoua-Boulaye, frontière Cameroun-RCA.

[3] Mbororo est une des composantes du grand groupe ethnique Peul d'Afrique subsaharienne.

Hegel quand il soutient alors qu'être radical, c'est prendre les choses par la racine. Ceci traduit l'idée d'une volonté de revenir aux origines avec ou sans violence. Nous pouvons donc postuler qu'elle s'inscrit comme vraie même dans le contexte de la quête de la revitalisation culturelle ethnique. La question qui se pose ici est donc de savoir pourquoi les Mbororo nomades tiennent-ils tant à cette culture ethnique au point de se « radicaliser » au moment où tout porterait à croire qu'ils se retrouvent dans une phase de rupture avec leur culture mobile? Quel est l'impact de l'altération de la culture ethnique au fil du temps, en fonction des formes de déplacement et des nouveaux lieux occupés ?

Tout en prenant comme postulat l'hypothèse de l'intérêt d'appartenance ethnique et d'opportunité en temps de crise, nous envisageons de scruter le processus de cette radicalisation ethnique des Mbororo nomades à travers des récits de vies de trois de nos informateurs réfugiés dans les villages longeant les frontières du Cameroun et de la Centrafrique. Nous avons ciblé Alh Salé, actuel président des réfugiés de l'Est, Ousmanou Alihou, réfugié à Mandjou et activiste pour la cause des Mbororo réfugiés au Cameroun et Adamou Kalandi, président des réfugiés du village de Tongo Gandima.

L'espace dans lequel se déploient les Mbororo nomades dans cette étude est devenu le théâtre de conflits armés et de violence. Concomitamment, cette région a connu une prolifération de possibilités d'interconnexion par le biais d'associations ethnico-culturelles. Le présent article analyse le triangle de la mobilité, de la violence et de la radicalisation afin de comprendre la situation actuelle des Mbororo nomades réfugiés dans un processus d'identification ethnique. Les données sur lesquelles se fonde cette étude sont qualitatives, combinant à la fois des récits biographiques et des études de cas de différentes périodes de mon travail de recherche doctorale sur le terrain au Cameroun dans le cadre du programme Connecting in Times of Duress (CTD)[4]. Tout au long de ce travail, nous mettons

---

[4] Connecting in Times of Duress : **Se Connecter en Temps de Contrainte** est un projet de recherche de cinq ans conduit par l'Université de Leiden qui visait à comprendre la dynamique de la relation entre les situations de conflits de longue durée, les difficultés, les régimes de gouvernance, la mobilité, la migration, et la connectivité. Le projet s'est focalisé sur ces thèmes, surtout dans certains pays d'Afrique centrale comme le Cameroun, le Tchad, la République centrafricaine, le

en exergue, dans une large mesure, ce que nos informateurs eux-mêmes expriment dans des situations vécues, comment ils les vivent et comment ils les gèrent en relation avec ce qui constitue leur identité (Fogel ,2008). Avant d'entrer dans les récits de vie de nos informateurs, nous examinons tout d'abord les déboires des Mbororo vis-à-vis de leur mobilité en Centrafrique depuis 2003.

Violence et (im) mobilité au cœur de la vie des Mbororo nomades

Qu'est ce qui mobilise les Mbororo nomades dans toute la sous-région d'Afrique Centrale depuis toujours? Ces mouvements découlent-ils de leurs propres volontés culturelles ou des divers contraintes qu'ils endurent ? Dans un cas ou dans un autre, on peut s'interroger sur leurs nouveaux comportements s'ils ne parviennent plus à se déployer dans ce mode de vie, à savoir les mouvements journaliers (*ndurngol*), la transhumance (*dabbol* ou *ceedol*) et la migration (*eggol ou perol*). Plusieurs sources indiquent que ces mobilités caractérisent leur identité (Dupire, 1970) et qu'elles découlent toujours de leurs grés et sont décidées par eux. Que ces mobilités leur permettent d'équilibrer le pâturage saisonnier. Or la violence sous toutes ses formes (ordinaire[5], symbolique[6] ou guerrière) a été aussi relevée comme l'un des facteurs stimulants de la mobilité des Mbororo nomades (Monénembo 2004 ; Crettieze 2008) nommées à cet effet des mobilités sous contrainte.[7] Dans l'Adamaoua camerounais, la mobilité des Mbororo nomades a été fortement influencée par de multiples expulsions répressives des lamibé (pluriel de lamido[8]). En plus, des conflits fratricides entre les différents

---

Congo-Brazzaville, la RDC et au aussi d'Afrique de l'Ouest comme le Nigéria et le Mali.

[5] Bouju, J. et M. De Bruijn (2008 :27-28)

[6] Braud, P (2004)

[7] Selon Lassailly-Jacob et al. (1999) 'Par mobilité sous contrainte, il faut entendre les mouvements collectifs, massifs, imposés parfois de manière brutale, tous induits par des forces d'expulsion vers un ailleurs qui n'a pas été souhaité. Cette forme de mobilité touche l'ensemble d'un groupe humain, habitants d'un même lieu ou membres d'un groupe social ou religieux'.

8 Le lamido signifie Chef de 1er degré en langue fulfulde, langue parlée par les Fulbe. Ce Chef règne sur un territoire de commandement dénommé Lamidat. Un Lamidat est subdivisé en plusieurs Lawanat (à sa tête un Lawane, chef de 2e degré)

Ardube (pluriel d'Ardo) sont les résultats de ces mouvements forcés. Pendant la période postcoloniale, l'administration allemande était en quelque sorte favorable à leur mode de vie et prônait leur installation autour des sources natronites (*lawre*) dont le contrôle était toutefois dominé par leurs cousins, les foulbés des villes propriétaires de bétails en brousse. Plus tard, l'expulsion de cette puissance du territoire camerounais après la première guerre mondiale par la France et l'Angleterre, qui ont procédé à l'imposition de taxes exorbitantes et de nouvelles alliances avec les agriculteurs, n'a pas du tout facilité le sort de ces éleveurs dans cette zone. L'administration camerounaise postcoloniale a continué ces expulsions, ce qui les a poussés à abandonner les espaces pastoraux propices pour se réfugier vers de nouvelles destinations (Dognin 1986). C'est ce qui a contraint ces pasteurs errant à opter pour une nouvelle demeure vers la RCA dès le début des années 60. Là, ils ont apparemment pu intégrer ces mouvements mi-voulus-mi-forcés dans leur mode de vie pastorale en les adaptant aux intempéries socio-écologiques du milieu. Ils ont même adapté leurs mobilités pastorales aux activités politiques. Certains ont même pu diriger des communes d'élevage, d'autres sont devenus de véritables chefs traditionnels interlocuteurs de leurs causes auprès de l'Etat. Mais, les violences, plutôt accrues, les ont aussi contraints à s'immobiliser depuis les deux dernières crises centrafricaines de 2003 et 2013 (Liba'a 2008). Des rébellions, notamment celle conduite par François Bozizé, ont accentué les exactions sur les éleveurs nomades victimes de braquages et dont les troupeaux devraient servir de vivres et de sources de revenus financières pour ces rebelles.

> « *Ils viennent choisir les bœufs les plus charnus dans nos troupeaux et nous obligent, soit de les égorger, soit de les vendre et leur donner l'argent. Exactement comme le font les zarguina. Si tu résistes, ils n'hésitent pas à t'abattre ou te faire subir des violences devant ton épouse et tes enfants. Nous nous exécutions ! Que pouvions- nous faire ? Avec les zarguina, on peut se*

---

qui lui-même est composé des Djaourora ou Djawrora dirigés par un Djaouro ou Djawro (chef de 3e degré). Chez les Fulbe Mbororo'en, c'est-à-dire les Fulbe nomades de la brousse, le Djaouro équivaut au Ardo. Ce sous-groupe ne connait pas ce 3e degré de chefferie (Lamido-Lawane-Djawro). Il est structuré plutôt en deux degrés, c'est-à-dire que du Lamido on passe directement à Ardo.

battre. Mais les rebelles eux ont des soutiens même au niveau du gouvernement. Vois-tu ? » [9]

Arrivé au pouvoir par putsch en 2003, le régime de François Bozizé n'a pas daigné se pencher sur ces cas durant tous les 10 ans de son règne émaillé par des crises militaro-sécuritaires dans les brousses. Cette situation força les Mbororo nomades à déguerpir en masse vers les pays voisins et notamment le Cameroun. Les débuts des années 2013 ne furent guère moins contraignants. L'arrivée de la coalition SELEKA qui a chassé l'ex-Président Bozizé et la réaction des Antibalaka ont plutôt accentué les abus sur les Mbororo nomades considérés par les uns comme des partenaires de l'ancien régime et par les autres comme faisant partie de la même religion que les adversaires et donc devant être combattus abattus. Là, ils n'ont pas seulement pris la fuite, mais ont été pourchassés au prix de leurs vies. Arrivés au Cameroun, et une fois contraints et confinés dans les campements de réfugiés, ces nomades s'adaptent mal à cette situation d'immobilisme. Ce qui fait naître la peur de perdre leurs repères identitaires groupaux (Braud 2004). Pire encore, les violences véhiculées à travers les medias sociaux telles que des images de tortures téléchargées et transférées dans les téléphones mobiles, qui sont désormais à la portée de tous, renforcent le sentiment de peur et d'humiliation. Aussi, faudrait-il le souligner, les Mbororo nomades refugiés utilisent-ils les mêmes medias sociaux et autres outils de communication que les associations ethniques et les organisations Internationales pour la (ré) conquête ou le maintien de leur identité ethnique.

Les cultures de mobilité à l'épreuve de l'immobilité

Les nomades évoluent dans un monde naturellement mobile et comme l'indique (Lassailly-Jacob 1999: 35), les motifs de leur mobilité sont légion : la recherche du bon pâturage, la dégradation et la destruction de l'environnement, les violences et persécutions, les politiques d'aménagement du territoire, les interventions d'ordre

---

[9] Entretien avec Ardo Kalandi le 18 novembre 2012 par Adamou, sur les conditions de vie des Mbororo dans les brousses centrafricaines en période de graves crises.

politique et stratégique. De toutes ces causes, les Mbororo modèlent une forme précise de migration ci-dessus cités pour préserver leur activité et identité (Boutrais 1999). Or l'immobilisme n'existe pas en

Figure 6 : Le Mbororos arrivent @Adamou Amadou

terme d'alternative dans leur mode de vie. Leur situation de réfugiés est donc une situation inhabituelle. C'est dans ce contexte qu'ont évolué les trois informateurs que nous suivons depuis 2012. Ceux-ci vivent, pour les deux premiers, à Mandjou, et pour le troisième à Tongo-Gandima. Ils appartiennent tous à la communauté Mbororo nomades qui s'est réfugiée au Cameroun après les deux récentes crises centrafricaines de 2003 pour Alh Salé et Ardo Kalandi et de 2013 pour Ousmanou Salihou. Sale et Kalandi sont des septuagénaires habitués à la vie nomade. Ils sont nés au Cameroun avant de migrer en RCA. Ousmanou, lui, est certes né en RCA au sein de sa famille semi-nomade. Mais il est parvenu à combiner la vie nomade avec les études occidentales et arabophones tout en se déplaçant çà et là avec ses parents. En gros, ils ont évolué dans un espace qui leur permettait de juguler la mobilité nomade et l'insécurité ambiante dans les brousses. Kalandi et sa famille combinaient la prairie de leurs troupeaux et la chasse préventive. Face aux fauves qui dévorent leurs vaches, ils ont développé des stratégies de riposte qui leur ont permis, au fil du temps, d'asseoir un talent d'archetiers nomades. Sur le plan strictement pastoral, en saison de pluie, ils se consacrent à la prairie, alors qu'en saison sèche, ils accompagnent leurs troupeaux dans des zones de pâturage denses vers les bas-fonds du pays. Alh Salé, lui, combinait la prairie de ses cheptels et l'exercice de l'activité politique, quoiqu'au niveau local il demeurait Ardo de la communauté Mbororo à Balamou. Il était le chef Mbororo, qui a non seulement hérité de l'influence de son célèbre cousin Ardo Maoundé, mais aussi l'interlocuteur qui a entretenu des relations avec les différents régimes sur les causes des nomades. Il ne se passe presque pas d'entretien avec lui sans qu'il ne me rappelle qu'il a rencontré l'ex-président Bozizé pour défendre la cause des Mbororo : « *On est allé le rencontrer pour lui expliquer notre situation, mais c'est un vaurien, il n'a rien fait* »[10]. La dégradation du climat politico-sécuritaire en Centrafrique a donc inévitablement stoppé toute ferveur pastorale chez ces deux nomades et les a forcés à emprunter le chemin du retour. Salihou ne les rejoint qu'en 2013 à Mandjou.

Les Mbororo nomades refugiés dans un nouvel espace socio ethnique

Le cas de Mandjou

Comme nous l'avons indiqué plus haut, Alh Salé et Saliou Ousmanou, deux de nos informateurs dans cette étude, habitent à Mandjou, chef-lieu de la commune portant le même nom, dans la périphérie de la ville de Bertoua au Cameroun. Pour comprendre les méandres du milieu dans lequel ils évoluent, nous dressons la composition démographique de cette commune d'une cinquantaine de milliers d'habitants en deux catégories : les groupes ethniques, d'une part, et les groupes communautaires, d'autre part. Cette distinction nous permet de comprendre la nature de l'interaction qui influence le comportement radical ou moins radical[11] de chaque groupe à Mandjou. Sur le plan ethnique, plusieurs groupes

---

[10] 'Min njahi mi tawi mo. Min biiti mo yaakeedji amin, amman o nafata. Koo ko a wadi'

[11] Comportement radical ou moins radical

interagissent et les agissements de chaque groupe est fonction de son mode de vie qui a certainement un impact sur les autres. Ainsi donc, nous avons, d'une part, les Gbaya et les Kako qui ont les mêmes us et coutumes et sont pour la plupart agriculteurs et chasseurs, et, d'autre part, les Mbororo locaux qui combinent l'élevage et le commerce de bétail, des produits alimentaires et même de plus en plus la collecte et la commercialisation de l'or. Comme en RCA, les Gbaya sont en majorité de confession chrétienne et les Mbororo de confession musulmane. Les Mbororo refugiés, bien que ne disposant plus de bétail, pour la plupart d'entre eux, sont dans cette distinction ethnique assimilés à leurs confrères Mbororo locaux.

En outre, les populations de Mandjou, qu'elles soient agriculteurs ou éleveurs, pratiquent une certaine mobilité liée tout au moins à leurs activités. Les agriculteurs effectuent des mouvements dits migrations agricoles qui sont saisonnières au cours desquelles ils se déplacent des villages vers les zones de culture. Les éleveurs effectuent des transhumances en saison sèche, qui commencent le plus souvent au mois de décembre jusqu'en avril. Quant aux jeunes, ils se dirigent le plus souvent vers les centres urbains à la recherche d'emplois rémunérés.

Bien qu'en général ces deux groupes vivent ensemble en paix, on note de temps en temps certains soulèvements. C'est en effet la résultante des conflits agropastoraux et des spécificités des religions et des usages coutumiers. C'était le cas par exemple en 2012. Un conflit né du fait qu'un bar animé par un Gbaya jouxtait une mosquée construite par un Mbororo a dégénéré en soulèvement quasi-frontal des suites de disputes entre les partisans de l'un et de l'autre camp. La conséquence de ce genre de situation est la radicalisation ethnique de plus en plus notoire de chacun des groupes. Vu sous cet angle, les Mbororo refugiés se retrouvent dans une position d'alliés de leurs paires, les Mbororo locaux puisqu'ils appartiennent à la même ethnie. Mais cette alliance se trouve limitée lorsque la qualité de statut de refugié est mise en avant. Et c'est là qu'intervient l'importance de la deuxième distinction qui est cette fois communautaire. En ce moment, c'est la communauté autochtone contre celle allochtone qui est mise en avant. Les Gbaya et les Mbororo locaux sont opposés aux Mbororo refugiés qui sont considérés comme des étrangers. Dans ce cas, l'effort des Mbororo refugiés de démontrer leur appartenance ethnique et donc leur radicalisation ethnique s'avère plus éprouvant.

Ils trouvent une parade en adhérant aux associations ethniques pour un meilleur rapprochement avec leurs pairs, les Mbororo locaux.

Les associations ethniques : facteurs de radicalisation ethnique

A Mandjou, les groupes ethniques évoluent chacun dans un contexte d'associations ethniques qui ravivent les particularités culturelles de leurs adeptes. On note principalement le MOINAM[12] pour les Gbaya et le Mboscuda[13], SODELCO[14] et AJEMBO[15] en ce qui concerne les Mbororo.

Les Mbororo locaux sont fortement impliqués dans le militantisme associatif. La plupart sont membres actifs de Mboscuda et d'Adjembo. Ces deux associations prônent la revitalisation de pulaaku entendu comme code idéal de vie des peulh. Si le pulaaku vulgarisé par les associations ethniques peules promeut certains principes tels que la patience (munyal), la pudeur (semtende), le courage (stuusal) etc., il vulgarise aussi d'autres facteurs spécifiques justifiant la précarité des conditions de vie des Mbororo qui les rendent victimes et vulnérables à l'égard du reste de la population. Ainsi donc, nous pouvons lire ceci sur le site web de cette association, pouvant inciter un partisan, sorti d'une situation de contrainte, vers une autre qu'est le repli identitaire (radicalisation) :

> « *NOUS CROYONS que les Mbororo en tant que peuple ont leurs propres particularités communes et peut-être inconnues des autres peuples et que ce manque de connaissance de la condition Mbororo a conduit à l'oppression, l'exploitation et l'humiliation inouïes du peuple Mbororo en tant que classe sociale .*
>
> *NOUS CROYONS que le mode de vie nomade et pastoraliste du peuple Mbororo, le code de conduite pulaaku et l'attachement affectif au bétail depuis des centaines d'années, les rendent aujourd'hui victimes d'un style de vie et d'une culture, ainsi que les réfugiés de leur lieu de résidence. Cela a été compliqué par l'analphabétisme, l'ignorance, le manque de prévoyance et de coopération.*

---

[12] Moinam : mouvement d'investissement et d'assistance mutuelle, littéralement en langage Gbaya « rassemble la famille » créé en 1993

[13] Mboscuda : Mbororo Social and Cultural Development Association.

[14] Sodelco : Société de Développement d'Elevage et du Commerce.

[15] AJEMBO : Association des Jeunes Mbororo de l'Est du Cameroun

NOUS CROYONS *que seule la communauté Mbororo peut identifier, examiner et trouver des solutions possibles aux problèmes majeurs qui les affectent en tant que peuple. D'autant plus qu'ils sont mieux placés pour juger de leurs réalités et leurs besoins - dans un monde multiculturel en perpétuel changement comme le nôtre - afin d'éviter une confusion des valeurs » (missions de Mboscuda extrait du site web de Mboscuda[16])*

Les fondateurs et dirigeants actuels de Mboscuda pensent que c'est la prise en compte de ces spécificités et besoins des Mbororo en tant que groupe social autochtone qui a donc nécessité la création d'une organisation de la communauté Mbororo. Elle cherchera à regrouper leurs potentiels afin de redéfinir leurs priorités, en fonction de leurs aspirations en tant que peuple, et maîtriser certains des excès de l'ignorance et de l'analphabétisme. C'est à travers ce leitmotiv identitaire distinctif que Mboscuda tente de couler dans le même moule tous ses partisans habituels (Mbororo locaux) et nouveaux que sont les réfugiés. Ce troisième groupe d'habitants de Mandjou (Mbororo refugiés), bien qu'appartenant à l'ethnie Mbororo, se sent souvent une communauté à part entière. Ce sont des Mbororo nomades, certes, mais, ils ne disposent plus de bétail pour la majorité d'entre eux. Et, considérant la place que la vache occupe dans la vie d'un bouvier, ce fait en soi est une source de frustration. Pire encore, ils sont obligés de vivre plus ou moins dans une situation d'immobilisme puisqu'en tant que refugiés, leurs mouvements sont restreints et contrôlés par les administrations publiques et les organisations Internationales. Bref, ils ne vivent pas dans le même canevas de pulaaku qu'ils en avaient l'habitude en brousse, encore moins comme défini par Mboscuda. Cette situation de précarité identitaire les conduit-t-ils à demeurer dans la quête permanente de l'appartenance socioculturelle d'avant?

Le cas de Tongo

A Tongo, l'association Sodelco, par l'influence de l'Ardo local, est dominante parmi la population locale. Mais j'ai noté le manque d'intérêt de la population de réfugiés à cette association qui sont peut-être exclus à leur arrivée par les locaux, car le contrôle des associations confère aussi à un Ardo un renforcement de pouvoir et

---

[16]http://www.mboscuda.org/index.php/mboscuda/our-mission

quelquefois des sources financières de revenu. Il faut noter que bien qu'au départ les Mbororo locaux aient accueilli leurs frères refugiés en grande pompe, à l'arrivée des Organismes Internationaux qui se sont exclusivement occupés des refugiés, il y'a eu un sentiment de jalousie de la part des populations locales dont les conditions socio-économiques ne sont pas trop différentes de celles des refugiés. Ceci a aussi un double effet sur le plan ethnique et communautaire; et, par conséquent, la détermination pour les réfugiés de prouver leur appartenance à l'ethnie Mbororo : d'abord en temps normal, les réfugiés font l'objet de marginalisation. Du fait que beaucoup d'entre eux ne disposent désormais plus de bétails, ils sont vus par les autres comme moins Mbororo. De ce fait, les Mbororo refugiés, se sentant marginalisés, s'efforcent de démontrer qu'ils sont aussi des Mbororo comme les autres et ceci à travers leurs discours et leurs participations aux diverses activités organisées par les associations Mbororo. D'autre part, les Mbororo locaux sollicitent aussi leur appartenance au statut de réfugiés même si c'est juste pour bénéficier des aides des organisations internationales. Dans ce sens, bon nombre ont été enregistrés en cachette comme refugiés par des agents qui sont le plus souvent leurs parents au programme HCR. C'est pour cette raison que le HCR a par la suite instauré des programmes de développement inclusifs, surtout par la mise en place de champs communautaires où les Mbororo locaux et les Mbororo refugiés partagent les mêmes espaces cultivables et se répartissent les bénéfices. Hélas, ce programme n'a pas tenu longtemps en grande partie à cause de sa limitation dans le temps par les partenaires du HCR.

Voyage au cœur des vies des Mbororo refugiés : entre vie et violences

Alh Ardo Salé : "du nomade au leader des réfugiés "

« L'intensité des exactions (bonee) subie par ma famille (bandiraabe am) ne font qu'accentuer mon désir d'être leader défenseur de ma communauté… »[17]

---

[17] Alh Salé, sur le motif de son engament pour les Mbororo refugiés, juillet 2015, par Adamou, A.

Figure 7 : Des jeunes et orphélins Mbororo refugiés vendeurs de bois de chauffage à Dokayo. ©adamou Amadou

A travers le récit de vie de Alh Salé, les confrontations avec les différentes politiques des différents états (colonial et post colonial, en passant par les exactions des groupes armées sur sa famille en RCA et maintenant l'UNHCR (qui est lui-même assimilé à une forme d'état) ont participé à renforcer le durcissement de la position radicale de Mbororo. De plus il a, depuis son enfance, dû subir des déplacements forcés, à cause de forces extérieures ciblant sa famille. Cette situation oppressante et ségrégationniste a contribué à renforcer son repli identitaire.

Entre violence migratoire, contraintes d'immobilisme et leadership ethnique
Agé de 74 ans, père de 20 enfants en vie et marié à trois épouses, Alh Salé est né en 1943 à Fudong dans la région du Nord-Ouest du Cameroun. Sa famille appartient au clan Mbororo *Aku Ba'en*, pasteurs de bovins à peau blanche. Quand il était seulement âgé de 4 ans, cette famille a été chassée par le clan *Jafun* du même groupe ethnique sous prétexte que leurs bœufs détruisaient anarchiquement des pâturages. Selon lui, ce fait démontre à suffisance qu'il existe la marginalisation même au sein d'un même groupe ethnique et cela constitue une

raison de la prise de conscience de l'attachement ethnique, donc de la radicalisation ethnique[18]. De Fudong, la famille a regagné Konané, une autre localité de la même région. Pour récompenser leur départ forcé, les colons ont nommé son père chef de la communauté Mbororo (Ardo) à Konane. Ils y ont vécu pendant 14 ans. En 1961, son père a souhaité rejoindre certains membres de sa famille près de Ngaoundéré dans l'Adamaoua Camerounais. Ce qui ne s'est pas avéré être chose facile aux yeux des coopérants anglais. En effet, bien que les nouvelles autorités de la jeune administration camerounaise aient levé la restriction de la migration décrétée auparavant par l'administration coloniale, les coopérants qui sont restés au Cameroun continuaient à s'opposer aux départs massifs des nomades. Ceci à cause des pertes de recettes fiscales que ces départs engendraient. Propriétaire d'un cheptel bovin estimé à 1004 têtes de bœufs, la famille de Alh Salé parvient quand-même à regagner Mayo Dalle (Banyo) à l'Ouest de N'Gaoundéré après moult négociations avec ces coopérants. La même année, les Foulbé *houya'en* ont chassé les Mbororo des environs de Ngaoundéré dirigés par Ardo Maounde. Ce qui contraint la famille de Salé à dévier sa trajectoire. Elle a regagné Gounbela (Meiganga) un peu au Sud dans la vallée de la Mbere via Danfili (Tibati) au terme d'une longue marche. Un an après, elle est redescendue vers Barang, une contrée non loin de Meiganga. La famille y a vécu pendant 5 ans tout en pratiquant la transhumance vers la région de l'Est du Cameroun qu'elle a fini par regagner suite aux nombreux cas de maladie de leur bétail à Barang. Etablie dans la localité de Batouri, elle a tour à tour migré entre Timongolo, Bini et Kendjou jusqu'en 1976. Alh était donc âgé de 33 ans, il a effectué le pèlerinage à la Mecque. À son retour, il traversa la frontière et partit s'établir à Babara (Gamboula) dans la République Centrafricaine. La même année, il acheta une voiture pickup pour le transport. Parallèlement à son activité d'éleveur, il assure le transport des passagers entre Babara (R.C.A), Kendjou et Biti (Cameroun). Il y a vécu pendant environs 15 ans avant de migrer à Mbarta sous la pression familiale. Là, ils ont rejoint la grande famille dirigée par le grand Ardo Maounde, qui est d'ailleurs son cousin. 20 ans après, l'insécurité causée par les coupeurs de routes les a contraints de traverser la frontière en sens contraire. Il est alors revenu à Batoua

---

[18] nde mi numti haala man, mi hiriti acée *heny'a e woodi koo saka legnol*

dans la région de Meiganga au Cameroun où il est resté juste un mois avant de regagner Mandjou où il vit jusqu'à présent en tant que refugié depuis 2005. A Mandjou il est, peu à peu, devenu leader incontestable de la communauté des Mbororo refugiés. Il intervient dans toutes les activités les concernant. C'est lui qui prend même le devant de la situation. Son dynamisme l'a aidé à gagner l'élection de président des refugiés de la région de l'Est devant trois candidats, un an après son arrivée. A ce jour, c'est lui qui enregistre les nouveaux réfugiés, qui les défend lorsqu'il y a accrochage entre ceux-ci et d'autres personnes et autorités locales. C'est lui qui est chargé de la gestion de la pompe à eau potable, une denrée rare dans cette localité. Il est également devenu membre de l'association influente des Mbororo du Cameroun (Mbororo Social and Cultural Development association ; Mboscuda). Bref il est devenu un interlocuteur incontournable entre le HCR, les autorités locales, les chefs locaux et les Mbororo refugiés.

Figure 8 : Alh Ardo Salé et un Ardo local @ Adamou Amadou Ousmanou Salihou : un activiste ethnique

Depuis que j'ai commencé ce travail dans la société civile, mon désir de défendre les droits de ma communauté ne fait que grandir. Je m'investis de plus en plus dans ce sens, parce qu'ils sont trop marginalisés à cause du fait qu'ils n'ont pas été à l'école. Tout le monde les maltraite.[19]

Dès qu'il a terminé l'école secondaire en 1998, Ousmanou a commencé à militer dans la société civile pour la défense des intérêts des Peulh Mbororo parce que, selon lui, ces derniers sont très marginalisés. « Comme il*s ne sont pas allés à l'école, tout le monde les exploite* ». En 2005, il a créé sa propre association : Association des Jeunes Peulhs de la Centrafrique (AJPC). Peu après, il s'est dit qu'en s'approchant du pouvoir, il défendrait mieux les droits et les intérêts de sa communauté. Il est donc devenu responsable des minorités au sein du Parti de l'Ex-Président Bozizé[20], tout en exerçant parallèlement un petit commerce pour subvenir à ses besoins, vu que ses parents ne disposaient plus de bétail.

Au début de la crise centrafricaine de 2013, il a participé au dialogue intercommunautaire pour apaiser les tensions. Malheureusement, l'attaque des Antibalaka du 05 décembre 2013 a empiré les choses pour lui. Les populations fuyaient pour la capitale Bangui et son association, bien que démunie de moyens financiers, devait accueillir environs 450 familles grâce à l'aide du Comité catholique contre la faim et pour le développement-Terre Solidaire CCFD[21] qui lui a octroyé une aide financière à cet effet.

Le 18 décembre 2013, face à la détérioration de la situation, il a dû évacuer une partie de sa famille vers le Cameroun, une autre vers les frontières du Soudan en l'occurrence sa maman et ses neveux et une autre vers le Tchad. Il est resté jusqu'en décembre 2014 date à laquelle ses partenaires du CCFD l'ont fortement conseillé de quitter le pays car ils ne parvenaient plus à assurer sa sécurité.

---

[19] Extrait de l'interview d'Ousmanou Alihou le 22 juillet 2014 sur son histoire de vie lors de notre recherche sur le terrain. Texte initial en fulfulde mélangé en Français : « Depuis que mi nasti kuugal société civile do, haadjanko leegnol am do besda. Mi do besda djingango be ngam, be djawaama macine nde be njangaayi. koo moye do yarnabe bone ».
[20] Convergence Nationale Kwa Na Kwa (KNK)
[21] Le « Comité Catholique contre la Faim et pour le Développement-Terre Solidaire » est la première ONG de développement en France. Reconnue d'utilité publique en 1984, l'association a reçu en 1993 le label Grande Cause Nationale et a le statut de consultant auprès du Conseil économique et social des Nations unies.

Ils m'ont demandé d'emprunter un des camions qui les approvisionnait en vivres depuis le Cameroun. Le chauffeur et moi sommes convenus de nous rencontrer à un endroit donné. Je l'ai attendu au bord de la route avec mes deux valises et nous sommes partis avec l'escorte de la MUNISCA. Il y'avait plusieurs barricades des Antibalaka sur la route. A chaque point de contrôle, c'étaient les agents de la MUNISCA qui descendaient pour aller négocier avec les Antibalaka. Souvent, ils leurs donnaient de l'argent pour qu'ils nous laissent passer. On est arrivé à Bouar vers 20 heures et y avons passé la nuit. Il nous restait encore environs 150 km pour atteindre la frontière du Cameroun. Mais le matin, les agents de la MUNISCA ont dit qu'ils ne pouvaient pas continuer. Leur mission s'arrêtait là. Le chauffeur du camion et moi-même avons continué. A ce temps les militaires Camerounais refoulaient les Centrafricains qui voulaient entrer dans le pays. A l'entrée, ils ont descendu mes deux valises et m'ont interpellé. Je leur ai menti en disant que j'étais Camerounais et que j'étais juste allé accueillir mon camion avec mon chauffeur. Celui-ci leur a donné 10 000 FCFA et ils nous ont laissés passer. De là, nous sommes entrés dans Garoua-Boulaye, la première ville camerounaise. J'y ai passé la nuit et le lendemain, les partenaires du CCFD m'ont conduit à Bertoua où j'ai rejoint ma famille qu'ils avaient accueillie et installée dans un camp de réfugiés.

Installé dans le village Mandjou et, ensemble avec un de ses anciens collaborateurs, Ousseini Wadjiri, aujourd'hui réfugié au Tchad, ils ont créé une plateforme des organisations des Mbororo pour la sous-région Afrique Centrale avec des bureaux de représentation à Ndjamena et à Bertoua. Grâce à l'appui du CCFD, ils sont intervenus auprès des réfugiés au Tchad et à Toktoyo à l'Est du Cameroun. A l'heure actuelle, il est devenu représentant sous régional de cette plateforme. Il termine ses propos par cette phrase. « Je ne compte pas m'arrêter en si bon chemin »

Ardo Kalandi : du nomade au guerrier défait

Ces dernières années n'ont pas été des années faciles pour nous. En RCA, nous étions obligés de nous défendre contre les groupes qui spoliaient nos bétails.

Nous n'avons pas pu tenir. Arrivés ici, nous nous sentons obligés de continuer à nous défendre pour préserver ne serait-ce que notre dignité[22]. [23]

Ardo Adamou Kalandi est né vers 1950 à Kalandi près de Meiganga (chef-lieu du département de la Mbere, région de l'Adamaoua, Cameroun). De son enfance jusqu'à maintenant, sa famille et lui ont passé le temps à faire le va-et-vient entre ladite région, l'Est du Cameroun et l'Ouest de la RCA. Du village Kalandi, ils ont migré à Bougarga (en RCA). Environ 3 ans après, ils ont été contraints par les agriculteurs autochtones de rebrousser chemin à Fada (Meiganga au Cameroun). De là, ils venaient en transhumance à Tongo (région Est, Cameroun), leur lieu de refuge actuel. Puis ils ont encore été obligés de traverser la frontière centrafricaine pour la énième fois afin de s'établir à Mbaboua (RCA) où ils vécurent environ 30 ans. Jusque-là, Ardo et sa famille vivaient en communion. Mais les évènements qui vont suivre vont changer radicalement leur vie. Ardo nous relate qu'au départ, il ne se souciait pas trop de l'insécurité (*fitina walano*). La situation était maitrisable. Pas trop de coupeurs de routes (*jargina duudaye*) et le pâturage était merveilleusement abondant (*ladde yamre*). Soudain, une peste bovine s'abat sur le bétail au cours d'une saison sèche. Elle ravage la quasi-totalité de leur cheptel. Ils seront donc contraints de s'établir temporairement sur place. Seuls les plus jeunes allaient en transhumance. En plus de cette exténuante épidémie, les coupeurs de routes ont intensifié les attaques et ont malicieusement changé de tactiques d'agression. Des simples braqueurs sporadiques le long des routes où ils tendaient des embuscades aux véhicules automobiles, ils sont devenus peu à peu des kidnappeurs d'enfants dans les campements d'éleveurs (*walde*). Au début de ces troubles sécuritaires, ses congénères et lui ont opposé une farouche résistance à ces bandits de grands chemins (*hallube ou jargina*) pour défendre leur bétail et les vies de leurs familles. Armés des leurs flèches, ils se sont constitués en groupes d'autodéfense et menèrent des expéditions contre les assaillants jusqu'au bout. Ardo Kalandi s'est comporté comme meneur de troupe au sein de sa famille à Mbaboua dont le noyau dur est constitué de ses quatre frères

---

[22] Allusion faite à l'identité à préserver même dans les nouvelles conditions des nomades 'immobiles' et sans bétail

[23] Extrait de l'entretien avec Ardo Kalandi sur les conditions de vie de Mbororo refugiés à Tongo, Novembre 2013, par Adamou.

et lui-même, alors qu'Alh Salé était le chef dans le groupe du village Balamou, m'a-t-il fait comprendre. Etant donné la rareté du téléphone en ces temps-là ou à l'indisponibilité du réseau dans leurs campements, chaque groupe qui recevait des informations sur la présence ou l'attaque de malfaiteurs dans les environs, envoyait un informateur à l'autre équipe pour qu'ils lancent l'offensive conjointement. Les marchés périodiques sont également les lieux pour s'échanger les informations et planifier les expéditions. Si un groupe est pris de court par l'assaut des bandits, il se défend selon sa capacité de riposte (*be kapda tane ;* ils se débrouillent seulement). Au fil du temps, ils ont acquis assez d'expérience et sont devenus des convoyeurs de voitures de transport inter villages, agréés par les communes. « Les bandits, connaissant notre esprit guerrier, évitaient même nos campements à un moment donné' ». Mais en 2003, le climat politique ayant dégénéré au plus haut niveau de l'Etat, leur condition de vie s'est encore détériorée. Dans les campagnes et dans les brousses, les rebelles conduits par François Bozizé[24] se confondaient désormais aux *Jargina* et les *jargina* se prenaient souvent pour des rebelles. Les bétails sont devenus les principales sources de ravitaillement des tous les assaillants. C'est le produit le plus facilement vendable et consommable. Peu à peu, la famille d'Ardo Kalandi a senti l'étau se resserrer autour d'elle. Tout le monde fuyait. Selon les circonstances, certains ont pris la route à pieds avec quelques têtes de bœufs dont ils disposaient. D'autres ont emprunté des voitures d'occasion. Ils se sont réfugiés à Tongo au Cameroun. A l'heure actuelle, certains parmi eux bénéficient encore de l'aide du HCR alors que la majorité a été désinscrite de la liste des bénéficiaires d'aide, même s'ils demeurent légalement refugiés. Ils survivent grâce à l'agriculture, mais surtout la pratique de petits métiers comme la vente d'arcs et de flèches, de nattes, qu'eux-mêmes fabriquent, la vente du bois de chauffe, de farine de manioc transformée par les femmes, ainsi que le taxi moto et le transfert de crédit de communication pour les plus jeunes.

De l'auto-défense à l'auto-identification

Dès leur arrivée à Tongo, Ardo Kalandi est désigné président des refugiés par ses pairs. Il a retrouvé son ami d'enfance Ardo Haman

---

[24] Président de la R.C.A de 2003 à 2013

qui est le chef Mbororo de la localité. Accueillis et assistés au départ par leurs cousins Mbororo locaux, la bonne cohabitation tourne vite aux tensions. D'un côté, bien qu'étant eux-mêmes Mbororo, la famille d'Ardo Kalandi, comme tous les réfugiés du coin, sont devenus pseudo agriculteurs de subsistance et exécutants de 'sous-métiers.

> *Nous sommes dépourvus de cheptels bovins. Nous sommes désormais quasi-immobiles parce que faisant face aux tracasseries policières juste pour un petit déplacement. Nous nous sentons marginalisés même par nos propres 'frères'.*

Ils se retrouvent dans l'obligation de défendre en même temps leur identité ethnique *'mbororoku'* et assumer leur statut de réfugiés. En fait, ceux-là les considèrent comme moins Mbororo. D'autre part, les autres populations locales les considèrent comme des simples envahisseurs parce qu'ils sont obligés de partager les espaces de cultures avec eux. Pour s'affirmer, les Mbororo réfugiés de Tongo profitent des périodes comme la Journée Internationale des refugiés pour exposer des objets d'art Mbororo et les danses dans le but de démontrer qu'ils demeurent Mbororo. Bref, pour s'affirmer et exister comme des Mbororo nomades.

La radicalisation prend différentes formes

A travers ces trois cas d'études, nous nous rendons compte que plus que jamais la connexion entre la violence, la mobilité[25] des Mbororo nomades aboutit à la radicalisation qui n'est, dans notre étude, autre chose qu'une question d'appartenance[26] ethnique. Si autrefois leur mobilité était une forme de stratégie pour pallier aux problèmes pastoraux, aujourd'hui, dans les aires frontalières Cameroun-RCA, cela s'est accentué par des violences engendrées par les récentes crises politico-sécuritaires centrafricaines. A vrai dire, les réfugiés Mbororo sur l'axe Bertoua-Garoua-Boulaye[27] déploient la construction de la dynamique identitaire ethnique comme stratégie

---

[25] Devenue ces dernières années plutôt des dispersions ou mobilités forcées

[26] Appartenance ethnique/ appartenance étatique

[27] Bertoua et Garoua – Boulaye sont deux villes situées le long des frontières Cameroun- RCA. Bertoua est le chef-lieu de la région de l'Est et Garoua- Boulaye est un chef-lieu d'arrondissement situé juste à la frontière.

de survie, des Mbororo nomades refugiés qui, au fil des siècles, vont et viennent de part et d'autre des frontières de deux pays sus-cités.

A l'analyse, nous remarquons que la violence entraine, ou impose le choix de vie comme la mobilité. Dans le cas d'Ardo Salé comme pour les deux autres d'ailleurs, il est désormais évident que le nomadisme s'impose aux nomades plus souvent qu'il ne s'offre volontairement (Angeras 2010). De plus et en temps de crise, le leadership ethnique s'avère être une opportunité de se positionner au sein de la communauté pour au moins maintenir son identité ethnique. L'histoire d'Ardo Kalandi nous enseigne que les nomades, contraints dans certaines circonstances, n'ont apparemment d'autre recours que la violence, qui elle-même finit par engendrer généralement d'autres violences et/ou la résignation. La trajectoire de Salihou démontre qu'en temps de (post) crise, les individus voient dans les groupes identitaires l'appartenance ethnique comme une source de protection, une source d'inspiration et, comme dans le cas de Alh Ardo Salé, une opportunité de s'affirmer. En somme, il faut considérer le contexte du nouvel environnement. Si en fuyant ils trouvaient le même environnement qu'ils ont laissé, ils seraient moins radicalisés. Et si leur patrimoine bovin était resté intact, ils auraient également moins de soucis d'adaptation culturelle.

Conclusion

Dans cet article, le processus d'identification ethnique des Mbororo nomades refugiés a été mis en exergue. Nomades, ils ont au fil de temps su adapter leur système de vie au gré de cette culture de mobilité pour satisfaire leurs activités pastorales. Mais l'évolution du climat sécuritaire dans leur espace a aussi changé la donne. Les mobilités sont de plus en plus devenues contraignantes. Or la constance de la violence sur leur culture de mobilité a fini par les transformer en groupe de personnes en perpétuelle fuite et qui se replient sur elles pour créer et récréer leur ethnicité. Enfin, ce repli sur soi a été la conséquence de la privation d'un mode de vie qui a toujours exigé une symbiose entre eux. En temps difficile où un bouvier aurait perdu ses troupeaux suite à des calamités naturelles ou par pur malheur, la solidarité (*wallinde*) se révèle toujours comme un élément essentiel. Dans le cas contraire, ils se reconvertissent provisoirement en agriculteurs en attendant de reconstituer leurs troupeaux. Chacun dépend de l'autre pour la bonne conduite de son pâturage : d'abord dans la recherche et l'identification de l'espace pastoral commun, puis dans la cohabitation dans cet espace ou le partage de la vie commune est régi par des éléments ethniques. Ces éléments, tels le pulaaku, sont une construction déjà ancienne et ancestrale au sein de la population peule en général et chez les Mbororo nomades en particulier, puis de nos jours, elle est encore reprise par les associations comme Sodelco, Ajembo, Mboscuda etc. qui, pour les Mbororo refugiés, est devenu aussi un point de repère les distinguant de plus en plus des autres personnes. Avec d'autres groupes, ils entretiennent des relations d'échange. Ils produisent la viande, les animaux fertilisent les sols qui servent aux agriculteurs et en retour ceux-ci leur fournissent des vivres. Mais lorsque cette possibilité est rétrécie, comme c'est le cas dans le campement des refugiés, cela les pousse à se retirer entre eux. Ceci est aussi lié à une tendance dans la société camerounaise et internationale qui forge les réfugiés comme un groupe à part entière.

Bibliographie

Angeras, Anais. 2010. Du nomadisme contemporain en France avec les saisonniers agricoles qui vivent en camion, Université Lyon 2 - Master 2 Recherche Spécialité Dynamique des Cultures et des Sociétés.

Bouju, J. et M. De Bruijn. 2008. « Violences structurelles et violences systémiques. La violence ordinaire des rapports sociaux en Afrique », *Bulletin de l'APAD, no. 27-28.*

Boutrais, J. 1999. « Les éleveurs, une catégorie oubliée des migrants forcés » dans : Lassailly-Jacob,V. Marchal, J.Y, Quesnel.A. (ed.) *Déplacés et réfugiés, op cit.* : 27-49.

Bourqia, R. (éd.), (…) Altérité et reconstruction de la société locale. Cultures en miroirs. Montreuil, Aux lieux d'être : 83-94.

Marchal, J.Y, Quesnel.A. (ed.) 1999. *Déplacés et réfugiés : la mobilité sous contrainte.* IRD éditions, Paris.

Braud, Philippe. 2004. *Violences politiques, Paris :* éditions du Seuil

Crettiez, Xavier. 2008. « *Les formes de la violence* », La Découverte, coll. « Repères Sociologie ».

Dognin, R. 1981. « L'installation des Djafoun dans l'Adamaoua camerounais : La djakka chez les Peul de l'Adamaoua » *Colloques Internationaux du C.N.R.S.*No 551. – Contribution à la Recherche Ethnologique à l'Histoire des Civilisations du Cameroun Editions du

Centre National de la Recherche Scientifique 15, Quai Xnatole-France - 75700 PARIS

Djedjebi, T. 2009. *Pastoralistes et la ville au Bénin: Livelihoods en questionnement.* Leiden : *African Studies Collection*

Dupire, M. 1970. *Organisation sociale des Peul,* Paris : Plon.

Fogel, F. 2008. Altérité et migration : quelques réflexions sur des parcours africains, *dans :* R. Jamous et

Galaty J.& M. Douglas. 1990. The World of pastoralism: herding systems in comparative perspective/ New York : Guilford Press.

Lassailly-Jacob,V. Marchal, J.Y, Quesnel.A. (eds.). 1999. *Déplacés et réfugiés : la mobilité sous contrainte.* IRD editions, Paris.

Liba'a, N (2008) : De la mobilité à la sédentarisation : gestion des ressources naturelles et des territoires par les éleveurs Mbororo au nord du Cameroun, Thèse de Doctorat PhD en Géographie Université Montpellier 3.

Lassailly-Jacob, V. 1999. « Migrants malgré eux. Une proposition de typologie », in Lassailly-Jacob,V. Marchal, J.Y, Quesnel.A. (ed.) *Déplacés et réfugiés, op cit.* : 27-49

Marx, Karl 1971. Contribution à la critique de « La philosophie du droit » de Hegel, Aubier-Montaigne

Braud, P. 2004) : *Violences politiques,* éditions du Seuil

Tierno Monénembo (2004) : Peuls, Roman, Paris : éditions du Seuil

Site web :

http://www.mboscuda.org/index.php/mboscuda/our-mission

14. Islam et radicalisation au Sénégal : la prédication féminine, une réponse

Selly Ba

Au Sénégal, l'on assiste à une recomposition de l'espace religieux avec la montée en puissance des mouvements islamistes réformistes et néo-confrériques, et un développement impressionnant d'associations wahhabites, mouvement de l'Islam radical rejetant toute interprétation du Coran (Mvango, 2014). Dans ce contexte de radicalisation religieuse, les prédicatrices essayent d'apporter leur pierre à l'édifice. Face à quelques cas recensés de jeunes volontaires appartenant à leurs quartiers et environs et qui sont partis pour faire le djihad en Syrie, les prédicatrices ont décidé d'intégrer la problématique de la radicalisation et du djihad dans leurs prêches.

Le présent article aborde la question de la radicalisation au Sénégal et de l'implication des prédicatrices comme une réponse à cette radicalisation. Il repose sur une comparaison de deux biographies féminines appartenant respectivement à l'association islamique réformiste de tendance salafi et au mouvement néo-confrérique.

Introduction

Depuis les attentats d'Ouagadougou et de Grand-Bassam, le Sénégal, qui n'a jamais été victime d'actes terroristes sur son sol, a renforcé la sécurité à proximité de lieux jugés sensibles. Nombreux sont les observateurs qui remarquent que des versions conservatrices, voire radicales de l'islam, gagnent du terrain en Afrique de l'Ouest, notamment au Sénégal. En effet dans ce pays, l'on assiste à une recomposition de l'espace religieux, avec la montée en puissance de mouvements islamistes réformistes et néo-confrériques, et un développement impressionnant d'associations wahhabites, mouvement de l'Islam radical rejetant toute interprétation du Coran (Mvango 2014).

Dans ce contexte de radicalisation religieuse, les prédicatrices essayent d'apporter leur pierre à l'édifice. Face à quelques cas recensés de jeunes volontaires appartenant à leurs quartiers et environs et qui sont partis pour faire le djihad en Syrie, les prédicatrices ont décidé d'intégrer la problématique de la radicalisation et du djihad dans leurs prêches.

Pour analyser ces nouvelles formes de visibilité féminine dans un contexte de radicalisation religieuse, il nous reviendra de comparer deux biographies féminines de l'espace de la prédication au Sénégal. Il s'agit de deux prédicatrices appartenant respectivement à l'association islamique réformiste de tendance salafi (Jamaatou ibadou Rahmane) et du mouvement néo-confrérique comme la daahira Moustarchidina Wal Moustarchidaty. L'objectif est d'expliquer le choix de leur investissement et leur positionnement dans ce champ de la prédication longtemps réservé aux hommes, d'analyser leur discours dans ce contexte d'islamisation de la radicalité, après avoir dressé le tableau sur l'islam et la radicalisation au Sénégal.

Islam et radicalisation au Sénégal

Dans de nombreux pays acquis aux valeurs de la laïcité, celui de la visibilité religieuse de la jeunesse actuelle se pose avec acuité dans l'espace public. Le Sénégal est loin d'y échapper. L'engagement religieux est devenu, aujourd'hui, un fait de société dans ce pays. De plus en plus de jeunes (H/F) s'engagent, manifestent et revendiquent leur engagement.

> *Une étude réalisée par une organisation américaine de sondage citée par Ousmane Kane lors d'une conférence à Dakar en 2015, disait que le Sénégal occupait la première place. Il s'agit d'une série d'études et d'enquêtes dans le monde sur l'importance que prend le religieux dans la vie des populations quand elles se lèvent le matin ou quand elles vont au lit le soir. Selon cette étude, en termes de place qu'occupent le religieux chez ces populations et en termes de profondeur de conviction, aucun pays ne dépasse le Sénégal par rapport au nombre de personnes concernées (…).[1]*

A Dakar, l'attrait pour le religieux se mesure à l'aune de la prolifération des mouvements religieux (musulmans et chrétiens).

---

[1] Propos Cheikh Guèye est géographe et chargé de prospective et stratégies au Secrétariat exécutif des pays tiers du monde, entretien tenu dans les locaux d'Enda Tiers Monde en juin 2016.

L'effervescence religieuse qui caractérise la capitale sénégalaise ces dernières années doit beaucoup aux stratégies de « visibilisation » associées aux formes d'activismes religieux : banderoles, affiches, enseignes, grands rassemblements de rue, investissement des médias, images, photos, port du voile, etc. (Faye 2016).

Toutefois, il est important de préciser que cette religiosité accrue n'est pas un fait nouveau. Dans tous les cas, il s'agit d'un renouveau religieux, un retour à la religion après les années fastes des grandes idéologies de gauche qui ont vu le recul de l'activité religieuse de la jeunesse à la fin des années 60 jusqu'au bon milieu des années 80 (Ndiaye 2007).

En effet, la fin des années 1970 et le début des années 1980 voient évoluer profondément le paysage religieux au Sénégal avec notamment la présence de mouvements islamiques réformistes et néo-confrériques. Ce qui conduit à un champ religieux sénégalais pluriel mais se distinguant du dynamisme des confréries (Fall 2015). Longtemps considéré comme « le paradis des marabouts et des confréries » (Coulon 1983), l'espace religieux traditionnel sénégalais connaît, depuis le début des années 1980, une recomposition du fait, en partie, de l'émergence de tendances « néo-confrériques » dans les ordres soufis (Samson 2005) et de la montée en puissance des mouvements islamistes réformistes d'inspiration plus ou moins arabe. Si la première tendance cherche à bâtir un nouveau leadership à l'intérieur de l'espace confrérique, la seconde se construit en définissant les modalités et les finalités de sa foi et de son action en dehors de ces organisations confrériques (Bodian et Camara 2015).

Ainsi, l'on assiste, dans ce processus de recomposition de l'espace religieux sénégalais, au développement d'une impressionnante quantité d'associations wahhabites, mouvement de l'Islam radical rejetant toute interprétation du Coran (Mvango 2014).

Nombreux sont les observateurs à remarquer que des versions conservatrices, voire radicales de l'islam gagnent du terrain en Afrique de l'Ouest, notamment au Mali, au Nigeria, au Niger ou au Sénégal. D'autres analystes estiment que la pénétration financière et doctrinale du salafisme – « une école fondamentaliste de pensée prônant un retour aux formes originelles de l'islam » – associée à la propagande de groupes militants, menace la stabilité du pays. L'Islam confrérique contesté depuis les années 1970-1980 par des mouvements qui le considèrent comme impur, restera-t-il le rempart contre toutes les formes d'extrémisme et de violence ? (Bakary 2016)

La question revêt une importance particulière quand on sait que « l'Afrique de l'Ouest est particulièrement vulnérable au terrorisme et au financement du terrorisme » et que le Sénégal n'est pas en dehors de cette évolution générale. En effet, beaucoup de jeunes Sénégalais ont été signalés dans les rangs de l'Etat islamique en Libye.[2] Selon l'étude de Timbuktu Institut[3] (2016), 8,3% des jeunes (soit 14 femmes et 11 hommes entre 18 et 35 ans) se disent prêts « à s'engager dans un groupement qui défend la cause d'un Islam plus radical ». Selon certaines sources,[4] ils seraient entre dix et trente jeunes sénégalais à s'y battre. La plupart d'entre eux se trouveraient actuellement dans la région de Syrte, bastion de l'organisation dite de « L'Etat islamique », au cœur du chaos libyen. Ce qui montre que de plus en plus, l'idéologie djihadiste séduit, de manière inquiétante, les jeunes sénégalais.

Le Sénégal face à la menace djihadiste

De nos jours, qu'on le veuille ou non, le radicalisme est devenue une des forces motrices dans le monde. Depuis les attentats d'Ouagadougou et de Grand-Bassam, le Sénégal, qui n'a jamais été victime d'actes terroristes sur son sol, a renforcé la sécurité à proximité de lieux jugés sensibles et a procédé à l'arrestation de plusieurs djihadistes présumés. Ce qui fait qu'effectivement le Sénégal, comme tout autre pays, est exposé même s'il reste un pays tolérant et très ouvert. En effet, c'est un pays qui regroupe différentes sortes d'ethnies. Ces habitants sont si accueillants qu'on le surnomme « Pays de la Téranga ». Tout étranger, quel qu'il soit, s'y intègre facilement.

A ce niveau, il est important de rappeler que le Sénégal a plusieurs atouts face à la menace terroriste. Il s'agit de l'existence d'un rapprochement entre les organisations islamiques et les confréries. Toutes les organisations confrériques vont au « Gamou », au « Maggal » et apportent leur aide etc. En effet, les organisations

---

[2] B. ROGER, « Terrorisme : ces Sénégalais qui ont rejoint l'État islamique en Libye », in Jeune Afrique, 27 janvier 2016.

[3] Think-tank africain travaillant beaucoup sur les questions d'extrémisme religieux, paix et sécurité sur le continent africain.

[4] Les facteurs de la radicalisation et les perceptions du terrorisme, scd.rfi.fr/.../etude_sur_les_facteurs_de_radicalisation_et_la_perception_du_terro risme..., date de consultation le 10/06/2017.

confrériques et islamiques se retrouvent dans les mêmes cadres unitaires.[5] Et enfin des personnes peuvent être dans des confréries, d'autres dans des organisations islamiques, mais elles demeurent liées par leur parenté, leur métissage ou leur appartenance. Et l'on pourrait considérer cela comme une force et la combinaison de tous ces facteurs peut faire du Sénégal une exception.

Toutefois, force est de constater qu'à côté de ces atouts, nous avons également plusieurs défis face au radicalisme. En dehors du développement du mouvement wahhabite (islam radical), dans les organisations islamiques, réformistes de manière générale, nous retrouvons aussi des individus ou groupes radicaux marginalisés ou exclus de ces organisations islamiques qui tentent de plus en plus une ouverture à travers le Rassemblement Islamique du Sénégal (RIS[6]). Et ce serait sans doute ces groupes marginaux qui pourraient être tentés par des attaques ou des actions de radicalisme islamique.

De plus, nous notons l'existence de deux systèmes : à savoir le système francophone qui a plus d'opportunités et le système arabophone, qui a peu d'opportunités. En effet, le système administratif sénégalais offre peu de possibilités d'insertion professionnelle aux intellectuels « non europhones » (Kane 2003). Et l'on se rend compte que ce système est en train de créer des frustrations. Et les personnes concernées peuvent être tentées par des actions djihadistes car il y a une forte dose de facteur économique dans les motivations des potentiels candidats au Djihad. En effet, des études[7] confirment l'existence du lien largement admis entre le chômage des jeunes et leur implication dans les groupes concernés. Elles démontrent toutefois que la situation est plus complexe qu'il n'y paraît. Le chômage compris de façon large est un facteur parmi

---

[5] Propos Cheikh Guèye est géographe et chargé de prospective et stratégies au Secrétariat exécutif des pays tiers du monde, entretien tenue dans les locaux d'Enda Tiers Monde, le mois de juin 2016.

[6] Créé le 12 avril 2009, le Rassemblement Islamique du Sénégal (R.I.S – Al Wahda) est un mouvement qui regroupe des organisations islamiques qui ont une longue expérience de terrain au niveau national. Né dans un contexte particulier caractérisé par une dispersion des forces islamiques, le Rassemblement Islamique du Sénégal a initié un vaste mouvement d'unification des différentes associations autour du concept de la refondation.

[7] Note d'analyse 89, Aout 2016, Jeunes « djihadistes » au Mali : Guidés par la foi ou par les circonstances, Institut d'Etudes de sécurité (ISS), www.scidev.net/afrique-sub.../pourquoi-jeunes-rejoignent-groupes-armes-Mali.html, date de consultation le 03/02/2017.

tant d'autres au sein d'une catégorie de déterminants économiques qui comprennent notamment la pauvreté, la difficulté à subvenir aux besoins de base ou encore le manque de perspectives.

Par ailleurs, il est important d'ajouter un autre facteur à ces défis. Au Sénégal, plusieurs milliers d'élèves sont inscrits dans des écoles coraniques dirigées par des marabouts et suivent un enseignement non contrôlé dans des établissements aux sources de financement souvent inconnues. Et enfin, l'on note de plus en plus un nombre de personnes considérant que les élites francophones, qui ont longtemps dirigé le pays, ont échoué et qui demandent une alternative islamique (Sambe 2016).

Le discours minoritaire favorable au djihadisme est néanmoins présent dans plusieurs sphères de la société sénégalaise, notamment dans les périphéries urbaines, parmi les populations les plus jeunes. Même s'il existe un radicalisme religieux rampant, les sénégalais ne semblent pas encore le percevoir très nettement, considérant que le pays ne présente pas les mêmes caractéristiques que le Mali et que les confréries le prémuniront toujours contre ce genre de situation (Sambe 2016). En effet, les confréries sont encore largement considérées comme des remparts contre les influences extrémistes.

Les grands marabouts comme Cheikh Ahmadou Bamba, Maodo Malick etc. ont conquis les cœurs de leurs disciples à telle enseigne que ces derniers ne les lâcheront pas facilement. Il ne sera pas facile de corrompre les gens ou de mettre en place une autre forme de croyance car le système confrérique est assez ancienne et porte sur plusieurs générations. Et cela est une barrière très solide pour combattre ce radicalisme. Si tu regardes les Mourides, ils organisent le « Magal »[8] et ils récitent tout le temps les « Khassida »[9] de Serigne Touba. Les Tidianes font des « wazifa »[10] dans les mosquées, les

---

[8] Le magal de Touba est la commémoration du départ en exil de Ahmadou Bamba au Gabon. Cette fête religieuse, célébrée à Touba, date de la naissance de la confrérie, au XIXe siècle. Étymologiquement, magal est un terme wolof qui signifie « rendre hommage, célébrer, magnifier ». Le grand magal consiste en rendre grâce à Dieu.

[9] « QAÇIDAS » ne vient pas de Cheikh Ahmadou Bamba. Ce terme prend origine dans la littérature arabe particulièrement dans une de ses composantes nommée « 'AROUD » qui renvoie à la prose et la versification. Par abus de langage, nous commettons l'amalgame entre « qaçida» qui fait référence à l'unité de prose et « qaçayid » qui est le pluriel de « qaçida ».

[10] La «wazifa» est un des rites les plus importants de la confrérie fondée par Cheikh Ahmet Tidiane Chérif, il y a plus d'un siècle. La pratique de la «wazifa»,

Layènes pareillement, les Talibés de Baye Niasse etc. Donc je pense que les tarîqa peuvent aider dans la lutte contre le radicalisme.[11]

Cette perception est basée sur une croyance que le Sénégalais a naturellement un caractère non violent et ne pourrait adhérer à des idéologies prônant la violence. Du coup, les auto-immolations de jeunes mécontents devant les grilles du palais présidentiel, sous l'ère Wade et au début du mandat de Macky Sall, ainsi que les scènes de violence avant les élections présidentielles de 2012, semblent vite passées aux oubliettes. En moins d'un mois, le Sénégal n'avait jamais enregistré des cas de meurtres aussi nombreux et violents. Cette soudaine vague de violence mortelle a débuté précisément le 25 octobre 2016[12] quand un Chinois du nom de Chung Hung Chen a été tué de 16 coups de couteaux par Papa Souleymane Sagna à Hann Marinas.[13] Ces faits attestent l'existence de signes d'une profonde mutation de la société surtout dans son rapport à la violence en général.

Macky Sall, un adepte des confréries

La mouvance confrérique est une caractéristique essentielle de l'islam au Sénégal. De l'ère coloniale jusqu'aux années d'indépendance,[14] le pouvoir au Sénégal a toujours entretenu des liens privilégiés avec le pouvoir maraboutique, sous les régimes des présidents Léopold Sédar Senghor et Abdou Diouf. Depuis l'accession au pouvoir d'Abdoulaye Wade, les politiques continuent d'entretenir des relations avec les religieux. Et le président Macky Sall n'a pas manqué à la tradition. En effet, il a montré son appartenance aux confréries dès son élection (visite affichée aux foyers confrériques). Aujourd'hui, il continue d'afficher son attachement

---

tout comme le wird et le lazime, est obligatoire à tout fidèle ayant reçu l'autorisation de la part d'un dignitaire assermenté. Cette liturgie puise sa source dans l'essence même de la confrérie Tidjanya. Laquelle a été tracée par le Prophète Mohamed qui a institué les rites.

[11] Propos d'une jeune femme de 27 ans, musulmane, niveau BAC+4, financier dans une entreprise, Enquête mai 2016 à Dakar.

[12] Choquant: 25 Octobre 2016 – 23 Novembre 2016: Huit (8) Meurtres enregistrés, https://senepeople.com/2016/11/23/choquant-25-octobre-2016-23-novembre-2016-huit-8-meurtres-enregistres/, date de consultation le 24/03/2017.

[13] Quartier dakarois

[14] Diop M. C. et Diouf, M., 1990, *Le Sénégal sous Abdou Diouf*, Karthala, Paris.

par la fréquentation des mosquées confrériques à la prière des vendredis, l'inauguration des infrastructures et des visites régulières dans des villes religieuses. Ce qui confirme l'intégration du pouvoir maraboutique dans le système politique sénégalais, car la démocratie et l'espace public sont fortement colorés par la religion.

Dans un entretien avec le journaliste Moustapha Foyré Sow, l'historien Mamadou Diouf décrit en ces termes le système politique sénégalais et le rôle des chefs religieux dans ce système : « Les chefs religieux ont toujours joué un rôle dans la vie politique sénégalaise. C'est ainsi que fonctionne notre système politique. Les marabouts font partie intégrante de notre système politique depuis la période coloniale. Et notre système politique a toujours été une combinaison de logiques d'intérêts souvent contradictoires. On se rappelle du rôle joué en 1968 par El Hadji Serigne Falilou Mbacké[15] et beaucoup d'autres marabouts dans l'apaisement des tensions politiques dans notre pays. En fait, le système maraboutique est le double de l'Etat dans la mesure où les marabouts ont également des intérêts dans ce système. Ils ont un pouvoir équivalent à celui des hommes politiques ».[16]

Face à la menace terroriste, les arrestations peuvent créer des resistances. La condamnation de l'imam Ibrahima Sèye à un an de prison pour « apologie du terrorisme » par un tribunal de Kolda a défrayé la chronique au Sénégal. Il avait été arrêté en octobre 2015 en compagnie d'une dizaine de personnes, dont plusieurs imams, pour « affinités avérées avec Aqmi ».

Abdou Aziz Dia est un autre présumé djihadiste intercepté. Il a 28 ans et est connu sous le nom de Abdou Zoubaïb. Le Populaire[17] rapporte qu'il a été arrêté au quartier Gouye Mouride Alwar de Rufisque et était activement recherché depuis un mois par les services

---

[15] Serigne Mouhamadou Fadl Mbacké (1888-1968) est le second calife des mourides. Il succéda à Serigne Mouhamadou Moustapha Mbacké. Il est le fils de Cheikh Ahmadou Bamba qui est le fondateur du mouridisme.

[16] Entretien de M. Foyré Sow avec M. Diouf, http://www.lesoleil.sn/imprimertout.php3?id_rubrique=837, tiré de l'article "Est-t-il possible de séparer politique et religion au Sénégal? Le Président Senghor et les chefs religieux » (2013), publié sur le site http://banta-guewa.over-blog.com/2013/11/peut-on-s%C3%A9parer-religion-et-politique-au-s%C3%A9n%C3%A9gal-par-banta-wague.html, date de consultation le 23/03/2017.

[17] Quotidien sénégalais

de sécurité sénégalais. Selon une source policière, lors de l'interrogatoire qui a suivi son arrestation, il aurait affirmé avoir des connections avec des cellules dormantes et des branches établies dans la sous-région. Des puces de téléphone et des vidéos attestant de son statut de membre d'une cellule terroriste ont été découvertes à son domicile. Abou Zoubaïb a été transféré à Dakar dans les locaux de la DIC[18] où une cellule antiterroriste est mise sur place pour les besoins de l'enquête[19].

L'affaire de l'imam Alioune Badara Ndao, emprisonné pour des faits liés au terrorisme, a fait réagir la ligue des imams et prédicateurs du Sénégal qui a exigé la tenue rapide de son jugement, un traitement plus humain et l'application au guide religieux du principe de la présomption d'innocence.

Face à ses présumés djihadistes, le président Macky Sall a rendu un vibrant hommage aux khalifes et dignitaires des confréries musulmanes soufies au Sénégal et a mis en garde ces gardiens de la foi contre les périls de l'extrémisme qui menace désormais la région Sahélo-saharienne et l'Afrique de l'Ouest. « Nos références en islam nous conviennent parfaitement, nous n'avons rien de plus à recevoir de qui que ce soit venant d'ailleurs », a-t-il déclaré devant des représentants des khalifes des confréries soufies et du cardinal Théodore Adrien Sarr, archevêque de Dakar (2013)[20].

L'attitude du président Macky Sall nous a semblé réactionnaire face à cette menace terroriste. Nos dirigeants ont le devoir de la réduire, de la contenir et de la résoudre afin qu'elle ne soit plus capable de représenter une menace majeure ou stratégique. Et pour ce faire, entrer en contact avec ces présupposés djihadistes est fondamental. Cela ne signifie pas seulement établir un suivi rapproché (soit sous contrôle ou fichier) avant l'arrestation pour plus d'informations des personnes concernées, mais établir un dialogue, des rencontres de discussion (pour réduire cette haine) avec ces groupes marginaux pour des soucis de cohésion sociale. Cela évitera

---

[18] Division des investigations criminelles

[19] Terrorisme : Le présumé djihadiste, Abou Zoubaïb arrêté à Rufisque, http://www.setal.net/Terrorisme-Le-presume-djihadiste-Abou-Zoubaib-arrete-a-Rufisque_a51520.html, date de consultation le 22/03/2017.

[20] Pour en savoir plus http://www.atlasinfo.fr/Senegal-Macky-Sall-rend-hommage-aux-confreries-soufies-et-met-en-garde-contre-les-perils-de-l-extremisme_a38079.html#LjydfJgPuYvt00wB.99, date de consultation le 19/03/2017.

de reproduire le même schéma que le Nigéria avec Boko Haram. Souvent qualifié de *« democrazy »* (démocratie folle) en raison de l'agitation sociale et culturelle qui le caractérise, le Nigeria s'est fabriqué un monstre : Boko Haram. A ses débuts, il y a douze ans, celui-ci n'était encore qu'un mouvement religieux contestataire qui tentait de combler le vide créé par l'incurie des partis progressistes. Mais, le gouvernement nigérien a fini par transformer cette secte en un enjeu géopolitique, principe actif d'un cycle d'attaques-représailles aussi spectaculaire que meurtrier. En effet, en la réprimant férocement, les appareils politiques ont contribué à radicaliser la secte née dans le nord-est du pays au début des années 2000.[21]

La prédication féminine face à la radicalisation

Avant de parler de l'engagement des prédicatrices dans la lutte contre la radicalisation, nous avons jugé nécessaire d'aborder les raisons de leur implication dans la prédication.

Les raisons de l'implication des femmes dans le champ de la predication.

Depuis le début des années 90[22], nous assistons à une nouvelle visibilité au féminin de l'islam dans le champ de la prédication au Sénégal. En effet, depuis cette période, c'est par le bais d'une invitation des hommes prédicateurs à la radio que la prédication féminine a commencé.

L'analyse du positionnement des deux prédicatrices cibles dans ce champ religieux reste similaire. Elle est justifiée par les recommandations divines. En effet, les prédicatrices précisent que l'Islam recommande d'appeler, de faire la *da'wa* :

> « Dieu *nous demande de transmettre, de rappeler aux gens les principes de l'Islam pour les aider à être sur le droit chemin. Un hadith du prophète dit : le meilleur d'entre vous est celui qui apprend le coran et qui l'enseigne (qui le transmet). Il faut transmettre le message divin même s'il s'agit d'un verset ou d'un hadith ».*[23]

---

[21] Monde diplomatique, avril 2012, Frustration sociale et violence confessionnelle au Nigeria : Aux origines de la secte Boko Haram P8-9, https://www.monde-diplomatique.fr/2012/04/VICKY/47604, date de consultation le 21/03/2017.

[22] BA, S., 2017, *Op., Cit.*

[23] Entretien avec F., B., D., à son domicile, le 02 mars 2017.

Et Aïcha est citée comme une référence dans le domaine de la prédication féminine. Le rôle joué par celle-ci durant l'époque du prophète renforce la légitimité de leur action de prédication dans le champ religieux.

Il est important de préciser qu'après la mort du prophète, Aïcha devint l'une des savantes les plus performantes de son temps d'après l'avis unanime de la communauté musulmane à travers l'histoire. Elle était donc, aussi bien pour les savants, les compagnons que pour le commun des mortels, une référence si ce n'est la référence par excellence dans le domaine religieux à tous les niveaux : coranique, tradition du prophète et *fiqh* ou droit musulman[24].

Par ailleurs, la finalité de leur discours repose sur la construction d'une société islamique dans laquelle la femme est au cœur. En effet, elles partagent l'idée selon laquelle la femme est au centre du processus de construction « *parce que c'est la femme qui forge, qui soutient, qui forme les membres de la communauté (les hommes et les femmes) pour qu'ils soient de bons sociétaires* ». Donc le rôle de la femme dans la société, c'est d'être « une constructrice ».

Ce qui pousse S. Dayan-Herzbrun[25] à avancer que les femmes doivent être les reproductrices des enfants d'abord, mais aussi des mœurs, des coutumes, des goûts, d'objets par lesquels s'établit le lien de la collectivité au passé.

Une appartenance confrérique réelle mais non affichée

Les prédicatrices sont issues de familles religieuses d'obédience confrérique. C'est pourquoi, même si les prédicatrices cibles appartiennent aux mouvements à tendance salafiste et néo-confrérique, elles se réclament des confréries.

> « *Vous savez, ce sont les ibaadou qui m'ont élevée, ceux qu'on appelle la diama-atou ibaadou rahmaane. Mais moi j'adore beaucoup Baye Niasse, mon père est un petit-fils de Mame cheikh Ibrahima Fall, ma mère est de Ndiassane, mais moi j'adore Baye Niasse et Mame El Hadji Malick, ce qui veut dire que je suis plus proche des Tidianes* ».
> (…)

---

[24] Aïsha, épouse du Prophète où l'Islam au féminin, www.asma-lamrabet.com, consulté le 11 mars 2017.

[25] DAYAN-HERZBRUN (Sonia), 2009, « Féminisme et nationalisme dans le monde arabe », in *La recherche féministe francophone: Langue, identités et enjeux*, Paris, Editions Karthala, pp. 243-253.

> « *Je suis tidjane parce que j'ai pris le wird tidjane en 1986 et jusqu'à présent, j'applique ce wird. Mais, je suis une tidjane modérée, autrement dit, je ne suis pas une fanatique. Je connais les enseignements d'El Hadji Malick, de Serigne Bamba, de Cheikh Ahmed Tidjane. En d'autres termes, ceux des différents tarîha. Et je collabore avec tous les tarîhas. Ce qui justifie le fait que mon appartenance à ce tarîha ne soit pas affichée, ni visible. Cheikh Ahmed Tidjane nous avait dit de mesurer les actes du tarîha en fonction de la sunna. Si ces actes ne figurent pas dans la sunna, il est nécessaire de faire un choix entre le prophète et le cheikh dans les enseignements. Pour mon cas, de tous les enseignements que je connais, les enseignements du prophète constituent mes références, tout en respectant les autres enseignements* ».[26]

En effet, leur appartenance confrérique n'est pas ostentatoire pour l'essentiel de ces prédicatrices. Cette appartenance s'explique uniquement par le fait qu'elle est héritée le plus souvent des parents. « *Je suis tidjane parce que mes parents qui m'ont éduquée viennent de cette confrérie* ». Toutefois, il est important de noter que cette appartenance ne se reflète pas nécessairement dans leurs actes parce qu'étant plus proche du mouvement réformiste privilégiant ainsi le coran et la sunna comme support idéologique, dans la mesure où le prophète et ses enseignements restent leur source de référence.

Ceci atteste que leur positionnement dans ce champ religieux, de même que leur implication face au radicalisme, restent les mêmes, qu'ils soient néo-confrériques ou réformistes.

> « *(…) le mouvement ibadou ne bannit pas les tarîqas. Quand on créait ce mouvement, on avait fait appel à toutes les confréries islamiques. Baye Lahat disait à celui qui dirigeait le mouvement, Amir Malick Ndiaye qui est décédé, s'il était jeune, il allait nous accompagner lors des activités du mouvement. Ceux qui débordent souvent sur les paroles ne font pas partie du Jamaatou Ibadou Rahmane car ses membres comprennent bien. Mais ce sont ceux qui ne comprennent pas qui disent de gros mots sur les tarîqa (…) * ».[27]

Cette affirmation montre la place prépondérante qu'occupent les confréries dans l'espace religieux sénégalais.

---

[26] Entretien avec Z.F.S, à son daara internat, le 14 février 2017.
[27] Entretien avec Z.F.S, à son daara internat, le 14 février 2017.

Par ailleurs, il est important de préciser que la Jamaatou ibadou Rahmane[28] (mouvement islamique, tendance salafiste) constitue un espace commun aux deux prédicatrices. Si l'une a toujours appartenu à ce mouvement, l'autre a fréquenté la Jamatou Ibadou Rahmane via son cursus scolaire. Ce dernier fut une opportunité pour l'apprentissage des techniques de prédication.

> « (…) Et l'on voyait que presque tous les grands professeurs étaient du côté de Jamatou Ibadou Rahmane. Ces derniers ont ouvert une école portant le nom de Jamatou Ibadou rahmane. Moi, j'ai fréquenté cette école, et l'on avait une matiere pendant laquelle l'on faisait la Dahwa (appel à l'islam). De fois, on faisait des ourouges (des sorties) dans les marchés, dans les trains, dans les garages pour faire de la Dahwa auprès des gens. C'est à ces occasions que j'ai appris la prédication. J'ai été dans un Dahira ababacar Sy et c'est à partir de ce dahira que sont nés les moustarchidines, et, durant 3 à 4 ans, l'on faisait des prédications chaque jeudi soir. »

> « Un jour, quand j'enseignais à l'école camp Faidherbe et vu mon engagement dans le travail, Serigne Moustapha Sy[29] m'a demandée d'aller continuer mes actions religieuses et mes études à Dakar. Arrivée dans cette ville, j'étais avec les moustarchidines[30] et c'est chez eux que j'ai appris comment faire les conférences. On avait une commission cellule féminine dans laquelle on nous demandait de préparer des thèmes pour la conférence. J'enseignais également dans cette commission. J'ai formé pas mal de femmes membres de cette commission. La première conférence que j'ai eu à faire, c'était en 1982-1983 à l'école Kennedy. Grâce à Moustapha Guèye, j'ai fait une conférence à la maison du parti à Dakar sur Femme et Islam. Et c'est à partir de ces conférences que je suis entrée dans le champ de la prédication. Par la suite, Moustapha Guèye nous invitait à la radio (RTS). Lui et Rawane Mbaye corrigeaient tous les thèmes que nous devions présenter. Mbarkhane Diop et Rawane m'envoyaient à la bibliothèque pour faire des recherches et cela m'a beaucoup aidée. »[31]

---

[28] La «Jama'atou Ibadou Rahmane» (JIR), expression coranique signifiant littéralement « communauté des serviteurs du Tout Miséricordieux » est une association islamique créée le 30 janvier 1979 et qui vise à « contribuer, en partenariat avec les sénégalais, à l'œuvre de l'édification d'une société véritablement islamique au Sénégal ».

[29] Responsable moral du Dahiratoul Moustarchidina wal Moustarchidaty

[30] Mouvement néo-confrérique, sorti du giron de la tidianiyya à la fin des années 70.

[31] Entretien avec Z.F.S, à son daara internat, le 14 février 2017.

Perception et engagement des prédicatrices par rapport à la radicalisation religieuse

Le terme « radicalisation » s'est imposé ces dernières années (Ragazzi 2014) pour désigner un processus social dont l'un des aspects les plus spectaculaires est l'engagement de personnes – plutôt des jeunes (H/F) - au sein du groupe islamique, et ce, soit par un départ vers la Syrie, soit par des actes d'attentat commis.

La contre-communication est une réponse directe ou indirecte à la propagande extrémiste.[32] Dans ce contexte, les prédicatrices essayent d'apporter leur pierre à l'édifice. Face à quelques cas recensés de jeunes volontaires appartenant à leurs quartiers et environs et qui sont partis pour faire le djihad en Syrie, les prédicatrices ont décidé d'intégrer la problématique de la radicalisation et du djihad dans leur prêche afin, d'une part, de limiter le nombre de jeunes candidats et, d'autre part, de réduire le nombre de mères vivant dans la souffrance après la perte d'un enfant.

Pour ce faire, elles organisent des séances de sensibilisation dans les quartiers sur ces problématiques, dans les daara et lors de leurs prêches. « *Oui, nous parlons aux jeunes pour les sensibiliser. Surtout ce qui est très mauvais, c'est l'abus religieux* (l'extrémisme religieux) ».[33] Il doit y avoir un équilibre dans la religion, car l'islam est une religion du juste milieu. Par conséquent, les jeunes qui font le djihad méconnaissent leur religion.

> « *Le djihad, c'est le fait de se battre en se donnant corps et âme. Et il doit commencer par soi-même. Quand les musulmans de « Badr[34] » avaient remporté la guerre, ils jubilaient, mais le Prophète leur a dit que ce combat n'était que contre les ennemis, et il restait celui de leur âme. L'âme qui te pousse à voler, à commettre l'adultère, à se salir et à salir sa société, c'est ça*

---

[32] BRIE, G., et RAMBOURG, C., 2015, *Radicalisation : Analyses scientifiques versus usage politique, synthèse analytique*, Dossiers thématiques, Ecole Nationale d'Administration Pénitentiaire, ENAP/CIRAP.

[33] Entretien avec F.B. D. le 02 mars 2017 à son domicile, à Dakar.

[34] La bataille de Badr, aussi appelée invasion de Safouan, est la première bataille victorieuse des Arabes musulmans. C'est la bataille de Mahomet contre le clan quraychite qui l'avait contraint à l'exil vers Médine. Elle eut lieu le 17 mars 624.

le djihad. (…). Donc le Prophète conseille de se battre contre soi-même pour être dans le droit chemin ».[35]

Ainsi pour elles, le djihad, c'est tout simplement le fait de se battre en se donnant corps et âme pour être/rester sur le droit chemin.

Bibliographie

Aïsha, épouse du Prophète où l'Islam au féminin, www.asma-lamrabet.com, consulté le 11 mars 2017.

Roger, B. 2016. « Terrorisme : ces Sénégalais qui ont rejoint l'État islamique en Libye », in Jeune Afrique, 27 janvier 2016.

Ba, S. 2017. *La prédication féminine musulmane au Sénégal*, Allemagne, Editions Universitaires Européennes (EUE).

Bodian, M. et Camera, E. H. M., Sy 2015. « les religieux musulmans dans l'amélioration du débat public sur la bonne gouvernance au Sénégal, in *Etat, Société et Islam au Sénégal : un air de nouveau temps ?*, Sous la coordination de Seck, A., Kaag, M., Guèye, C., et Fall, A., S., Khartala, pp.113-139.

Brie, G., et Rambourg, C. 2015. *Radicalisation : Analyses scientifiques versus usage politique, synthèse analytique*, Dossiers thématiques, Ecole Nationale d'Administration Pénitentiaire, ENAP/CIRAP.

Choquant: 25 Octobre 2016 – 23 Novembre 2016: Huit (8) Meurtres enregistrés, https://senepeople.com/2016/11/23/choquant-25-octobre-2016-23-novembre-2016-huit-8-meurtres-enregistres/, date de consultation le 24/03/2017.

Coulon, C. 1983. *Les musulmans et le pouvoir en Afrique noire*, Paris, Karthala.

Dayan-Herzbrun (Sonia), 2009, « Féminisme et nationalisme dans le monde arabe », in *La recherche féministe francophone: Langue, identités et enjeux*, Paris, Editions Karthala, pp. 243-253.

Diop M. C. et Diouf, M. 1990. *Le Sénégal sous Abdou Diouf*, Karthala, Paris.

En savoir plus sur http://www.atlasinfo.fr/Senegal-Macky-Sall-rend-hommage-aux-confreries-soufies-et-met-en-garde-contre-les-perils-de-l-extremisme_a38079.html#LjydfJgPuYvt00wB.99, date de consultation le 19/03/2017.

Entretien de M. Foyré Sow avec M. Diouf, http://www.lesoleil.sn/imprimertout.php3?id_rubrique=837, tiré de l'article "Est-t-il possible de séparer politique et religion au Sénégal? Le Président Senghor et les chefs religieux » (2013), publié sur

---

[35] Entretien avec F.B. D. le 02 mars 2017à son domicile, à Dakar

le site http://banta-guewa.over-blog.com/2013/11/peut-on-s%C3%A9parer-religion-et-politique-au-s%C3%A9n%C3%A9gal-par-banta-wague.html, date de consultation le 23/03/2017.

Falk, N. et Gross, R. M. 1989. *La religion par les femmes*, Religions en prospectives n°6, Labor et Fides.

Fall, A., S. 2015. « Les usages des liens confrériques religieux dans l'économie sénégalaise », in *Etat, Société et Islam au Sénégal : un air de nouveau temps ?*, Sous la coordination de Seck, A., Kaag, M., Guèye, C., et Fall, A., S., Khartala, pp. 47-71.

Faye, M. N. 2016. La religion au contemporain. Du sens de la visibilité religieuse de la jeunesse au Sénégal, Thèse de Doctorat, UCAD.

Gomez Perez, M. et Ba, S. 2015. « Les prédicatrices au Sénégal : de la visibilité à la légitimité religieuse et sociale (des années 1980 à nous jours) », in *Etat, Société et Islam au Sénégal : un air de nouveau temps ?*, Sous la coordination de Seck, A., Kaag, M., Guèye, C., et Fall, A., S., Khartala, pp. 175-203.

Gomez-Perez, M. 2009. « Autour de mosquées à Quagadougou et à Dakar: lieux de socilabilité et reconfiguration des communautés musulmanes », Fouchard L., Goerg O. et Gomez-Perez M. (dir.), *Lieux de sociabilité urbaine en Afrique*, Paris, L'Harmattan, p. 405-433.

http://www.dakaractu.com/Emprisonne-pour-apologie-du-terrorisme-Les-imams-et-predicateurs-du-Senegal-reclament-la-liberation-d-Imam-Ndao_a120802.html, date de consultation le 20/03/2017.

Kane, O. 2003. *Intellectuels non europhones*, CODESRIA, Document de travail, Dakar, CODESRIA.

Mbow, P. 2005. *Hommes et femmes entre sphères publique et privé*, Dakar, Sénégal, Série sur le Genre du CODESRIA.

Monde diplomatique 2012. Frustration sociale et violence confessionnelle au Nigeria : Aux origines de la secte Boko Haram P8-9, https://www.monde-diplomatique.fr/2012/04/VICKY/47604, date de consultation le 21/03/2017.

Mvango, P. A. 2014. *Radicalisation islamique au Sénégal*, http://www.ihsnews.net/radicalisation-islamique-au-senegal/, date de consultation le 17/06/2017.

Ndiaye, A. I. 2007. « Le fait religieux dans l'espace universitaire », *in L'Afrique des associations : entre culture et développement*, Dakar, CRESPO-KARTHALA, Sénégal, pp.117-128.

Note d'analyse 89, Aout 2016. Jeunes « djihadistes » au Mali : Guidés par la foi ou par les circonstances, Institut d'Etudes de sécurité (ISS), www.scidev.net/afrique-sub.../pourquoi-jeunes-rejoignent-groupes-armes-Mali.html, date de consultation le 03/02/2017.

Ragazzi, F. 2014. « Vers un "multiculturalisme policier"?☐ La lutte contre la radicalisation en France, aux Pays-Bas et au Royaume-Uni », Les études Du CÉRI, Paris, CÉRI-CNRS.

Sambe, B., et al. 2016. *Les facteurs de radicalisation : perception du terrorisme chez les jeunes dans la Grande Banlieue de Dakar*, Timbuktu Institute African Center For Peace Studies.

Samson, F. 2005. *Les marabouts de l'Islam politique le Dahiratoul Moustarchidina Wal Moustarchidaty, un mouvement néo-confrérique sénégalais*, Paris, Karthala.

Soares B. et Otayek R. (Dir.) 2007. *Islam and Muslim politics in Africa*, New York, Palgrave Macmillan.

Terrorisme : Le présumé djihadiste, Abou Zoubaïb arrêté à Rufisque, http://www.setal.net/Terrorisme-Le-presume-djihadiste-Abou-Zoubaib-arrete-a-Rufisque_a51520.html, date de consultation le 22/03/2017

15. L'héritage de la Résistance Politique au Congo-Brazzaville

Meike de Goede

Cet essai porte sur l'héritage de la résistance anti-coloniale des Matsouanistes au Congo-Brazzaville, une secte religieuse qui, à travers ses actes de résistance, a développé une réputation de fauteurs de troubles. Par cette stigmatisation, ils sont devenus des parias sociaux qui se méfient du régime et de la société au Congo. L'essai se penche sur la construction de la stigmatisation des Matsouanistes, sa reproduction dans le Congo actuel. Après l'histoire de vie d'Anicet Massengo, chef spirituel de l'Eglise Ngunziste Matsouaniste, l'essai décrit les efforts d'un groupe de Matsouanistes pour se libérer de cette stigmatisation en visant à dévalider les vérités historiquement construites sur lesquelles repose la stigmatisation.

Le Temple de l'Eglise Ngunza[1] Matsouaniste est situé au cœur de la commune animé de Bacongo à Brazzaville. Sa porte est toujours ouverte, les gens peuvent y entrer pour rendre hommage ou discuter avec un représentant de l'église. Un tableau d'affichage sur le mur extérieur donne les horaires de service, les personnes de contact, et les activités comme les colonies de vacance pour les enfants, ainsi que les programmes d'éducation religieuse. Le Temple est plein et animé pendant la prière du dimanche : une foule de gens, y compris des enfants, chantent et dansent au rythme des instruments de percussion. Bien que l'ambiance soit joyeuse, les Matsouanistes sont une communauté à l'histoire douloureuse. Pendant des décennies, ils ont été stigmatisés comme des fauteurs de trouble irrationnels et obstinés résistant aux autorités légitimes et refusant d'accomplir leurs devoirs civiques. Cette stigmatisation s'est développée au cours de la période coloniale, et continue de hanter les Matsouanistes dans le Congo d'aujourd'hui.

---

[1] Ngunza fait référence au Prophète dans la tradition messianique du bassin du Congo, une religion traditionnelle africaine. Simon Kimbangu, Kimpa Vita et André Matsoua sont considérés comme des prophètes dans la tradition Ngunziste. L'inclusion du terme Ngunza dans le nom de l'église établit fermement la religion Matsouanite dans le système de croyance traditionnelle profond du Congo.

Anicet Massengo est le chef spirituel de *l'Eglise Ngunza Matsouaniste* au Congo-Brazzaville. Massengo est un homme âgé de 59 ans qui vous accueille avec un sourire bienveillant et vous fait vous sentir bienvenu du premier coup. Il est calme et a une approche paternelle à son rôle de chef spirituel: il sait écouter et est toujours là pour ceux qui ont besoin de lui. En tant que chef de *l'Eglise Nguziste Matsouaniste,* il lutte pour libérer les Matsouanistes de sa communauté spirituelle de la stigmatisation qui pèse sur eux. « *Nous sommes un mouvement religieux et non un mouvement politique* » aime-t-il dire. Massengo et sa communauté se démarquent de l'histoire politique du mouvement.

L'histoire des Mastouanistes reste politiquement très sensible au Congo. Elle est ignorée et entourée de silence dans le débat public. Au début, j'étais frappée par ce silence qui tient l'histoire des Matsouanistes hors des récits d'histoire officiels du Congo et nie leur contribution à la lutte pour l'indépendance et les souffrances qu'ils ont endurées en conséquence. Cependant, au fil du temps, il m'a paru que les Matsouanistes eux aussi pratiquaient le silence. Pour se libérer de l'étiquette de fauteurs de troubles, le groupe de Massengo se démarque explicitement de l'histoire politique du mouvement, et des traumatismes qu'elle a provoqués. L'histoire des Matsouanistes au Congo-Brazzaville est ainsi soumise à une double pratique du travail de mémoire (Fabian 2003: 490): dans les deux cas, le but est de se souvenir et d'oublier, quoique pour des raisons différentes. Par conséquent, de part et d'autre, on se souvient et on oublie, chacun à sa façon. Le présent essai est une réflexion sur la construction de la stigmatisation qui frappe les Matsouanistes, sa reproduction dans le Congo d'aujourd'hui, et sur les efforts d'une communauté religieuse pour s'en libérer.

La stigmatisation qui frappe les Matsouanistes aujourd'hui remonte à l'époque des disciples d'André Matsoua (qui a donné son nom à la religion), le fondateur de l'*Amicale des Originaires de l'Afrique Equatoriale Française),* une association qui luttait pour l'égalité des droits pour les sujets coloniaux en 1926. Après l'emprisonnement de leur chef en 1930 pour escroquerie, les disciples de Matsoua entreprirent une campagne de résistance passive dans laquelle, à travers (ce qui paraissait être) de l'apathie politique, ils exprimèrent une très forte conscience politique, et qui fit de leur mouvement le plus grand mouvement de résistance du Moyen Congo français

(Sinda 1972: 188-197). La mort de Matsoua en prison en 1942 ne marqua ni la fin du mouvement, ni l'émergence d'un nouveau chef pour poursuivre la campagne de résistance passive collective. Au contraire, ses disciples considéraient désormais Matsoua comme un prophète qui a donné sa vie pour la cause de la libération du peuple Africain. Leur résistance politique devait s'inscrire dès lors dans un discours religieux (Anderson 1958; Balandier 1966: 196-225; De Goede 2018). A partir de là, ceux qui étaient désormais connus sous le nom de 'Matsouanistes'2, cessèrent d'être une bande de sujets coloniaux indisciplinés. Ils étaient devenus des 'fanatiques religieux' qui avaient Dieu de leur côté et étaient totalement immunisés contre les tentatives terrestres d'arrêter leur radicalisation religieuse, en utilisant des raisonnements simples, des mesures légales ou la punition (de Goede 2017: 200-202).

L'administration coloniale française rencontra d'énormes difficultés à contenir et à discipliner les Matsouanistes. Les Français considéraient les disciples de Matsoua comme un groupe d'individus qui « ne rataient aucune occasion pour manifester leur détermination à maintenir une attitude de résistance et un mauvais tempérament » (ANOM, 5D127, 26 Septembre 1933). Le nouveau discours religieux était en fait une question de persistance dans cette attitude, quoique dans un domaine discursif différent. Face à cette résistance obstinée, la réponse française a été violente et répressive. Sans égard pour le coût ou l'effort, le mouvement fut placé sous surveillance étroite, et tint la *Sûreté* active jusqu'à la fin de la colonisation en Afrique Equatoriale Française. Les chefs Matsouanistes furent emprisonnés ou condamnés aux travaux forcés. Certains furent même condamnés à mort. Des familles entières furent placées en résidence surveillée au Tchad et dans l'Oubangui-Chari (l'actuelle République

---

2 Les termes *Matsouanites* et *Amicaliste* sont souvent utilisés de manière interchangeable, cependant ils ont des sens très différents. Alors qu'un *Amicaliste* était un membre du mouvement politique *Amicale*, un *Matsouaniste* est un disciple de Matsoua le prophète. Les deux se chevauchaient partiellement, en particulier dans les années qui ont suivi la mort de Matsoua, qui ont vu beaucoup (pas tous cependant) d'Amicalistes devenir des Matsouanistes. C'est à cette période qu'il est difficile de faire la différence entre *Amicalistes* et *Matsouanistes*. Tout en reconnaissant que ça simplifie les loyautés et les systèmes de croyance ambivalents et fluctuants à la fois des Amicalistes et des Matsouanistes, je désignerai dans ces pages comme *Matsouanistes* les disciples de Matsoua après sa mort en 1942, et comme Amicalistes ses disciples avant sa mort et sa déification.

Centrafricaine) afin de les éloigner autant que possible de Brazzaville. Les leaders qui refusaient d'abandonner la résistance furent remplacés par d'autres plus malléables, et la police et la gendarmerie menèrent des expéditions punitives contre les villages Matsouanistes. Après un de ces raids, au cours duquel des femmes enceintes furent sauvagement battues, le Maire de Brazzaville reçut une lettre signée par 'le Balali'3 dans laquelle les Matsouanistes exprimaient leur colère face aux événements, et demandaient au maire: « N'avez-vous plus besoin des enfants? » (ANOM 5D127, 25 August 1933).

La nouvelle de la mort de Matsoua fut entourée d'un tel mystère que ses disciples furent convaincus que les Français utilisaient le mensonge comme nouvelle stratégie pour mettre fin à leur mouvement. Pour les Matsouanistes, la mort de Matsoua était une comédie qui ne tromperait personne (ANOM 5D203, 27 Mai 1947). La peur avait été insufflée aux Matsouanistes par une répression violente qui renforça leur conviction et produisit donc l'effet contraire : Matsoua devint un prophète noir, offrant aux Africains un espace discursif authentique, souverain que les Français ne pouvaient pas contrôler (Balandier 1966, 216; Bastide 1972). Les Matsouanistes se replièrent encore plus sur eux-mêmes loin de la société coloniale et se retranchèrent dans une société parallèle imaginaire (Kouvouama 1999). Au lieu de freiner le mouvement, la répression continue alimenta le mythe Matsouaniste, qui accordait une place importante à la souffrance en tant qu'élément essentiel de la lutte pour la liberté et en tant que voie du salut. Façonné par la glorification chrétienne de la Passion du Christ, le discours messianique qui émergea après la mort de Matsoua en 1942 donna un sens aux difficultés des Matsouanistes (De Goede 2018, *à paraître prochainement*). La souffrance est un trait caractéristique fort du symbolisme et des liturgies de l'église Matsouaniste (Sinda 1972: 240-249). Le résultat de cette dynamique de violence et de résistance fut un désengagement mutuel croissant et une approche à somme nulle de part et d'autre. Bien qu'on considérât les seuls Matsouanistes comme des radicaux et donc le problème, les actions et les réactions simultanées des deux parties ont eu pour conséquence la polarisation.

---

3 Le terme 'Balali' est une perversion française du mot 'Balari'. Cependant, le Lali existait comme un sous-groupe des Bembe dans la région de Mouyonzi. Malgré cette erreur, les supporters de Matsoua ont adopté le terme 'Le Peuple Balali', et non le 'peuple Balari' dans leurs correspondances adressées aux autorités.

Un autre aspect clé de la stigmatisation qui s'est historiquement développée autour des Matsouanistes concerne l'ethnicité du mouvement. En raison du fait qu'Amicale avait la majorité (et non l'exclusivité) de ses supporters parmi les Kongo-Lari du district du Pool et de la commune de Bacongo à Brazzaville, les Français se sont empressés de qualifier l'agitation des disciples de Matsoua *'d'affaire Balali'*, assimilant ainsi chaque Lari ('Balali') à un disciple de Matsoua, et chaque disciple de Matsoua à un Lari. Du coup, tous les actes de résistance posés par un membre de l'ethnie Lari, ou même par un habitant du district du Pool furent imputés à *Amicale,* y compris les actes qui, après une investigation sérieuse, semblaient peu susceptibles d'avoir été perpétrés par *Amicale.* On peut citer à titre d'exemple le complot pour faire dérailler le train du Congo Océan (ANOM 5D203, 24 Avril 1945), ou l'appel à l'Allemagne Nazi pour envahir l'Afrique Equatoriale Française (AEF) et la reprendre aux français (ANOM 5D203, 24 Novembre 1945). Les coupables dans ces deux cas n'ont pas inscrit leurs actes dans le cadre de la résistance *Amicaliste,* et il n'a jamais été prouvé qu'*Amicale* ait eu un jour recours à la violence. Quant à l'appel lancé aux Nazis, les disciples de Matsoua étaient convaincus que leur prophète se battait aux côtés de De Gaulle pour libérer la France (Sinda 1972: 227-230), et avait fait don d'une somme importante et envoyé 3000 volontaires pour rejoindre les troupes de la *France Libre* (Duriez 1950: 41; ANOM 5D203, 2 Septembre 1939). Malgré ces actes de loyauté envers l'occupant colonial dans le besoin, un Lari était par définition un suspect. On en arrivait même le point où chaque Lari travaillant pour les autorités françaises pouvait être licencié à titre préventif (ANOM, 5D203, 23 Mars 1945), malgré le fait que les Kongo-Lari avaient été dès les premières heures de la colonisation la source principale de collaboration pour l'entreprise coloniale française en AEF.

Ce qui n'était au départ que la colère des colonisateurs contre les Matsouanistes s'est transformé en colère populaire à la veille de l'indépendance à la fin des années 1950. L'ascension de Fulbert Youlou, un Lari du Pool, d'abord comme Maire de Brazzaville, ensuite comme Premier Ministre puis Président, divisa les populations du Pool. Youlou se présenta comme le successeur de Matsoua venu parachever son œuvre (Youlou 1955). Si certains Matsouanistes soutinrent Youlou, un grand nombre lui refusèrent leur soutien car ils ne reconnaissaient que Matsoua comme leur chef légitime et n'accordaient aucune importance à l'indépendance politique à venir. Paradoxalement, les Matsouanistes, qui avaient leurs racines dans le mouvement de résistance anticoloniale, ne considéraient plus l'indépendance comme la vraie libération et devinrent politiquement et socialement des parias dans le nouveau Congo indépendant.

La colère populaire contre les Matsouanistes provoqua finalement des affrontements après les élections de juin 1959, quand les Matsouanistes refusèrent de voter pour Youlou. Dans les mois qui ont précédé les élections, les autres Congolais empêchèrent les Matsouanistes d'utiliser les marchés, les routes ou le système public de fourniture d'eau, car ils refusaient de payer l'impôt et ainsi ne participaient pas à l'effort commun. La résistance des Matsouanistes contre l'occupant colonial fut perçue au cours de ces années précédant l'indépendance comme une résistance à la libération et à l'indépendance du Congo. Trois jours durant, les supporters de Youlou saccagèrent et démolirent à Brazzaville les maisons des Matsouanistes : des hommes furent déshabillés, battus et humiliés. Leurs femmes furent sauvagement violées. Face à cette violence inouïe, quelques centaines de Matsouanistes abandonnèrent finalement la résistance. D'autres persistèrent, et furent placés dans les locaux d'une usine abandonnée dans un autre quartier de la ville. Officiellement, cette mesure fut prise afin de préserver leur sécurité et l'ordre public. L'effet de cette mesure fut l'éloignement des Matsouanistes de l'espace public dans la capitale. Six semaines plus tard, ils furent dispersés au nord du pays où beaucoup passèrent le reste de leur vie (De Goede 2017).

Massengo n'était âgé que de quelques mois lorsqu'il fut placé, à titre provisoire, avec son père, sa mère, ses frères et sœurs ainés ainsi que d'autres Matsouanistes dans les locaux de l'usine abandonnée. Il n'a aucun souvenir direct des événements. Cependant, sa mère racontait régulièrement à ses enfants l'expérience vécue par la famille et partageait avec eux sa conviction qu'ils avaient tous « souffert pour Matsoua ». Les conditions de vie étaient dures à cause du manque de nourriture, d'assainissement et de soins médicaux, alors que plusieurs personnes avaient été blessées lors des affrontements violents. La mère de Massengo lui racontait souvent qu'elle n'a jamais accepté la moindre aide – celle venant du gouvernement ou des autres personnes qui lui avaient offert de l'eau et du lait pour ses enfants.

« Elle avait fait le choix de me laisser mourir pour la cause plutôt que d'accepter de l'aide, et elle en était fière », me dit-il avec un sourire indulgent. « Elle s'est battue pour le bien-être de l'humanité, ce qui, pour elle, était une cause supérieure au bien-être de son enfant ».

Malgré la conviction initiale de la famille qui leur avait causé tant de souffrance, la famille Massengo décida de mettre fin à leur résistance plutôt que de se faire déporter. Ils choisirent de donner un nouveau sens à leurs convictions religieuses, qui leur permettraient de mener une vie paisible. Jean-Louis Kinata, un Matsouaniste qui avait été détenu avec eux dans l'usine abandonnée, offrait une vision différente de l'avenir des Matsouanistes. Kinata était le chef de l'un des nombreux sous-groupes des Matsouanistes. En effet, immédiatement après la disparition de Matsoua, les Matsouanistes se divisèrent en plusieurs groupes différents, dont aucun des chefs ne faisait l'unanimité. Malgré ces divergences, ils étaient étonnamment unis dans leurs méthodes préférées de résistance. A la fin des années 1940, le groupe de Kinata s'était séparé du groupe dirigé par Jean Maboundou à cause des divergences d'opinion qu'ils avaient sur des questions liées à la gestion de l'église. Kinata lui-même était gravement blessé pendant les affrontements avec les supporters de Youlou à Brazzaville et les gendarmes sur le lieu de leur captivité. Il soutenait qu'une autre voie était possible, qu'il pouvait y avoir une place pour les Matsouanistes dans la société congolaise. Le soir qui précéda la déportation de certains Matsouanistes et la mort d'autres dans une bousculade, Kinata décida de partir avec son groupe, prévoyant peut-être cette fin tragique. Il convainquit la famille Massengo et les autres membres de son groupe de changer de tactique sans renoncer à leurs croyances et de s'éloigner de ce cercle vicieux. Son groupe retourna à Bacongo et réintégra la société congolaise.

Ceux qui persistaient dans la résistance considérèrent Kinata et ses disciples comme des traitres à la cause et des faibles face à la répression. Mais la décision de Kinata fut un premier pas important vers la dé-radicalisation du mouvement, un premier pas sur la voie qui allait permettre à ses disciples de rester fidèles à leurs convictions religieuses de manière moins conflictuelle. Les concessions faites par Kinata et ceux qui l'ont rejoint permirent une désescalade du conflit en faveur de leur groupe. La décision de faire des concessions fut difficile à prendre. Le refus de payer l'impôt ou de se faire enregistrer pour obtenir la carte d'identité avait été pendant longtemps un outil primordial de résistance pour les Matsouanistes. Ce refus était un symbole important de leur lutte et de leur conviction que le retour sur terre de Matsoua était imminent. De nos jours encore, les gens se souviennent des Matsouanistes pour ces actes, et voient en eux des gens qui refusent de contribuer à la communauté. Ce que Kinata réalisa, c'est que ce principe ne servait plus aucun but dans un Congo qui devenait indépendant. Il était d'avis que défendre les idéaux de Matsoua ne devait plus être forcément conflictuel car les libertés des Congolais étaient désormais garanties par la nouvelle constitution issue de l'indépendance.

La décision de Kinata de faire des concessions marqua la séparation effective des aspects religieux et politique du mouvement, et permit aux Matsouanistes de son groupe de pratiquer leur religion sans subir de persécution politique. Quelques années plus tard, son église fut officiellement reconnue comme une religion au Congo. Massengo croit que Kinata n'a pas seulement sauvé la vie des Matsouanistes qui l'ont suivi ce jour, mais qu'il a sauvé la religion Matsouaniste elle-même. Ceux qui furent déportés ne purent fonder de nouvelles communautés Matsouanistes dans leur nouvel environnement, et leur religion n'y prit pas racine. Ce qui reste d'eux aujourd'hui au nord n'est que le vague souvenir d'une bande de fauteurs de trouble expulsés de Brazzaville, alors qu'à Brazzaville même, quelques groupes plutôt petits, clandestins et marginaux de Matsouanistes existent parallèlement à l'église de Massengo. Kinata donna à la religion Matsouaniste une nouvelle vision qui lui permit d'avoir une place dans la société congolaise, au lieu d'être à sa marge. Contrairement aux autres branches de la religion Matsouaniste qui vivent dans une certaine clandestinité, le Temple de *l'Eglise Ngunza Matsouaniste* dans la commune de Bacongo est visible et accessible à tous. Cette 'branche modérée' du Matsouanisme porte le nom de Kinata et a pour chef spirituel Massengo. Sans surprise, comme toutes les autres religions, les Matsouanistes ne sont pas exempts de rivalité religieuse. Certains groupes Matsouanistes plus orthodoxes considèrent Massengo comme un imposteur, et soutiennent que son église n'a rien à voir avec le 'vrai Matsouanisme'. Cependant, le fait que le groupe Matsouaniste de Kinata soit libre de pratiquer sa religion comme tous les autres groupes religieux au Congo ne veut pas dire que les Matsouanistes ont vaincu la stigmatisation aussi.

Celle-ci demeure encore un problème dans la société congolaise actuelle.

L'image négative de fauteurs de trouble politique collée aux Matsouanistes est fortement influencée par leurs pouvoirs mystiques supposés. Dans les conversations informelles que j'ai eues avec les non-Matsouanistes, on m'a souvent prévenue que les Matsouanistes étaient dangereux. Bien que leur foi en Matsoua comme prophète fasse d'eux l'objet de ridicule, les Matsouanistes sont aussi craints pour leurs pouvoirs mystiques puissants qui leur permettent d'entrer directement en contact avec les ancêtres. Peu de temps après la mort de Matsoua, ses disciples commencèrent à se rassembler la nuit dans les bois, affirmant à qui voulait les entendre qu'ils parlaient à Matsoua (ANOM 5D203, 11 Octobre 1945). Parmi les Matsouanistes se trouvent plusieurs médiums spirituels, et de nos jours encore, des chefs spirituels invoquent Matsoua la nuit, et s'entretiennent avec lui. Le village de Makana dans le district du Pool est devenu célèbre à cause d'un petit aéronef mystique en bambou appelé 'Air Makana' que les Matsouanistes utiliseraient prétendument pour transporter les gens dans et de 'l'autre monde'. Mais ces suspicions et cette peur des Matsouanistes ne sont pas partagées que par une population mal informée. Lorsque j'ai voulu visiter un camp de Matsouanistes à Brazzaville, le chercheur Congolais qui m'accompagnait me dit de ne pas m'approcher du camp, mais de rester à distance. « *Vous ne pouvez pas prendre de photo. C'est dangereux. C'est un lieu mystique* », me dit-il. Il avait visiblement peur et voulait s'éloigner du camp au plus vite.

Comme c'est très souvent le cas, la peur et le respect vont de pair dans le monde spirituel. La grande méfiance qui entoure les Matsouanistes n'empêche pas les gens de se rendre discrètement chez eux pour recevoir des traitements. Les Matsouanistes à Mpissa se souviennent que pendant la guerre de 1998, le chef politique du Sud, Bernard Kolélas, pria avec eux dans leur camp à Brazzaville. Craignant que les Matsouanistes aient transmis leur puissance à Kolélas, les forces gouvernementales arrivèrent le jour suivant et tuèrent tous les Matsouanistes qui se trouvaient dans le camp, ne laissant derrière eux que quelques rares survivants (Entretien de l'Auteur, Mpissa, août 2016). De même, une épidémie de diarrhée à Djambala fut imputée aux Matsouanistes qui vivaient dans cette localité depuis leur déportation en 1959. Lorsque les rebelles attaquèrent la localité en 1998, la population rejeta encore une fois la responsabilité de l'attaque sur les Matsouanistes et les obligea à quitter la localité (Entretien de l'Auteur, Djambala, Janvier 2017).

En résumé, les Matsouanistes continuent d'avoir une très mauvaise réputation au Congo. Les gens font des plaisanteries insultantes sur eux, se moquent de mon intérêt pour eux et vont jusqu'à me prévenir qu'ils sont dangereux. Le souvenir des Matsouanistes qui est resté dans la mémoire collective n'est pas celui de braves résistants au colonialisme, mais plutôt celui de fauteurs de troubles obstinés, pour les autorités coloniales, les autorités congolaises, et pour la communauté elle-même. La tactique de résistance qu'ils ont choisie, le refus de payer l'impôt ou de prendre la carte d'identité provoqua la colère des autres Congolais à la veille de l'indépendance, et leur donna le sentiment que les Matsouanistes ne voulaient pas contribuer à la communauté, et tournaient le dos au projet d'indépendance. Cette stigmatisation les poursuit encore aujourd'hui: en général, les Matsouanistes n'ont pas la confiance des autres, ce sont des fauteurs de trouble. Massengo m'a dit une fois : 'lorsque quelque chose survient, ça finit toujours par être de notre faute'. Le fait que les troubles provoqués par les Matsouanistes par le passé fussent passifs et non violents, et dirigés seulement contre l'occupation coloniale, est jeté aux oubliettes. Pire, le fait que les Matsouanistes fussent les victimes de la violence excessive de l'Etat et de la commune est aussi jeté aux oubliettes. Seule l'image de fauteurs de trouble qui rejettent l'autorité est restée. Le contexte élargi qui donne un sens à leur résistance est oublié. Les régimes postcoloniaux subséquents ont montré beaucoup d'antipathie envers les Matsouanistes et ont été peu enclins à reconnaître leurs racines dans *Amicale* en tant que mouvement social important dans le Congo colonial, qui s'est battu pour les droits du peuple Africain. De nos jours encore, il n'y a pas d'espace politique au Congo pour le moindre souvenir positif de Matsoua, *d'Amicale* ou des Matsouanistes.

Cette situation s'est aggravée par l'enchevêtrement de cette stigmatisation héritée avec la contestation politique contemporaine au Congo. Les perspectives du colonisateur sur différentes communautés du Moyen Congo et sa façon de les gouverner ont eu un effet *durable* sur la politique congolaise. Le pays est profondément divisé entre le Nord et le Sud, à tel point que même dans la capitale, les nordistes et les sudistes ne vivent ensemble que dans quelques rares quartiers mixtes. Cela est symptomatique de la méfiance profonde entre les nordistes et les sudistes qui trouve elle aussi ses racines dans la colonisation. Les Français considéraient les nordistes comme des barbares et des moins civilisés. Les populations du Sud étaient beaucoup plus ouvertes aux influences françaises et à la collaboration. De nos jours encore, les populations du Sud considèrent les nordistes comme un peuple arriéré. De plus, à la veille de l'indépendance, le candidat au leadership politique du Nord, Jacques Opangault, était socialiste. Les Français ont investi massivement dans la sécurisation de la base de leur préféré, le candidat du Sud, Fulbert Youlou (Bat 2015: 72). Depuis 1968, le pays est dirigé par différents gouvernements du Nord (avec un bref interlude entre 1992-1997 et le règne d'un gouvernement à dominance sudiste). De l'indépendance du Congo à nos jours, les différents régimes qui se sont succédé ont tous entretenu la division entre le nord et le sud.

Malgré le fait que les Matsouanistes aient tourné le dos à la politique dans les années 1950 et ont continué d'observer un désengagement politique depuis, l'assimilation malheureuse des Matsouanistes aux Laris par les français reste dans la conscience publique, en particulier dans les régions Nord de ce pays profondément divisé. Les Matsouanistes se retrouvent aujourd'hui encore au milieu de ces relations extrêmement volatiles entre le nord et le sud. Une différence majeure entre le nord et le sud est la prévalence des pratiques religieuses messianiques parmi les populations du Sud : Kimpa Vita, Simon Kimbangu, Simon Mpadi, et Matsoua appartiennent tous à la même tradition culturelle des Kongo, qui ont des liens ethniques étroits avec les Lari du Pool. Aucun des mouvements messianiques historiques (ou actuels) n'est parvenu à s'implanter dans les régions nord du pays. La crise actuelle dans le Pool et la traque du mouvement rebelle Ninja reconstitué par les troupes gouvernementales (OCDH 2017: 37-45; Amnesty International 2016) n'est que le dernier exemple qui montre à quel point le messianisme du Sud est considéré comme une menace politique. Le chef des Ninjas, le Pasteur Ntumi (« messager » en Lari), qui s'affirmait prophète, avait, pendant la guerre civile de 1998-2003 dans le Pool, inscrit sa rébellion dans un discours messianique similaire. Bien que les Matsouanistes ne soient pas activement persécutés ou attaqué de nos jours, aux yeux de beaucoup de gens, ce conflit confirme encore une fois que les Lari-Kongo et leurs pratiques messianiques sont sources de trouble. Les Matsouanistes, en tant que mouvement messianique le plus ancien, le plus connu et historiquement le plus important dans le pays, sont par implication responsables du conflit car ils pratiquent le même discours messianique et viennent du même groupe ethnique et de la même région géographique. Les Matsouanistes sont le visage de, et représentent ainsi, un problème plus largement partagé par les Lari-Kongo. Les gens expliquent sans effort comment le conflit actuel dans le Pool est une répétition des épisodes de la résistance historique des Matsouanistes, malgré le fait que les Matsouanistes n'ont rien à voir avec ledit conflit. « *C'est des gens compliqués, ils sont nés comme ça* », me dit un informateur dans le Nord Congo. Le 'ils' dans son explication fait référence simultanément aux Matsouanistes et aux Kongo-Lari du district du Pool. Cette explication est particulièrement acerbe au regard du fait que 'ces gens' ont tout fait pour se tenir à l'écart de la politique dans le pays, pour ne pas s'impliquer, voter, et soutenir un parti ou responsable politique. Ils n'ont jamais pris les armes ni soutenu une rébellion. Mais tant que dureront la méfiance et les conflits politiques dans le pays, ils demeureront responsables. Aux dires de Massengo, « *c'est comme s'il portait sur son front une étiquette avec le mot 'coupable' inscrit dessus* ».

Massengo veut libérer les Matsouanistes de cette étiquette. Il veut montrer aux Congolais qu'eux aussi sont des gens bien, comme tout le monde, que leur adhésion à une religion différente ne fait pas d'eux des êtres humains à part. Il veut aider sa religion à croître, pas en faisant son travail de missionnaire avec beaucoup de zèle et en convertissant les gens, mais en changeant la réputation du Matsouanisme d'un mouvement récalcitrant en une communauté chaleureuse et accueillante qui participe à la vie communautaire. Son but est donc de combattre les préjugés et d'établir une passerelle entre les Matsouanistes et les non-Matsouanistes, entre les Matsouanistes et l'Etat, entre les populations du Sud et les populations du Nord. La principale ligne de division entre les différents sous-groupes Matsouanistes est leur rapport à l'Etat, aux autorités et à la communauté congolaise (non-Matsouaniste) en général. Certains sous-groupes Matsouanistes restent extrêmement discrets et évitent tout contact avec les autorités ou les personnes qui n'appartiennent pas à leur groupe. L'*Eglise Nguziste Matsouaniste* quant à elle a fait le choix contraire : elle accueille tout le monde à bras ouverts, et s'implique dans les questions sociales au-delà de l'idéologie dogmatique.

Suivant l'exemple de Kinata, l'interprétation religieuse du groupe de Massengo a déconstruit l'idéologie politico-religieuse du Matsouanisme en tant que secte et séparé le politique du religieux. L'église est religieuse et ne prend pas de position politique. La vision politique de Matsoua est réinterprétée avec un sens et une pertinence nouveaux dans le contexte du Congo contemporain. Massengo est retourné aux racines de la vision de Matsoua. Les concepts clés de l'idéologie de Matsoua tels que l'émancipation, l'égalité et le bien-être humain en général sont toujours des objectifs importants à défendre, mais pas forcément dans le cadre d'une lutte politique. Et la résistance n'est pas nécessaire pour les atteindre. Pour Massengo, on peut se battre dans la vie de tous les jours pour réaliser ces idéaux, sans transformer cette lutte en projet politique. Massengo cite souvent une prophétie de Matsoua, qui disait qu'un jour les noirs et les blancs vivraient dans un même quartier et mangeraient d'égal à égal à la même table. Voilà l'idéal d'égalité, de respect mutuel et d'émancipation du peuple Africain, différent de la position sociale subordonnée qu'il occupait sous la colonisation. Massengo voit cet idéal se réaliser dans sa vie de tous les jours aujourd'hui, dans son travail dans le secteur privé à Brazzaville, mais aussi chaque fois qu'il me rencontre pour causer, rire et partager une tasse de café. « *Je prends du plaisir dans la douleur et la souffrance que nous avons traversées pour réaliser les idéaux de Matsoua* » me dit Massengo.

Ce désengagement des idéaux sociaux du cadre politique est essentiel pour le projet de dé-stigmatisation de Massengo. L'histoire politique de Matsoua demeure une bombe politique au Congo. Le nom et les idéaux de Matsoua demeurent une grande force potentielle de mobilisation politique au sud, et sont donc vus avec beaucoup de suspicion par le régime nordiste actuel. Historiquement, les responsables politiques du sud ont tous utilisé le nom et les idéaux de Matsoua pour obtenir l'adhésion des populations dans le district du Pool (Kolélas 1990; Youlou 1995; voir aussi Gruénais et al 1995; Kouvouama 1988). Si Kinata et son successeur Massengo avaient décidé de continuer la lutte pour la réalisation d'objectifs politiques au nom de Matsoua, l'église n'aurait pas reçu sa reconnaissance officielle, et aurait sans doute été anéantie.

Une autre voie utilisée par le groupe de Massengo pour se démarquer explicitement de la politique est la rédaction de statuts pour son église. L'*Eglise Nguziste Matsouaniste* est la seule branche du Matsouanisme à avoir des statuts. Ces statuts disent clairement que l'église est apolitique et qu'il est interdit à tous membres, qu'ils soient chefs ou membres simples, de faire des déclarations politiques dans l'église. Les statuts soulignent aussi que les membres de l'église doivent obligatoirement remplir leurs devoirs civiques, comme par exemple payer l'impôt et obtenir une carte d'identité. (Textes Fondamentaux, Art. 10 et 19). Cet article apparemment bizarre illustre le fait que l'église a tourné le dos aux pratiques anciennes de résistance des Matsouanistes, et qu'il ne saurait y avoir d'erreur sur le fait que l'église Matsouaniste n'est plus un outil pour saper la légitimité des gouvernants ou de l'Etat. Pour sceller la prise de position que les Matsouanistes ne s'opposent plus aux autorités, Massengo invita la Première Dame à prier dans son église un dimanche en 2003, invitation qu'elle accepta. Il s'agit là d'une reconnaissance, quoique symbolique, dont Massengo est fier.

Cependant, malgré cette reconnaissance, Massengo s'inquiète de trop présumer de sa situation. Le Temple de l'*Eglise Nguziste Matsouaniste* à Kinkala (la capitale du Pool) cherche désespérément des fonds pour achever sa construction. Les responsables de l'église ont décidé de ne pas demander l'appui des autorités, car ils pensent qu'il revient à ces dernières de prendre elles-mêmes cette décision. Cette position est un rappel subtil des affrontements violents de 1959, au cours desquels les Matsouanistes furent empêchés par la violence d'utiliser les ouvrages publics tels que les routes, les marchés et les fontaines publiques à cause de leur refus de payer l'impôt et de participer ainsi à la réalisation desdits ouvrages. Bien que les Matsouanistes paient désormais l'impôt comme tous les autres, ils ne se sentent pas suffisamment à l'aise pour demander le soutien de l'Etat, comme s'ils n'y avaient toujours pas droit.

Massengo préfère ne pas s'attarder sur le passé, mais se focalise plutôt sur les aspects religieux du Matsouanisme tout en gardant ses distances avec son histoire politique. « Le passé est le passé. Nous devons avancer » dit-il, « Dieu n'a pas mis nos yeux sur la partie frontale de notre visage pour qu'on regarde derrière. Nous devons regarder devant ». Chaque année, l'église organise une colonie de vacances pour les enfants. Cent cinquante enfants de 4 à 16 ans de

Brazzaville et du district du Pool dans son ensemble se rendent au temple à Bacongo pour un long week-end de chant, de danse et d'éducation religieuse. La colonie de vacances initie les enfants à ce que veut dire être Matsouaniste' en termes de valeurs fondamentales, et contribue au renforcement communautaire des enfants et de leurs parents.

Pour Massengo il s'agit là d'un trait important de la « nouvelle » communauté Matsouaniste qu'il s'efforce de bâtir. Bâtir cette nouvelle communauté implique la déconstruction du mythe de la souffrance comme un sort incontournable pour les Matsouanistes. Ce mythe a eu pendant longtemps une prophétie auto-réalisatrice, et continue de fonctionner ainsi pour les autres groupes Matsouanistes. Même si Matsoua et sa génération, de même que la génération des parents et des grands parents de Massengo, ont souffert, ce dernier croit que les Matsouanistes d'aujourd'hui ne sont pas obligés de subir ce sort. Cependant, ajoute Massengo, quatre-vingt-dix pourcent des membres actuels de l'église ne viennent pas de vieilles familles Matsouanistes comme lui-même. Le chemin qu'il a tracé pour sa communauté religieuse permet en effet au groupe de croître et d'attirer de nouveaux membres. En d'autres termes, l'héritage traumatisant de la période 1930-1959 n'est pas l'héritage familial de sa nouvelle génération de Matsouanistes. Massengo insiste aussi que sa famille directe (son père et sa mère) n'ont jamais été membres *d'Amicale*. Sa famille a adhéré à la religion Matsouaniste au milieu des années 1940 pour des raisons purement religieuses. Avant cette époque, ils n'étaient pas *Amicalistes*, mais pratiquaient la religion traditionnelle *Nguziste* et acceptaient Matsoua comme l'envoyé de Dieu venu libérer les siens. Il s'agit là d'une autre façon de se démarquer (au moins en partie) du passé problématique du Matsouanisme.

La radicalisation est un processus qui durcit la position des individus en les déconnectant des normes sociétales. Elle est souvent assimilée à la violence et au terrorisme, contrairement à la position radicale des Matsouanistes de la période coloniale au Congo, qui fut passive et explicitement non violente. Les Matsouanistes ont répondu à la répression et à la violence de l'Etat par un refus simple mais obstiné de coopérer. Cet essai a expliqué comment cette 'résistance historique radicalisée' s'est transformée en stigmatisation que les Matsouanistes continuent de porter dans le Congo d'aujourd'hui. Il est fascinant de voir comment la stigmatisation historique des Matsouanistes, qui a vu le jour dans un contexte sociopolitique très différent et qui fut initialement l'œuvre du colonisateur français, a évolué face aux défis sociétaux actuels. A ce titre, elle contribue à la reproduction de la contestation politique entre le Nord et le Sud et à l'image du Pool comme le foyer de toute résistance politique au Congo. La stigmatisation contribue ainsi au discours de légitimation implicite de l'intervention militaire en cours dans le Pool, bien qu'il n'ait pas encore été prouvé que cette intervention ait été déclenchée par les activités rebelles des Ninjas.

Cet essai a mis l'accent sur les efforts visant à dé-valider les « vérités » historiquement construites qui servent de reposoir à cette stigmatisation. Plutôt que de déconstruire la stigmatisation historique et son application actuelle dans sa quête d'une compréhension plus juste et indulgente du passé, Massengo a choisi de la contrer par un discours centré sur le bien-être. Les Matsouanistes étaient peut-être des radicaux dans leur résistance non violente à une autre époque, mais ces pages ont démontré à quel point il est difficile de se libérer de la stigmatisation subséquente de fauteurs de troubles, d'individus qui refusent de contribuer à la communauté, et de mystiques puissants qu'il faut craindre. La décision de la résistance fut difficile à prendre, mais regagner la confiance des autres, de la société en général, et redevenir des membres à part entière de la communauté s'avèrent encore plus difficiles pour les Matsouanistes. Mais Massengo est un optimiste qui met l'accent, à juste titre, sur ce qui a été accompli en termes de reconnaissance officielle de l'église, de reconnaissance symbolique par les tenants du pouvoir, de croissance de sa communauté religieuse et de réalisation des idéaux de Matsoua. Cependant, il sait aussi que les Matsouanistes portent encore le sceau de la culpabilité. Cette étiquette demeure sur son front.

Bibliographie

Amnesty International 2016. *Republic of Congo: Air strikes hit residential areas including schools*. 18 April 2016.
https://www.amnesty.org/en/latest/news/2016/04/republic-of-congo-air-strikes-hit-residential-areas-including-schools/ (accessed 26 Mach 2017).

ANOM (Archives Nationales d'Outre-Mer), 5D127, 25 August 1933, Anonymous letter to Mayor of Brazzaville.

_____, 26 September 1933, Report by Governor of Moyen-Congo to Governor General of AEF.

_____ , 5D203, 2 September 1939, 'Les Balalis Offrent un Régiment de Volontaires à la France', Copy from Journal A.E.F, No 18.

_____ _____, 23 March 1945, Lettre Confidentielle, Gouverneur Générale AEF André Bayardelle to Gouverneur du Moyen Congo.

_____ _____, 24 April 1945, Lettre du Chef du Département du Pool au Gouverneur du Moyen Congo.

_____ _____, 11 Octobre 1945, Procès-Verbal d'Audition, Brazzaville.

_____ _____, 24 Novembre 1945, Chef du Département du Pool à Monsieur le Gouverneur Général, direction des Affaires Politiques et de la Sûreté.

_____ _____, 27 May 1947, Procès-Verbal de mise à la disposition de Monsieur le Procureur General de République du nommé Koussakana Prosper, demeurent a Poto-Poto pour "Propos Anarchistes", Gendarmerie Nationale.

Balandier, Georges. 1966. *Ambiguous Africa: Cultures in Collision.* London: Chatto & Windus

Bastide, Roger. 1972. "Préface: Les Christ Noirs." In Martial, *Le Messianisme Congolais et ses Incidences Politiques: Kimbanguisme, Matsouanisme, Autres Mouvements.* Martial Sinda, 9-13. Paris: Payot.

Bat, Jean-Pierre. 2015. *La Fabrique des "Barbouzes". Histoire des Réseaux Foccart en Afrique.* Paris: Nouveau Monde.

De Goede, Meike. 2017. "Objectivation, amnésie coloniale et histoire de la déportation des Matsouanistes de Brazzaville (1959)", *Les Temps Modernes*, No. 693-694, Guerres africaines de la France: 1830-2017. L'empire des armées:195-220.

De Goede, Meike. 2018, *forthcoming.* "Becoming a Prophet: Messianism as Reality of Duress in French Colonial Congo". In *Conflict and Society,* 4 (1).

Duriez, M.J. 1950. Étude du Balalisme. Paris: Centre des Hautes Études d'Administration Musulmanes, Section Islam Afrique Noire.

Fabian, Johannes. 2003. "Forgetful Remembering: a Colonial Life in the Congo". In *Africa: Journal of the International Africa Institute,* 74 (4) 489-504.

Gruénais, Marc-Éric et al. 1995. "Messies, Fétiches et Lutte de Pouvoirs entre les 'Grands Hommes' du Congo Démocratique." *Cahiers des Études Africaines,* 35 (137): 163-193.

Kolélas, Bernard Bakana. 1990. *La Philosophie Matswaniste et le Pouvoir Politique.* Paris: La Pensée Universelle.

Kouvouama, Abel. 1988. "A Chacun son Prophète!" *Politique Africaine* (31): 62-65.

Kouvouama, Abel. 1999. "Imaginaires Religieux et Logiques Symboliques dans le Champ Politique." *Rupture* 1: 76 – 92.

OCDH. 2017. République du Congo: Une Gouvernance par la Terreur et le Mépris des Droits Humains. Rapport annuel sur la situation des Droits de l'Homme 2016. Brazzaville: Observatoire Congolais des Droits de l'Homme.

Sinda, Marial. 1972. *Le Messianisme Congolais et ses Incidences Politiques: Kimbanguisme, Matsouanisme, Autres Mouvements.* Paris: Payot.

Textes Fondamentaux de l'Église Ngunza Matsouaniste, Brazzaville, n.d.

Youlou, Fulbert. 1955. *Le Matsouanisme: une Grande Étude.* Brazzaville: Imprimerie de Brazzaville

Figure 9: V4T@Dakar @Sjoerd Sijsma
http://voice4thought.org/category/rencontres-v4tdakar/

16. « Donner une voix aux jeunes »: une réflexion sur les Rencontres V4T@Dakar, 15-18 novembre 2017

Formulé par V4T, G Hip-Hop, Africulturban (février 2018)

Le livre se termine par un chapitre qui est en fait un reportage du festival V4T / rencontre V4T à Dakar où nous avons travaillé avec les jeunes dans les quartiers sur le thème de la radicalisation. Les disciplines présentes étaient des universitaires, des journalistes, des activistes et des artistes. Nous avons participé à des débats, créé des impressions avec vidéo slam et rap qui sont publiées sur le site de V4T (www.voice4thought.org). Ce rapport est également une ouverture vers une discussion politique. Les images du livre reflètent également les activités que nous avons organisées lors des rencontres à Dakar.

Rencontres V4T@Dakar

Du 15 au 18 novembre 2017, Voice4Thought (V4T), une fondation artistique et académique (www.voice4thought.org) qui utilise l'environnement numérique pour connecter les gens et aider à faire entendre les sans-voix, a organisé une série de rencontres et d'activités au Sénégal : «Rencontres V4T@Dakar».[1] Le but de ces rencontres était d'amener les populations de l'Afrique de l'Ouest et du Centre à se rencontrer, interagir et discuter de questions pertinentes et actuelles autour du thème de la radicalisation. Des débats, des tables rondes, des concerts de slam et de rap, des graffitis et des ateliers de photographie et de design ont été organisés sous forme de forums de discussion et d'expression, en particulier pour les jeunes. Ces jeunes Sénégalais étaient non seulement le principal groupe cible des rencontres, mais ils étaient également au centre de nombreuses discussions sur la radicalisation. Les ateliers organisés, de slam, de rap, de cinéma et de DJ, étaient axés sur l'idée d'«écrire dans le quartier». L'un des ateliers était organisé autour de la participation de deux délégués des Nations-Unies aux Pays-Bas, qui

---

[1] Nous voudrions saisir cette opportunité pour exprimer notre sincère gratitude à tous les partenaires et animateurs de l'organisation des Rencontres V4T@Dakar: Guédiawaye HipHop, Africulturban, Centre Senghor, Ambassade des Pays-Bas au Sénégal, IFAN, LARTES, ENDA et Voice4Thought.

ont préparé une session sur la charte des Nations-Unies pour la participation des jeunes. Pour plus d'informations et d'impressions sur les Rencontres V4T@Dakar, voir www.voice4thought.org/blog.

Les Rencontres V4T@Dakar souscrivent à l'objectif général de V4T de « ramener l'académie dans la rue » et de produire un savoir partagé sur des questions pressantes telles que la radicalisation. V4T a pour but de discuter des problèmes contemporains, qui sont trop souvent discutés dans les forums sur les populations au lieu de discuter des problèmes avec elles.

Pourquoi une telle réunion est-elle importante?

L'Afrique de l'Ouest et du Centre fait de plus en plus partie de la région communément appelée ceinture de l'insécurité, où les groupes prétendument affiliés à Al-Qaida et autres sont devenus des acteurs importants dans l'intensification de la violence. En effet, beaucoup d'insécurité règne dans la région. Boko Haram, le Mujao et Hamadoun Koufa sont des noms dont on entend beaucoup parler dans des reportages internationaux, sur Facebook et sur YouTube. La circulation des groupes radicaux et de leurs actions - également à travers les nouveaux médias - fait référence à une situation relativement nouvelle pouvant être décrite comme une situation d'anarchie caractérisée par l'absence de l'État, situation qui a suscité une discussion de radicalisation « violente » et d'extrémisme dans la région. Apparemment, de nombreux jeunes se sentent attirés par ces nouveaux acteurs et rejoignent leurs rangs. De telles évolutions sont évaluées en termes essentiellement négatifs par les observateurs. Bien sûr, nous ne nions pas, d'une part, à quel point les actes de ces groupes radicaux peuvent être cruels; mais, d'autre part, nous devrions également nous demander pourquoi ces groupes existent en premier lieu et si les interventions - militaires, sociales et dans les débats - affectent et / ou poussent ces jeunes dans des situations que nous préférerions éviter. À la lumière de ces nouvelles évolutions dans la région, les Rencontres V4T@Dakar, en tentant d'explorer la radicalisation, ont recherché ce que signifie exactement cette radicalisation et également s'il y a un résultat positif possible à tirer de ces évolutions récentes.

Tous les événements des Rencontres V4T@Dakar avaient pour but de discuter de cette situation, et en particulier de discuter de la façon dont la société et la jeunesse peuvent compenser l'influence violente et négative que la radicalisation semble avoir. Le point de départ était que la radicalisation en elle-même n'est pas nouvelle et qu'elle peut même impliquer un pouvoir positif pour le changement social. La question centrale des Rencontres V4T @ Dakar était la suivante : quelle est la responsabilité de la société face à la radicalisation croissante de la jeunesse, et quelle pourrait être la (les) solution (s)?

Le paysage des Rencontres V4T@Dakar

Les Rencontres V4T@Dakar ne se situaient pas dans les salles de conférence habituellement utilisées pour de telles discussions. Le choix d'une alliance entre universitaires, artistes, journalistes et citoyens a eu lieu dans deux quartiers populaires[2] et dans la cité universitaire. Nous remercions tout particulièrement l'ambassade des Pays-Bas à Dakar, qui a mis à disposition la résidence de l'ambassadeur pour une discussion avec les jeunes, ajoutant une dimension de mise en relation entre les jeunes et les décideurs politiques. La présence d'invités internationaux a également rendu les Rencontres V4T@Dakar pertinentes au-delà des frontières du Sénégal. Des invités, des artistes, des universitaires et des journalistes sont venus du Bénin, de la Côte d'Ivoire, du Mali, du Niger, du Tchad, du Cameroun et des Pays-Bas. Ils ont tous participé à des ateliers, concerts et discussions et collaboré avec des acteurs sénégalais. Tout au long des rencontres, nous avons tendu la main aux milieux universitaires sénégalais et aux ONG internationales (ils étaient présents notamment lors du vernissage et de la présentation artistique au musée de l'IFAN[3], mais certains se sont également

---

[2] Les deux quartiers, Pikine et Guédiawaye, totalisent 2,6 millions d'habitants. Ils sont construits au-dessus d'anciens lacs, et chaque saison des pluies, les inondations font partie de la réalité quotidienne. Cela signifie que les maisons sont difficiles à maintenir en bon état. Dans ces quartiers, il est difficile de trouver des services de l'Etat qui vont au-delà de la collecte des impôts et peut-être, des services de base comme la disponibilité de l'électricité et de l'eau. Il n'y a pratiquement pas de services pour les jeunes, pas de centres culturels, pas de terrains de jeux, pas de bonnes routes. Les écoles publiques ne suffisent pas dans ces quartiers, et les bonnes écoles sont de plus en plus privatisées et chères.

[3] Le musée de l'IFAN est situé dans un bel ancien bâtiment (colonial). Il s'agit d'un espace dédié à la présentation de la culture sénégalaise. A l'occasion des

rendus aux concerts dans les banlieues). De plus, nous avons fait un effort particulier pour tendre la main aux jeunes dans les quartiers périphériques à travers des ateliers et des formations, et surtout lors des moments de partage et de création.

Lors des Rencontres V4T@Dakar, le débat sur la radicalisation a été encouragé, et l'écoute des histoires des différents quartiers a alimenté le débat de manière originale et alternative. Les Rencontres V4T@Dakar ont ainsi donné une voix à ceux qui ne sont normalement pas entendus. Grâce à la création d'un blog / rapport sur le site web de V4T, ces voix continueront d'inspirer des discussions (voir www.voice4thought.org).

Il convient de noter ici que dans ce « paysage », une place considérable a été créée pour la voix de la jeunesse dans les quartiers périphériques. Il est également important de noter, toutefois, que les jeunes invités aux rencontres étaient souvent eux-mêmes issus de familles pauvres des périphéries tant rurales qu'urbaines. Ces origines jouent un rôle important dans la façon dont ils observent leur société aujourd'hui. En règle générale, ils partagent tous un sentiment d'abandon, de rupture avec l'État et leurs dirigeants, qui ne semblent pas vraiment intéressés par l'avenir de la jeunesse.

Les jeunes de Dakar ont discuté de la radicalisation comme d'une évolution qui n'a pas encore atteint leur vie. Ils voyaient de ce fait la radicalisation sous la forme d'actes violents et de terrorisme. En effet, la ville de Dakar, et le Sénégal en général, sont moins touchés que d'autres régions par ces actes de violence. Mais cela n'a pas rendu la discussion moins pertinente. Au contraire, la confrontation avec les histoires des autres participants aux rencontres ont fait réfléchir la jeunesse sénégalaise sur les processus de radicalisation; et cela a également contribué à orienter la discussion vers d'autres formes de radicalisation qui pourraient être considérées comme des forces pour le changement social.

Comment a-t-il été possible de mettre en place cet espace d'échange et générer des idées aussi riches à partir des rencontres? Les quartiers périphériques de nombreuses villes d'Afrique de l'Ouest

---

Rencontres V4T@Dakar, le musée a organisé une exposition sur la radicalisation et des artistes sénégalais ont exposé leur art sur le sujet. Par conséquent, le débat et les performances artistiques qui ont eu lieu pour les rencontres étaient les bienvenus. Les rencontres se sont également intégrées au mois de la culture urbaine, qui avait lieu au même moment sur l'initiative du musée.

et du Centre sont en effet des zones oubliées - souvent peu reliées, que ce soit par les routes ou les TIC, et disposant de services publics très limités. A Dakar, la situation a quelque peu changé avec la création dans ces quartiers de centres culturels pour la jeunesse, qui étaient des initiatives de la jeunesse elle-même et non pas de l'Etat.[4] V4T a travaillé avec ces centres pour être en mesure d'atteindre les jeunes dans ces quartiers. Sans ces centres et l'enthousiasme des jeunes qui y travaillent, les Rencontres V4T@Dakar n'auraient pas été possibles. La visite de l'ambassadeur des Pays-Bas au centre de Dalifort et les échanges à la résidence de l'ambassadeur ont donné une impulsion importante à la jeunesse. En termes concrets, les jeunes de Dalifort travaillent maintenant sur un suivi des rencontres sous la forme d'une publication de slam (poésie urbaine) et dans la mise en place d'un théâtre. Quant à G Hip-Hop, il cherche des moyens pour faire visiter les Pays-Bas par des jeunes sénégalais. Les dirigeants de ces centres espèrent également que des rencontres V4T pourront être organisées dans d'autres villes d'Afrique.

Le musée de l'IFAN et le Dalifort / Africulturban / Guédiawaye Hip-Hop partagent la conviction que la connaissance doit être partagée avec ceux avec qui le savoir (ou le discours) est créé. Pour ce faire, ils recherchent des modèles organisationnels participatifs. Le résultat des Rencontres V4T@Dakar a été une nouvelle incitation à développer des projets de collaboration dans le futur. Les recommandations qui suivent sont aussi les idées ayant été discutées lors de la réunion d'évaluation avec les différentes organisations qui ont participé aux rencontres : G Hip-Hop, Africulturban, Dalifort et Voice4Thought.

Organisation de voix alternatives

Lors des Rencontres V4T@Dakar, des voix alternatives ont été entendues à travers le slam, la peinture, le graffiti, le tournage de films et la photographie (« montrez-nous votre quartier »), les débats, et

---

[4] Il faut noter toutefois, comme l'ont expliqué les initiateurs de G Hip-Hop et d'Africulturban, qu'il existe une politique de l'Etat sénégalais pour encourager ces centres en leur apportant un certain financement. Apparemment, l'État reconnaît l'importance du hip-hop et de la culture urbaine comme un moyen de favoriser les développements pour les jeunes.

simplement le fait d'être ensemble. Ces différentes activités sont regroupées sous le label «Hip-Hop» ou expressions culturelles urbaines. En plus de leurs aspects culturels et de divertissement en général, ces activités ont également fourni des indications précieuses en relation avec l'objectif de compréhension et de réponse à la radicalisation.

Slam

À la vue des textes écrits lors de l'atelier de slam, il est devenu clair que la nostalgie de son propre quartier avec ses difficultés et ses luttes est devenue partie intégrante de l'identité des jeunes. Cela vaut également pour ces jeunes qui ont pu aller à l'école et qui ont été plus ou moins poussés par leurs parents dans le monde des intellectuels et des universitaires. Ils ont un discours qui exprime l'écart entre le monde de leur jeunesse et leurs aspirations aujourd'hui. Ce sont des voix que nous devrions prendre très au sérieux, car ces jeunes sont les futurs leaders et porte-paroles de leurs communautés.

Rap

Les concerts de rap ont été très bien suivis. Les textes étaient très en phase avec le thème des rencontres. La musique rap en Afrique de l'Ouest est ce qu'elle devrait être : une musique de protestation et d'engagement social et politique. Il unifie la jeunesse dans une compréhension partagée du monde. Mais tout comme le slam, cela fait aussi partie d'un processus de conscientisation de la jeunesse à travers les textes et le «mouvement» qu'il représente. Le Hip-Hop et les centres culturels sont en eux-mêmes des nœuds de la conscientisation des jeunes, et leur attrait pour la jeunesse en fait de merveilleux moyens pour des échanges d'idées et de contribution d'influences positives et constructives.

La peinture

Les enfants de Dalifort ont peint le logo V4T. Ils ont apprécié l'activité et en ont profité pour poser des questions. « Qu'est-ce que tu fais? » Un jeune garçon a même proposé un nouveau nom pour le centre « Voice4Dalifort ». Donner la parole aux très jeunes enfants est un élément souvent négligé. Pour notre part, nous pensons que cela doit être intégré à ces types de rencontres. De plus, cela donne également plus de possibilités d'organiser des rencontres dans les écoles primaires et secondaires. Ces enfants sont confrontés chaque jour à des problèmes à la maison, aux ordures dans leurs rues, aux salles de classes bondées à l'école. Ils sont conscients que le monde peut être différent et ils doivent être capables d'exprimer et de développer leurs idées.

Un autre exercice de peinture a été la collaboration entre deux artistes du Sénégal et du Tchad, qui ont créé une peinture de graffiti à Dalifort. Ce tableau restera en place et racontera sa propre histoire sur la radicalisation.

Photographie et interview dans le quartier
À travers les images et les interviews réalisées dans les quartiers, les jeunes et futurs journalistes « citoyens » ont retrouvé leurs propres histoires, mais exprimées différemment. Par exemple, ils ont noté la peur des parents de voir le chemin que prennent les jeunes. Ces voix ont également révélé un problème plus profond dans les quartiers : la rupture entre les générations. Ce phénomène, sans être nouveau, demeure néanmoins potentiellement explosif dans une société/communauté où l'espoir prend plutôt une forme de désespoir, et où les seuls moyens d'avancer semblent être liés à la migration.

Débat des leaders
La rencontre au Musée de l'IFAN a donné une tribune à d'autres voix : celles des leaders actuels des communautés. Fadel Baro et Fou Malade, membres fondateurs d'Y-en-a Marre, ont déjà fait preuve de leur leadership. Leurs idées sur l'éducation alternative et le fait de donner plus de voix à la jeunesse sont réalistes et cohérentes. Des figures dirigeantes du monde universitaire, comme Boukary Sangare (Mali) et Selly Bâ (Sénégal), ont clairement plaidé contre l'interprétation de la situation de la jeunesse comme désespérée et contre les réponses militaristes au problème de la radicalisation. Ils ont plaidé pour une écoute plus attentive de la voix des jeunes, en adoptant une formule dans laquelle d'autres moyens de production et de diffusion des connaissances, tels que les arts et le journalisme, sont utilisés pour atteindre les jeunes et aussi pour les associer au débat.

Les représentants de la jeunesse des Nations-Unies ont fait une tentative spéciale en organisant un échange / atelier avec les jeunes du centre. Il s'agissait d'un échange sur les lois et les droits, un débat de haut niveau qui a été introduit dans le quartier. Les jeunes qui avaient déjà assumé des rôles de leadership étaient ceux qui assistaient à ces réunions. Il y a un grand besoin de tels forums de discussion et d'échange.

Discussions : *Apprendre les uns des autres*

Lors des débats à Guédiawaye Hip-Hop et à Dalifort, un élément important a été le partage d'itinéraires par ceux qui, aujourd'hui, sont considérés comme des exemples de réussite. Ici, c'est surtout l'accent mis sur les initiatives et la créativité des jeunes eux-mêmes qui a été mis en exergue. En effet, les jeunes qui ont été invités à prendre le micro ont raconté des « histoires de réussite ». Ces jeunes sont des radicaux à leur manière, tout comme leurs homologues qui optent pour la migration ou qui rejoignent des gangs ou d'autres actions violentes. Grâce à cette approche positive de l'utilisation de l'énergie radicale pour une voie différente de développement, nous pouvons commencer à formuler des réponses aux problèmes du Sahel.

Leçons apprises et trajectoires futures possibles

Les différentes actions et interactions au cours des Rencontres V4T@Dakar ont certainement ouvert de nouvelles perspectives et des pistes de solutions alternatives à la situation actuelle au Sahel.

Discuter des concepts et de leur utilisation **avec** les jeunes, et non pas *seulement* sur *les jeunes*

Ce que nous avons appris lors des Rencontres V4T@Dakar, c'est que nous parlons trop des jeunes qui se radicalisent, sans prendre suffisamment le temps de les écouter. Il s'agit là de la première leçon dont nous devons tenir compte dans notre pratique de la politique et de la prise de décision: essayer de nous rapprocher le plus possible des groupes dont nous parlons. Ces voix, bien sûr, apparaissent dans les rapports de recherche et de consultations, où, soit elles font partie du «groupe d'enquête», soit leurs histoires sont des «vignettes» - mais elles ne parlent jamais elles-mêmes des discussions autour de ces rapports. Les Rencontres V4T@Dakar ont essayé de fournir une telle plateforme. Nous n'avons certainement pas réussi à 100%. Le lien entre les institutions plus académiques et les centres culturels n'était pas un processus naturel et peut encore être mieux développé. Le point fort, toutefois, était de savoir comment diverses formes d'expression étaient offertes à différentes catégories de jeunes. Lors des rencontres, la cérémonie d'ouverture a été un moment où tous se sont rencontrés. De ces rencontres avec la jeunesse et de leurs propres productions, il est apparu clairement que ce qui préoccupe les jeunes de Dakar, c'est avant tout la pauvreté et le manque de perspectives.

L'importance des échanges (régionaux)

#Africaisnotacountry: «L'Afrique n'est pas un pays» est également un fait assez clair en ce qui concerne les questions de radicalisation et de sécurité. Il n'y aura jamais une seule et unique mesure appropriée pour trouver des solutions aux problèmes liés à la radicalisation. Les échanges entre et avec des artistes invités et les journalistes de différents pays d'Afrique de l'Ouest et du Centre ont particulièrement mis en évidence ce point. L'initiative de V4T de rassembler des jeunes - qui ont déjà atteint un certain niveau d'activisme et qui ont une influence notable dans leur propre société à travers leurs expressions artistique, journalistique ou académique - a souligné ce point. Ils ont discuté des différences entre leurs pays. Ils ont fait des déclarations lucides dans leurs poèmes et dessins, et ce faisant, ont mis en évidence les différences et les points communs. Ce qu'ils ont partagé, c'est que la radicalisation comme point de départ dans les discussions sur la jeunesse ne doit pas avoir uniquement une connotation négative de la violence et des idées religieuses radicales, mais qu'il devrait y avoir plus de place pour les contributions radicales des jeunes innovants. Ce sont des jeunes que les invités eux-mêmes représentent. Ils jouent et veulent jouer un rôle clé dans leurs sociétés pour s'adresser à tous ces jeunes qui risquent de se radicaliser de manière négative. Nous devons approcher ce groupe de jeunes innovateurs radicaux dans nos décisions politiques.

Les échanges ont également montré à quel point Dakar est différent des autres villes d'où viennent les invités. Ces derniers ont été impressionnés par les initiatives dans les quartiers où nous avons organisé les activités, ainsi que par l'attitude des autorités locales. D'un autre côté, ils ont participé aux débats sur la pauvreté et la marginalité. Les Maliens (qui sont confrontés à une radicalisation grave), les Tchadiens (qui vivent sous un régime d'oppression), les Camerounais (qui luttent quotidiennement contre leur président), les Ivoiriens et les Béninois (qui ont des pays relativement pacifiques mais de grands problèmes d'urbanisation) - tous considèrent le Sénégal comme un pays relativement pacifique avec un gouvernement à l'écoute des jeunes.

Ce que nous avons appris des Rencontres V4T@Dakar, c'est que les échanges régionaux sont cruciaux comme source non seulement d'informations et de points de vue alternatifs, mais aussi de motivation et d'inspiration - et que dans l'élaboration des politiques, il est nécessaire de prêter attention (ce qui n'est pas toujours le cas) à la diversité régionale et à son potentiel positif de favoriser le changement.

Comprendre les mentalités et les contextes de radicalisation

La radicalisation est vue comme une évolution dans la vie d'un individu. Elle a une composante psychologique. Comprendre l'état d'esprit des jeunes est donc une façon de comprendre comment la radicalisation vers la violence est possible. Cependant, chaque individu se développe dans un contexte particulier. Le contexte de la jeunesse dans de nombreuses régions de l'Afrique urbaine et rurale est qu'ils sont confrontés à un avenir pas très brillant. Toutefois, le contexte n'est pas seulement celui de la misère. Comprendre le contexte et la perception de ce contexte est essentiel pour comprendre la violence et la radicalisation. Ainsi, si la radicalisation a des aspects individuels et socio-économiques/contextuels, c'est dans ces deux aspects du monde social que le changement peut être opéré. Au cours des rencontres, nous avons pu saisir ces deux aspects. Plus important encore, à travers les différents ateliers sur « l'écriture du quartier », les jeunes eux-mêmes ont pris conscience de ces évolutions. Les Rencontres V4T@Dakar ont ainsi été un moyen de promouvoir l'autoréflexion et la compréhension de voies possibles vers l'avenir. Lorsque nous aidons les jeunes à prendre conscience de l'environnement dans lequel ils vivent et des itinéraires possibles, leurs pensées sont claires et ils peuvent faire des choix de réponses qui auront des conséquences pratiques et bénéfiques. Cela a été fait lors des Rencontres V4T@Dakar.

Sensibilisation

Par rapport aux autres aspects, la sensibilisation est particulièrement importante. Il est important que les gens prennent conscience des risques possibles. L'ouverture des débats avec les générations les plus anciennes et les plus jeunes dans les quartiers considérés comme centres de la radicalisation fait partie de cette sensibilisation et de cette compréhension de la radicalisation. Pour cela, la combinaison de tables rondes et de réunions informelles dans une atmosphère de convivialité et de confiance était importante. Mais les discussions lors des rencontres sont allées plus loin. Par exemple, la radicalisation des jeunes est devenue un sujet de discussion dans les quartiers ayant abrité V4T. La visite de l'ambassadeur néerlandais à Dalifort a donné de l'énergie aux jeunes pour commencer à travailler sur de nouveaux projets. Le théâtre et le slam seront mis à profit pour associer plus de jeunes au débat sur la radicalisation.

La radicalisation est une énergie qu'il faut utiliser pour une action positive

Le discours sur la radicalisation est trop mêlé à la violence, au terrorisme et à la jeunesse. Nous devons changer cela en un discours sur l'entrepreneuriat, l'énergie positive, la créativité et les opportunités. Les radicaux font partie de la société et ont été une force importante dans le changement social positif. Dans toutes les sociétés, la radicalisation est une force qui libère beaucoup d'énergie pouvant être transformée positivement et négativement. Il y a un besoin de forces plus positives, dont Africulturban, Guédiawaye Hip-Hop et Dalifort sont de bons exemples.

Jeunesse oubliée : prendre en compte l'hétérogénéité de la jeunesse

L'un de nos objectifs politiques est la jeunesse en Afrique, qui représente au moins 60% de la population. Toutefois, ces jeunes ne sont pas un groupe homogène. Les différences entre les jeunes en termes de richesse, de niveau d'éducation et d'initiative doivent être prises en compte dans nos politiques. Dans les ateliers organisés lors des Rencontres V4T@Dakar, il était clair que les jeunes qui ont participé avaient un plus haut niveau d'éducation et étaient de ce fait moins oubliés. Ces jeunes peuvent devenir les enseignants de la jeunesse « oubliée ».

L'utilisation des formes artistiques dans l'éducation

Il y a un énorme taux d'abandon scolaire chez les jeunes des périphéries urbaines. Ces derniers ne manquent pourtant pas d'intelligence. Toutefois, s'ils n'apprennent pas les compétences qui leur permettront de vivre dans la dignité, ils auront tendance à chercher refuge dans la migration ou à se tourner vers des actes criminels. L'art est un excellent moyen d'exprimer les préoccupations de ces jeunes. La formule d'organisation d'ateliers lors des Rencontres V4T@Dakar représente des modèles alternatifs pour une telle expression : lors des ateliers, l'enseignement était donné sous forme d'art, d'écriture, de cinéma, de photographie. Ces compétences, qui peuvent être des formes de journalisme citoyen, peuvent aussi aider les jeunes « oubliés » à s'exprimer et même avoir la dignité et la force de gagner leur vie grâce à ces compétences.

Accès à l'enseignement alternatif

L'un des grands problèmes pour une grande partie des jeunes vivant principalement dans les zones périphériques est qu'ils ne sont pas considérés par l'État. La rupture avec l'État est une opportunité manquée, car cette rupture les empêche d'être des citoyens «conscients» et de faire partie de la société. La situation actuelle de l'école ne comble pas cet écart. L'enseignement professionnel alternatif est nécessaire. Les Rencontres V4T@Dakar étaient un mini-exemple d'une telle école : une académie mobile où les compétences étaient enseignées dans des cours adaptés d'une durée maximale de deux semaines durant lesquels les jeunes apprenaient à réfléchir non seulement sur leur situation, mais aussi aux moyens alternatifs de création d'emplois contre toute attente.

Un lobby pour l'enseignement professionnel devrait être créé au niveau des gouvernements. Cet espace est aujourd'hui de plus en plus occupé par des ONG internationales, qui financent des formations de courtes durées et ont principalement des contacts avec les jeunes ayant un plus grand niveau d'éducation (les responsables des centres) et rarement avec les «jeunes oubliés». Le risque de rupture entre ces leaders et leurs bases est réel et devrait être évité.

Les quartiers périurbains peuvent bénéficier de formes alternatives d'enseignement : la création d'un environnement vert, par exemple, ou le nettoyage d'un quartier sont des actions qui peuvent être enveloppées dans des formes alternatives d'enseignement et de collaboration. De telles actions sont déjà entreprises par des individus dans des centres culturels tels que G Hip-Hop. À partir de ces exemples, ce type d'activité pourrait être renforcé.

Les concerts comme moyens de tendre la main

Les Rencontres V4T@Dakar ont atteint différents groupes de jeunes dans les quartiers concernés, aussi bien les plus instruits que les jeunes « oubliés ». Les concerts constituaient un moyen très important pour atteindre la jeunesse « oubliée ». Ces concerts doivent être utilisés comme des plateformes pour le lancement de discussions. Le Hip-hop, et en son sein le rap, est un genre qui a le pouvoir de divertir et de sensibiliser en même temps (voir l'article paru sur Oneworld.nl).

Structure permanente et TIC pour maintenir et faciliter les échanges

Les Rencontres V4T@Dakar ont également créé un moment où les décideurs à différents niveaux – les ONG, les Etats, les nationaux et internationaux - ont été confrontés aux « vrais » problèmes dans les quartiers en participant aux expressions artistiques et aux projets de journalistes citoyens qui ont été réalisés. Cela devrait être développé davantage. Il est important de mettre en place une «structure» plus permanente (il peut s'agir d'une structure douce) pour faciliter ces rencontres. Le rôle des TIC en tant qu'outil de facilitation, d'information et de sensibilisation devrait être davantage exploré. Les jeunes, y compris les jeunes oubliés, sont très familiarisés et attirés par ces technologies.

Connaissance et information factuelle

Un dernier point à souligner est le manque de connaissances sur ce qui se passe réellement dans les quartiers périurbains de Dakar et dans d'autres grandes villes d'Afrique de l'Ouest et du Centre. Les histoires sur les quartiers, entre autres sur la radicalisation et la criminalisation, ne sont pas toujours fondées sur des faits. Les jeunes de Dakar ont plaidé pour une meilleure information. Cela pourrait faire partie des produits qu'ils peuvent faire de leurs propres quartiers : fournir des informations exactes et à jour aux décideurs politiques afin que ceux-ci puissent baser leurs politiques sur des faits «réels». Cela pourrait être lié au projet de «scolarisation» proposé ci-dessus.

Espace pour la créativité des jeunes

En général, il devrait y avoir plus d'espace et de rencontres / activités permettant à la créativité des jeunes de s'exprimer. Lors de la réunion des Rencontres V4T@Dakar à l'Ambassade des Pays-Bas, nous avons été impressionnés par les nombreuses idées merveilleuses des jeunes de Guédiawaye et de Pikine. Ils ont présenté leurs projets pour reverdir leur environnement, leurs projets de DJ, les chansons qu'ils font, les idées qu'ils ont par rapport à l'enseignement. Il s'agit probablement de la chose la plus importante à faire le plus tôt possible : relier tous les projets de ces jeunes et faciliter les échanges entre eux. Le plus important est d'unir les jeunes dans des forums communs et de leur fournir des contextes pour le partage des idées. Il est possible qu'ils aient des solutions pour leurs camarades qui ne savent pas vraiment où aller et qui n'envisagent actuellement que la migration, le crime ou la radicalisation violente.

Figure 10 : V4T@Dakar @ Sjoerd Sijsma

Pour plus d'impressions, visitez le blog à l'adresse : http://voice4thought.org/category/rencontres-v4tdakar/

Liste des auteurs

Dr. Souleymane Abdoulaye Adoum a obtenu son doctorat en histoire en 2017 à l'université de Leiden. Sa thèse s'intitule : « Communication et violences au Tchad: le cas du Moyen-Chari et du Guéra (1900-2010) ». Avant de venir à Leiden, il a obtenu une maîtrise en relations internationales à Yaoundé, au Cameroun.

Adamou Amadou a obtenu une maîtrise en anthropologie visuelle en Norvège (TromsØ) et une maîtrise en droit et sciences politiques au Cameroun (Université de Ngaoundéré). Adamou a une expérience et un intérêt de longue date pour l'étude des Mbororo à l'Adamaoua et dans l'Est du Cameroun. Il travaille actuellement comme magistrat à la Haute Cour du Nord du Cameroun. Il fait également partie du groupe de recherche « Connecter aux temps de Contrainte », dirigé par le Prof. De Bruijn, il mène des recherches doctorales (Université de Leinden Pays-Bas) sur le Mbororo (im) mobile. réfugiés nomades de République centrafricaine au Cameroun. Il se concentre sur leurs difficultés d'adaptation et de maintien de leur culture en période de conflit (ici dans les camps de réfugiés à l'est du Cameroun)

Dr. Selly Ba, est docteure en sociologie à l'UCAD. Elle est spécialiste en Genre et Religion au Sénégal. Elle est associée à plusieurs programmes de recherche. Elle est auteure de plusieurs articles et publication collective sur le genre allié aux thématiques politique, religieux, migratoire et sécuritaire. Elle accompagne le Centre des Hautes Etudes de Défense et de Sécurité (CHEDS) basé à Dakar, sur les questions genre et de sécurité. Sa dernière publication (publiée en janvier 2017) porte sur la prédication féminine musulmane au Sénégal.

Dr. Sali Bakari a eu son doctorat en 2015 à l'Université de Maroua sur le thème : « Dissémination des armes légères et problématique de la sécurité au Tchad 1979- 2007 ». Ses recherches se conduisent sur les questions de sécurité au Shel.Tchad. Il est enseignant à l'Institut Supérieur des Sciences de l'Education, l'Ecole Normale Supérieure de N'djamena, l'Université de N'djamena, l'Université de Roi Fayçal du Tchad.

Dr. Jonna Both a obtenu son doctorat en anthropologie en 2017 à l'Institut d'Amsterdam pour la recherche en sciences sociales (AISSR) à l'Université d'Amsterdam (UvA). Elle est actuellement chercheuse post-doctorante à l'Institut d'histoire de l'Université de Leiden et au Centre d'études africaines de Leiden. Ses intérêts de recherche concernent les jeunes qui ont grandi au lendemain des conflits en Ouganda, en République centrafricaine et au Tchad.

Né à Diafarabé (MALI) en 1978, *Modibo Galy CISSE* fréquenta simultanément l'école coranique et classique jusqu'en 1996, date à laquelle, il partit pour Bamako afin de poursuivre ses études. Il y obtint le baccalauréat en 1999, la maîtrise en Sociologie quatre années plus tard et un DEA en 2013 en Anthropologie du développement, tous au Mali,. Assistant de recherche dans le projet « Anthropologie de l'Eau » (2009-2010), Modibo a mené beaucoup d'études et participé à plusieurs formations dont une à la prestigieuse Columbia University (USA) en 2011. Etudiant en PHD à Leiden University (Hollande), Modibo travaille sur l'insécurité dans le Delta Central.

Dr. Dorrit van Dalen se spécialise en Afrique en tant que journaliste, et en Islam en Afrique en tant qu'étudiant. Elle a obtenu un doctorat de l'Université de Leiden en 2015.

Prof. Dr. Mirjam de Bruijn est professeur de citoyenneté et d'identité en Afrique au Centre d'études africaines de Leyde et professeur d'anthropologie et d'histoire contemporaine de l'Afrique à l'Institut d'histoire de l'Université de Leiden aux Pays-Bas. Ses recherches se concentrent sur l'interrelation entre crise / conflit, communication (technologies) et société. Elle a été directrice de plusieurs programmes de recherche financés par des sources externes: «Mobile Africa revisited» (2008-2013), «Connecting in Times of Duress» (2012-2018). Elle est également chercheuse au programme: «La sécurité au Sahel, le rôle des nomades» (2016-2019). En 2015, Mirjam est devenu directeur de la fondation Voice4thought. Cette fondation développe des modèles de production et de diffusion de la connaissance, à travers un environnement de travail numérique, pour «amener l'académie dans la rue» (www.voice4thought.org).

Dr. David Ehrhardt est professeur assistant en développement international au Leiden University College, où il enseigne les études de développement et la politique africaine. David a mené sa recherche doctorale à Oxford et utilise un travail de terrain à méthodes mixtes pour étudier des questions allant de la politique religieuse et des conflits interreligieux à la citoyenneté, aux inégalités et à la résolution des conflits, principalement dans le nord du Nigeria. Les articles de David ont été publiés dans des revues comme African Affairs, Contemporary Islam et Social Sciences and Missions, et il est co-éditeur du volume Creed and Grievance (James Currey, 2018). Actuellement, les intérêts de recherche de David sont la gouvernance hybride, la résolution des conflits et la religion africaine.

Dr. Meike de Goede est professeur d'Histoire Africaine et d'Anthropologie à l'université de Leiden, avec comme spécialité l'histoire politique de l'Afrique Centrale. Elle détient un doctorat en Relations Internationales obtenu à l'université St Andrews. Avant de rejoindre l'université de Leiden, elle a servi comme praticienne dans les domaines du développement et de la démocratisation, et a travaillé pendant longtemps en RDC. Elle mène actuellement des recherches sur l'histoire du messianisme et de la résistance politique au Congo-Brazzaville.

Croquemort, de son vrai nom Didier Lalaye, né le 06 janvier 1984, Croquemort fait ses débuts artistiques dans la littérature qui lui permet de gagner plusieurs prix avec ses nouvelles au Canada, en France, au Cameroun et au Tchad. Ancien rappeur du groupe Kartel Noir, absorbé par ses études de médecine, il décide de tourner le dos à la musique jusqu'au jour où il écoute Grand Corps Malade pour la première fois à Paris. Subjugué, il décide de réactualiser ses textes et de les adapter en slam. Il a sorti 2 album à ce jour (2011 et 2015) qui ont connu un succès et gagné plusieurs prix En plus d'animer des ateliers d'écriture de nouvelle, de poésie et de littérature jeunesse, il donne des formations en écriture slam et fait des concerts. Directeur du Festival International N'Djam s'enflamme en slam qui est à sa 4ème édition et président de la coupe d'Afrique de slam. Docteur en médecine, diplômé de l'université de N'Djaména, actuellement étudiant PHD à l'Université d'Utrecht aux Pays-bas, il a monté un projet innovant dans son pays qui permet de lutter contre les maladies négligées en zones rurales. Projet qui a reçu plus de 5 distinctions et qui a fait de lui la jeune personnalité francophone de l'année 2016. Toutes ces activités combinées lui ont valu plusieurs invitations dans plus d'une vingtaine de pays à travers le monde.

Inge Ligtvoet est candidate au doctorat à l'Institut d'histoire de l'Université de Leiden. Elle travaille actuellement sur une dissertation sur les aspirations et la contrainte des jeunes dans le sud-est du Nigeria pour laquelle elle a mené 14 mois de travail sur le terrain à Enugu et Calabar entre 2013 et 2015.

Dr. Walter Gam Nkwi est titulaire d'un doctorat de l'Université de Leiden, aux Pays-Bas. Il a publié dans des livres, des articles dans des revues à comité de lecture, des chapitres de livres et des encyclopédies. Il est actuellement secrétaire général à la Faculté de génie et de technologie et également maître de conférences au Département d'histoire de la Faculté des arts, les deux à l'université de Buea au Cameroun.

Loes Oudenhuijsen est étudiante dans le programme de master recherche études africaines à l'Université de Leiden. En 2015, elle a mené une enquête sur l'utilisation des TIC et des médias sociaux à Enugu, au Nigeria. Elle a combiné sa recherche quantitative avec une brève étude ethnographique des manifestations pro-Biafra qui se déroulaient pendant qu'elle était là.

Dr. Hoinathy Remadji a eu son doctorat en anthropologie à l'université Martin Luther de Halle-Wittenberg. La thèse est publié à Karthala à 2013 Pétrole et changement social au Tchad. Rente pétrolière et monétisation des relations économiques et sociales dans la zone pétrolière de Doba.' Il est enseignant au département d'Anthropologie de N'Djaména et directeur du centre de recherche CRASH. Ces recherches vont aussi dans la direction de migration, sécurité et conflit et sécurité alimentaire Il a fait multiples études sur ces thématique dans le cadre des études PNUD, USAID, G5 et Uniin Européenne. Il est coordinateur du programme de recherche financé par Volkwagen Stiftung : « La traduction des modes de gouvernance alternatives dans le contexte africain : les initiatives de la société civile locales et internationale pour la gouvernance du secteur extractif au Tchad ».

www.ingramcontent.com/pod-product-compliance
Lightning Source LLC
Chambersburg PA
CBHW050629280326
41932CB00015B/2581

Dr. Djimet Seli est Historien, Communicateur et Anthropologue. De Nationalité Tchadienne, il a fait ses études primaires et secondaires à l'école, collège et lycée de Bitkine et Mongo (Tchad), puis supérieures dans les universités de N'Djamena, de Yaoundé (Cameroun) et de Leiden (Pays-Bas) où il sort nanti d'un doctorat. Il est depuis 2013 enseignant-chercher à l'Université de N'Djamena. Ses travaux portent essentiellement sur les enjeux des TIC, les obstacles pour l'accès aux services de vaccination chez les populations nomades au Sud du Tchad et sur les facteurs de radicalisation et de l'extrémisme violent dans les régions de l'Ouest du Tchad.

Boukary Sangaré est doctorant à l'Université de Leiden. Il travaille dans la région du Sahel depuis 2009. Ses recherches sur la téléphonie mobile chez les Fulani nomades du centre du Mali faisaient partie de son programme Ma pour l'Université de Bamako et de son ResMa (MA II) pour l'Université Cheick Anta Diop de Dakar. Aujourd'hui, Boukary est l'un des anthropologues les plus réputés du Mali central et en particulier des Peuls et de leur sort dans les conflits de 2012 et de la situation troublée qui a suivi. Boukary a participé à plusieurs missions de consultation dans le nord du Mali et a publié divers rapports et articles sur la région. Boukary enseigne actuellement à l'Université des Lettres, Langues et Sciences Sociales de Bamako (Mali)

Dr. Bart Schuurman est professeur adjoint à l'Institut de sécurité et des affaires mondiales (ISGA) de l'Université de Leiden et coordinateur de recherche au Centre international de lutte contre le terrorisme (ICCT), tous deux situés à La Haye. Ses recherches portent principalement sur la compréhension des processus qui peuvent conduire les individus à s'investir dans le terrorisme.